求 是 书 系 · 广 播 电 视 学

Ten Lectures on Television Planning and Writing

电视策划与写作十讲

徐 帆 徐舫州 著

ZHEJIANG UNIVERSITY PRESS
浙江大学出版社

序 一
<u>凸显主体性的电视方法论</u>

我的同事、好友徐舫州与徐帆合著的这部《电视策划与写作十讲》，在我的期待中即将问世。这是"二徐"自《电视节目类型学》之后的又一部既具学术分量、又具实操价值的作品，也是他们多年来教学、科研与电视实践经验的理性思考的结晶。

翻阅"十讲"，给我留下的最深刻印象，就是一种"主体性的凸显"。这一凸显，重点体现于以下三个方面：

第一，"中国的主体性"。对比当前坊间大量从西方直译、照搬过来，"照猫画虎"的所谓实务著作，本书无疑是总结中国经验、符合中国国情、提升普遍电视理念的一本脚踏实地的专书。"十讲"的内容，显然比那些打着"洋招牌"的理念、技巧，更具有现实意义，更符合中国的需求。在这一点上，我本人也一贯主张"在全球化视野中走本土化路线"，而本书无疑是坚持"本土化路线"的又一力作。

第二，"电视的主体性"。在媒介融合、汇流发展的今天，电视，这一最具大众影响力的传播媒体,该何去何从? 我们是否会在融合、汇流中丢失自我? 本书在这一方面,给出了清晰且明确的回答,这就如同作者在书中所设问"最好,还是最坏的电视时代"所想表达的那样:在最好和最坏的之间,其关键是要准确把握电视媒体的主体性定位,不可妄自尊大,也不能妄自菲薄。

第三,"实践的主体性"。本书所有的理论、观点以及相关表述没有"掉书袋",没有繁冗、晦涩的论说,而是来自一线、面对业界并指导实践的一种解析与总结。"十讲"的主体就是根据经验性的电视一线活动归纳出来的情境、原则、技巧、问题以及解决方案。当然,在谈到这些应用性的电视知识时,两位作者也没有完全"从操作到操作",而是看到了具体媒介操作的媒体—社会环境以及与之相应的观念反思。

这三个"主体性"使本书在所有电视著作中显得富有特色,并具有切实的可操作性;而在凸显三个"主体性"的同时,"十讲"展开了对于电视策划与写作的方法论描摹:

在上编电视策划的五讲内容中,我们可以跟随两位作者"流程化"的梳理与分析,在电视生产空间的特定情境中,去理解电视策划工作之资源、创意、方案、任务四个环节,以及界定问题、搜集资料、市场调查、整理情报、产生创意、选择方案、实施方案、评估方案八个步骤的具体内容。

在下编电视写作的五讲内容中,两位作者首先交代了电视写作工作的普遍规则,然后采用"类型化"的分析体例,结合一线案例的解析,对于电视新闻消息、时事评论、专题型电视片、节目流程、节目串联单、演播室台本、串联词、采访问题单、电视策划案以及电视包装与推广等领域的写作进行了详细的阐述。

近年来,在对中国电视发展进行的梳理中,我以"宣传品""作品""产品"勾勒出其进程轨迹。而如果通观"十讲"的书稿,可以发现二位作者对于电视策划与写作经验的归纳、演绎,有一个贯穿到底的对象观念,即:把电视传播活动的最终屏幕呈现——电视节目,视为电视业的一种产品;由此,无论是策划抑或写作,都是电视生产活动的某一分支,其不仅是以宣传品、作品为潜在对象,而更直接指向电视产品的生产、传播行为——而这,正是处于转型期的中国电视业界、学界关注且要回答的重要命题,本书就集中展现了之于这一命题充满个性的思考与方法。

最后,来说说两位作者。

舫州教授在电视业界、学界驰骋二十多载,一贯以严谨、锐利和对电视发展的敏感及深刻而产生重要影响。尤其难能可贵的是,他从不人云亦云,更不会功利性地为电视媒体唱赞歌,而是以一个人文知识分子和电视学者的姿态理性而又充满激情地发现、挖掘正在发展中的中国电视的种种问题,并以自己的方式回应。舫州的言论、观点常常语出惊人,不同凡响,令人警醒。

年轻的徐帆,本科就读于浙江大学,在广播学院研究生毕业留校任教后,又赴复旦大学深造。良好的教育背景和南北文化交融的优势,再加上青年才俊的禀赋和勤奋自持的研读,使他的手笔既快捷又飘逸。

舫州的深刻洞察与徐帆的敏捷才思珠联璧合,他们联手推出这本《电视策划与写作十讲》,便有了很多看头。在"十讲"即将推出之际,我要向二位作者表示祝贺,并认为,这本书会对问题颇多、极需回答的中国电视业界、学界带来多方面的启示,尤其对于一线的实践者以及电视"新鲜人",将给予相当有价值的、方法论性质的指导与引领。

中国传媒大学"长江学者"特聘教授、
《现代传播》主编、博士生导师
胡智锋

序 二
美好的电视在哪里？

徐舫州是我老师,文学中人,转道电视,身上依然 20 世纪 80 年代知识分子色彩。我和老徐,没大没小,书生意气,酒肉朋友,彼此性情相投。徐帆比我年轻,但学问后来居上,这些年我纠缠于俗务,蝇营狗苟,而徐帆兄日夜精进,孜孜以求,我们接触不多,但能感受到他喷薄欲出的才情。老徐和小徐,他们写书,我来凑趣,赤膊挥拳吆喝几声。

作为一个不可救药的悲观主义者,我常常把目光投向过去,我怀念 70 年代的朴素乡村,怀念 80 年代春暖花开的文学氛围,怀念 90 年代中国电视的黄金岁月。好友韩东有诗:我有过短暂的乡土生活,它构成我性格中最温柔的部分。诗人万夏写成都:仅以你腐朽的一面,就足以让我荣耀一生。想当年的广院,想 90 年代的电视往事,我的内心常常滚过这些诗句。我固执地认为,中国电视最美好的时代停留在 20 世纪。那时,我的母校还叫北京广播学院,核桃林是其中最青春的部分;那时,纪录片成为最明亮的文本,电视的心脏充满诗意;那时,中央电视台新闻评论部如火如荼,即使今天它已像一杯冰凉的牛奶被随意泼掉;那时,有很多电视人以媒体的责任感关注着我们的《焦点时刻》,电视台常常被看做良心的所在;那时,还有很多电视人小心翼翼地记录并呵护我们的《生活空间》,总有一种卑微的力量让我们泪流满面;那时,我们的朋友陈虻还快乐忙碌地活着,他飞扬的长发成为一个时代的象征。

那个时候,我和老徐成为朋友。

90年代初期,广院很小很美好,一院子很张扬、很真实的人,人人都是兄弟姐妹,老师学生之间没什么距离。老徐,文化人,据说上课时,一把纸扇,微闭双目,大段大段背诵《红楼梦》。我80年代办过文学评论杂志,少年轻狂,用法国作家福楼拜的话是,我唯一的立场就是批判。跟老徐一见如故,臭味相投。记得夏日的黄昏,校园里翻飞着很多透明的蜻蜓,广播里是那个年代的学生歌曲,"校园里大路两旁,有一排年轻的白杨"……穿过核桃林,就是我住的5号楼,老徐常骑着一辆破自行车,叮叮当当,来找我,或者拉上我,去找胡智锋、苗棣等人。我们谈很大的话,打很吵闹的牌,读很文化的书,喝很便宜的酒。那是一个录像带的时代,我们交流着各种带子,可能是《美国往事》这样的电影,可能是《沙与海》这样的纪录片,也可能是《东方时空》这样的节目。那是一个电视的时代,广播在挣扎,报纸杂志开始衰落,互联网还在孕育中,在90年代初相对暗哑的氛围里,电视越来越响亮地介入我们的生活,作为电视的实践和研究者,我们为自己的职业而充满骄傲,也为不断出现的电视现象而激动。

1991年,《望长城》横空出世,对传统文献片的颠覆处理,跟踪记录的生活段落,同期声,长镜头,生活流,等等,这一切都给我们电击般的感觉。此后,日本的纪实风格作品源源不断流入,《望儿5岁》《东京5胞胎》《鸭子的故事》,直接影响了后来《生活空间》的产生。再后,中国纪录长片开始繁荣,《沙与海》《最后的山神》《远在北京的家》等等,很多是广院校友的作品,他们春风得意返回母校,我们不停为他们喝彩。1993年,中国电视最激动人心的一幕出现了:5月1日,《东方时空》诞生了,那个早晨,阳光灿烂,我们早早起床,环坐在电视机前,中国电视让我们在这个早晨全身颤栗、血脉贲张。以后,这个栏目成为我们重点关注的对象,并不得不为此改变生活习惯。1995 年,《焦点访谈》出现,1996 年,《新闻调查》《实话实说》联袂出生,中国电视进入央视新闻评论部时代,各路精英云集、五湖四海一家,铁肩担道义、妙手著文章,一个个舆论监督的重磅炸弹在电视上拉响,央视成为普通百姓追求社会公正的希望,央视大门口排起了上访的长队。1996 年,我也有幸走入这个团队,那是我一生中最美好的时光,我和一群优秀电视人为伍,他们是我的榜样、我的竞争对手、我的战友,是我美好时光的最重要的部分。如今,他们都老了吗? 他们在哪里?

美好的 90 年代后期,我和老徐共同度过,我不停地拍片,跋山涉水;老徐不停地开会讲课,和大江南北的粉丝们合影留念。美好的年代,共同的话题就多,一起喝酒的感觉就好,说着说着,一个点子就会冒出;喝着喝着,眼睛就会闪光,智慧也在空气中碰来碰去。徐帆兄说,态度决定一切。我觉得,90 年代的电视人是真把自己当人,真把自己"当根葱",真爱管国家的事,真觉得电视多了不起,因此,也真能说些人话、办些人事,真能留下点人的东西。

2000 年后,我去了香港,昔日的朋友作鸟兽散,偶尔相聚,匆匆而散。有一段,老徐病了,酒不能喝了,人也苍老了一些。又一段,病后痊愈,酒量也大好如昔,聚会时看老徐,慈祥有加,也更加宽容随顺。也许是人过中年后的保守与迟钝,也许是过于留念过去带来的落寞与抵抗,我对 21 世纪的中国电视总是格格不入,就像我至今仍看不了郭敬明、韩寒的小说。丹尼尔·贝尔说,就文化立场而言,我是一个不可救药的保守主义者。就电视而言,我的标准仍然是真善美,我喜欢新闻更快更真更客观,喜欢以媒体人的善良揭露丑恶并与弱者同行,喜欢以专业的激情创造叙事的美。无疑,在大众狂欢的时代,我们这些人多少有些不合时宜。也因此,除了庸常的管理工作外,我对今天的电视没有什么说话的能力和兴趣,除了偶尔购买电视剧的盗版碟,除了看看老徐他们的文章。

后来,看到老徐和小徐的这本书。

关于电视策划,关于电视写作,这本书写了很多,我就不掺乎了。这本书对我而言，是老朋友的谈话，是往昔岁月的重温。这里的很多语言、很多表达方式，都让我感到熟悉、温暖。我当然也就借题发挥，在怀旧的同时，表达我对美好的电视的向往。

美好的电视在哪里？我不知道，也许我所描述的黄金时代只是幻觉与虚构，也许美好的电视时代已经消逝。

美好的电视在哪里？也许老徐和小徐知道。

凤凰卫视中文台执行台长

刘　春

目 录

目 录

目录

目录

写在前面
电视需要创意/文本

一、最好？还是最坏的电视时代

"这是最好的时代，这是最坏的时代"（It was the best of times, it was the worst of times）。狄更斯在《双城记》中的开场白，用在当下电视行业身上，也是这样的契合。为什么这样说？那是因为——

(一)"这是最好的时代"

自全球电视发展七十年来以及中国电视发展五十年来的今天，无论从哪个角度去说，电视媒体都称得上是传统媒体中的老大，它的社会影响力、民众接受度以及最实际的广告收益额都领先于其他媒体的表现。

在观众这一块，我们看到：2007 年，中国 4 岁以上电视观众总数为 12.05 亿人，99.89％的中国家庭拥有电视机，93.72％的观众闲暇选择看电视；有线网络和卫星天线接收进入更多家庭，观众户均收看的频道数量为 32.4 个；电视观众在城市人口中所占比率为 99.29％，在农村人口中所占比率为 98.74％①——看电视，基本上成为"全民运动"，吸引了广泛目光。

在广告这一块，我们看到：2006 年，尼尔森媒介研究常规监测的包括报纸、杂志和电视等三大主流媒体广告市场达 3886 亿元人民币，所有的媒体均保持了向上的增长态势；电视媒体依然是众多广告主投放广告的首选，在 2006 年，电视媒体在三大主流媒体广告市场中份额达到了 81％②——再加上 2008 奥运大势，电视媒体挣得海量资金。

在影响力这一块，我们看到：在美国，The Pew Research Center for the People and the Press 2008 年 12 月发布的针对美国各类新闻媒体重要性调查的数据发现，从 2001 年到 2008 年，电视是重要新闻媒体的认可率虽距 2002 年 82％的峰值下降 12 个百分点，但仍以 70％的比率高居第一。互联网认可率从 2001 年的 13％迅速跃升至 2008 年的 40％，已经超过同期报纸 35％的认可率；在台湾，世新大学新闻传播学院也做过此类调查，其结果是电视高居首位，报纸第二、互联网第三（后两者差距不大）。

（二）"这是最坏的时代"

对于四大传统媒体（广播、电视、报纸、杂志）特别是现在的"王者"电视媒体而言，"达摩克利斯之剑"已然高悬于头顶——是的，这就是几乎每分钟、甚至每秒钟都在成长、扩张的网络媒体，它的创新拓展、舆论引导、经营表现、社会包容以及互动平台，令残酷一些的"传统媒体消亡论"或者善意一些的"媒体融合论（基于网络的）"处处可听闻得到。

乃至于笔者在 2007 年参加的一次记者节活动中，代表央视发言的台长、"道长"（频道总监）以及主任级别的各一位嘉宾都非常"自觉、主动"地谈到了网络，谈到了新媒体。接着，在这一年的年底，我们看到央视高调宣布自己获得了 2008 北京奥运会新媒体转播权。

除此之外，"80 后"作为看着电视长大的一代，作为中国真正"复兴"与"崛起"的适龄建设者，他们虽然现在多少还被认作是另类、边缘，但再过十年、十五年呢？他们的使用习惯决定了不同媒体的未来命运——电视，并非中国的

---

① 参考《中国电视观众已达 12.05 亿》，新华网，2007 年 12 月 19 日，http://news. xinhuanet. com/photo/2007－12/19/content_7281755. htm。

② 参考《06 年中国报纸、杂志、电视媒体广告额达 3866 亿元》，新华网，2007 年 2 月 14 日，http://news. xinhuanet. com/newmedia/2007－02/14/content_5734387. htm。

"80 后"们的第一选择,而网络成为他们接受几乎一切信息(影像、文字)的主打平台,他们说,"在我地盘(网络)这儿,你就得听我的"。

(三)在最好与最坏之间

在上述的好光景与坏情况之间,我们作为电视业者以及社会成员,还是看到了一些较缓和、趋互动、有融会的景象。比如,哪怕是周杰伦2008年最新专辑《魔杰座》的主打歌《稻香》中,在前几句就提到了日常电视收视行为,歌词如下:

> 对这个世界如果你有太多的抱怨
> 跌倒了就不敢继续往前走
> 为什么人要这么的脆弱堕落
> 请你打开电视看看
> 多少人为生命在努力勇敢地走下去
> ……

同时,周杰伦也曾经在接受采访时,提到他是通过看电视上的 MTV 节目来了解并掌握流行音乐动向的——诸如此类的偶像言行,对于年青一代收看电视的行为影响不可小觑。

而且,在当下,较年青的网络使用者对于电视还是有相当的偏好,一如尼尔森公司在 2008 年的两次调查显示:

尼尔森周二(11 月 25 日)公布的报告称,网络视频和手机视频的流行并没有影响到传统的电视业,在 07-08 电视收视季,每个美国家庭每天开电视的时间是 8 小时 18 分钟,这是 1950 年代尼尔森开始跟踪电视业以来的最高纪录。[①]

尼尔森公司周五(10 月 31 日)发表的研究报告显示,近三分之一的美国互联网使用发生在用户看电视时,这意味着新老媒体更多的是在分享注意力而不是竞争。研究发现,使用互联网最多的用户往往属于最积极的电视

---

① 参考《网络未能撼动电视 美家庭开电视时间创下新纪录》,搜狐 IT,2008 年 11 月 26 日,http://it.sohu.com/20081126/n260850744.shtml。

观众。①

由此,虽然要看到新媒体、新时代、新偶像等方面对电视媒体的冲击,但是更要看到,除了冲击之外,各类新事物还是具有对电视收视行为的促进作用。

二、态度决定一切

"态度决定一切"(Attitude is everything),这是曾经的国足教练米卢常挂在嘴边的一句话,也是一本美国畅销书的题名。虽然我们会质疑中国队在这句话鼓励下的战绩以及畅销书的"善做表面文章",但是这句话还是说出了一个最朴素的道理,即:决定成功与失败的原因,态度比能力更加重要。

接着,我们带着这句话,回到中国电视的语境中,回到"最好"也可能是"最坏"的时代中,笔者认为:无论面对着"最好"或是"最坏"的境遇,妄自尊大、井蛙语海或者妄自菲薄、自惭形秽的态度都是要不得的,因为态度本身决定了一切。

那么,怎样的态度是适合的呢? 本书作为一本指向电视策划与电视写作,也就是电视方法论层面(而非学术讨论)的专书,还是首先要把世界观(即态度、原则)层面的思考向诸位读者作一交代。

诚然,"局内人靠经验与观察求知,局外人以反省与诠释见长"②,笔者作为有幸涉足中国电视"局内"(业界)、"局外"(学界)的"双重身份人士",在此强调,或许有这样四点,是电视人应该坚持的态度,同时这也是笔者所坚持的:

(一)把电视工作当成自己的事业

既然是事业,就不能朝三暮四,在面对新媒体的发展时,要以"拿来主义"的态度去取舍。同时,要学会"换位思考",想想报纸、杂志、广播乃至电影等也都还没有消亡,自己的事业感或许会更加坚定。

---

① 参考《尼尔森报告显示网民上网看电视两不误》,搜狐 IT,2008 年 11 月 1 日,http://it.sohu.com/20081101/n260375972.shtml。
② 李金铨:《视点与沟通:中国传媒研究与西方主流学术的对话》,《超越西方霸权:传媒与"文化中国"的现代性》,牛津大学出版社 2004 年版,第 3 页。

（二）用心去工作

毛泽东说得到位："世界上怕就怕'认真'二字。"做电视，对于很多人而言，是一个"熟练工"生计；毕竟策划按套路、写作有模版、采访可"制造"、编辑"串镜头"……用心，这个感性的词，其实在某种程度上，最能体现出专业主义与否的实质，因为到了最后就"都要面对自己的内心。当把自己的事情回答清楚以后，再回答别人的事情可能要好一点"①。

（三）劳与逸要结合

2007年"十七大"，2008年北京奥运会、改革开放三十年，2009年建国60周年，2010年上海世博会，中国的繁荣，带动传媒的繁忙。电视的的确确成为这个时代的"奔命"行业，浮躁、焦虑、盲目、茫然，太多亚健康的词汇可以用来形容电视人和他们的工作。尽可能一张一弛且学会休养生息，是电视人和这个行业在当下的需要。

（四）继续努力，努力继续

孙中山说得恳切："革命尚未成功，同志仍需努力。"面对机遇与挑战并存的媒体现况与社会环境，电视，特别是中国的电视，还是拥有很大的潜力和突破空间。记得在2007年参加某新媒体论坛时，笔者对其中的一句话印象深刻："美国的传统媒体对网络媒体简直怕得要死，但中国的传统媒体却似乎没有那么害怕。"——我想这不能以先进/落后简而论之，而正恰恰说明了"中国特色"媒体环境。为此，电视行业、电视人更要继续加油，直到"挖掘"了所有发展可能性之后，再"华丽转身"或"凤凰涅槃"不迟。

三、电视的"智慧的时代"需要"创意/文本"

"这是智慧的时代，这是愚蠢的时代"(It was the age of wisdom, it was the age of foolishness)，《双城记》开场白的第二句如是说。的确，21世纪是"智慧的时代"，甚至是"智慧丰富的时代"，在今后的媒体中，大量使用智慧的

---

① 张志安：《有悲悯之心，但以专业为标准——〈中国青年报〉"冰点"原副主编卢跃刚访谈》，《新闻大学》2007冬季号，第112页。

生产形态将备受推崇，含有许多"智慧价值"的媒体产品将大为畅销——任何一个不愚蠢的电视人，都应该看到这一点。

而在这电视的"智慧的时代"中，"创意/文本"是最需要的，同时，又是最缺乏的。这是为什么？首先，笔者要解释一下"创意/文本"的具体含义：

所谓"创意/文本"，有两层意义。第一层，"创意的文本"；第二层，"文本的创意"。

（一）"创意的文本"

在电视行业当中，"创意的文本"指向的是本书上编涉及的主要内容——电视策划。因为无论电视策划活动以什么资源为基础、以什么样的团队进行头脑风暴（brainstorming），形成什么风格、路径，到最后，拥有一份有创意、可实现的文案（文本）是必须达成的结果，因此，这份"（有）创意的文本"，基本可以概括电视策划工作的目标要义。

（二）"文本的创意"

而在电视行业当中，"文本的创意"指向的是本书下编涉及的主要内容——电视写作。任何写作的过程，都是对于文字文本的一种排列与组合、一种创造与更新。而电视写作，更是融入了电视媒体的特殊属性，那么，这种对于文字的创新更有了独具电视媒体属性的情境与意蕴。同时，面对着电视观众越来越挑剔的口味需求，面对着特别是年青一代观众因为"审美疲劳"而借助电视文本进行"自我创意"的尴尬局面（比如在网络上曾经很流行的所谓"新闻联播经典辞典"：会议没有不隆重的；闭幕没有不胜利的；讲话没有不重要的；鼓掌没有不热烈的；领导没有不重视的；看望没有不亲切的；接见没有不亲自的；进展没有不顺利的；完成没有不圆满的……），电视文本的创意，写作环节的强化，需要进一步做好"看图说话"的工作。

综上，电视"智慧的时代"所需要的"创意/文本"，也就是笔者将在这本专书中与您传达、交流的。

四、查漏补缺：从学校到一线

在上一小节中，笔者提到：电视的"智慧的时代"中，"创意/文本"是最需要的，同时，又是最缺乏的。

它的需要来自"激烈的竞争"。

中国的媒体,特别是电视媒体一方面面临着国内与国际、中央与地方、地方与地方之间日趋白热化的竞争,另一方面由于传媒资讯的革命与泛滥所造成的电视观众心理的复杂化与多样化,"十字路口上"(资深电视人夏骏语)的中国电视机构的竞争与忧患意识愈加浓郁,业者为了图生存,唯有绞尽脑汁,努力兴革,不断推出新的、有方向性且可实行的"创意/文本",出奇制胜,才有可能占有一席之地。

在英文中,"需要"与"缺乏"都对应着同一个单词"want"。被需要的,往往总是缺乏的。那么,"创意/文本"的缺乏来自哪里呢?

一言以蔽之,来自"学校的课堂"与"一线的工作间"。

(一)"学校的课堂"

在当前的中国大专院校中,由于电视媒体的强势影响,导致了与电视相关的专业学科都成为显学,除了传统的新闻院系,包括政法大学、财经大学、林业大学、农业大学、工业大学、体育大学等等在内的大批院校都开设了电视相关专业。但是,就算是开设了此类课程,由于对电视策划过程的不熟悉(只能谈营销理论、策略规划等空泛性内容,没有亲身参与的案例支撑)、对电视写作媒介特性的漠视(不了解其"为看而写"的"非独立性"特征,以一般的写作原理进行南辕北辙、方枘圆凿的生硬授课)——于是乎,那些在名为"电视策划""电视写作"的课程中拿到高分的学生,在校表现优异,但却没有真正的策划能力与写作能力,出了校门,注定坐冷板凳;而学校成绩平平,但具备优秀策划、写作能力者,很快就会在电视媒体中出人头地,功成名就,这是典型"学校的第一名,往往不是社会的第一名"的表现。

(二)"一线的工作间"

诚然,在我们的电视实践当中,大大小小、内部的外部的策划活动似乎每天都在进行,各类型节目、各工序要求的电视写作工作也几乎在每时每刻进行当中,似乎电视策划与写作活动,创意的文本与文本的创意很丰富、很成熟——但其实,许多最重要的问题就出现在经常性的事务中。往往是因为这一"经常性",导致了习以为常、习惯成自然,而哪怕发现了些许问题,也会因为没有空当、没有闲暇而听之任之。

而且,就算是要弥补、要培训,由于在中国整个新闻传播行业中,学界与业界"两层皮"现象向来严重,特别又是面对电视写作与策划这种实际操作性强、更新频次高的内容,良好的培训教材与师资的稀缺就显得较为明显;而电视同行之间,由于可以理解的原因,容易把策划、写作方面的技巧与心得视若珍宝、不愿公之于世,因此电视一线的"创意/写作"工作只好如瞎子摸象般,暗中摸索。到底想得对不对,写得好不好,真的只有天晓得了。

在电视业中,"缺什么,就要补什么"——这一句大白话,就是本书全部意义也好、价值也罢的所在。

五、本书框架:"三结合"与"两种体例"

笔者试图通过结合亲身或非亲身参与的媒介案例(包括各级、各类电视机构的策划工作以及不同类型、不同要求的电视撰稿活动),结合相关的传播理论、媒介研究以及前沿资讯(也就是说,并不仅仅"头痛医头,脚痛医脚"),并结合之前国内外电视策划、电视写作专书、论文中那些较有价值的原理、策略、技巧,进行一种本身即体现"创意/文本"的、"三结合"的电视媒体专书创作。

此外,在这一"三结合"为宗旨的创作过程中,具体到上编之电视策划以及下编之电视写作部分的内容,除了一些必要的原理性论述之外,笔者将分别以两种不同的体例对之进行论述、分析。

在电视策划部分,即本书的前五讲内容中,笔者主要采用的是一种"流程化"的分析体例,即按照电视策划工作的步骤、流程,从界定问题、收集资料、观众调查、情报整理、创意思考、达成方案、实施方案及反馈等多个细分步骤择要进行论述。

在电视写作部分,即本书的后五讲内容中,笔者基本上采用的是一种"类型化"分析体例,将对最常规的电视新闻稿、电视片解说词写作以及演播室台本、主持人串联词、电视节目流程单、采访问题单、电视策划案乃至电视包装与推广等领域的写作进行分类论述。

上 编

电视策划

第一讲
策划不是学：电视策划的脉络与结构

一、出发点：策划不是学

千里之行，始于足下。出发点，对于做任何事情都很重要。

在学术领域，所谓理论出发点，即"元理论"。这是一种较有深度和超越性的研究路径——它往往是"理论之理论"，一般来说，有两层含义：一层含义是指元理论的逻辑形式具有超验、思辨色彩；另一层含义是，这种逻辑形式将以批判的态度进行审视。

那么，超验、思辨与批判意识，基本上就是元理论的某种特质所在。笔者在此并不想深究电视策划之元理论的学术路径，而将开宗明义，直指结论——策划不是学。

是的，策划不是学，这是笔者在开篇就要特别强调的。这其中体现了一种批判，是对各种冠以"策划学"为名"从理论到理论"专书、论文撰写的批判；也体现了一种变革，是对各种试图归纳策划之定则、框架"形而上"理路的变革；更体现了一种企图，是本书以一种"流程化"的模式进行电视策划解读的企图。

既然策划不是学，那么，关于策划的书到底应该写些什么内容，方能中肯而到位呢？笔者认为，"归纳经验性观念"与"提出应用性原则"为之要义所在。从目前的情况来看，之于策划与电视策划的分析，绝没有到达一个学科所要求的严谨规制与理论高度，但是这并不影响其应有的实践价值与指导意义——毕竟，超越电视业乃至传媒业的视野，从整个现代企业发展的大局来看，可以说，对一个相对成熟的企业个体而言，策划与生产、研究发展、营销、财务、人事等这六项功能都是最基本的架构组成。因而，之于策划与电视策划的思考是有现实应对的，而非纯学理性的"空中楼阁"，它可能是粗浅的，但一定是踏实的。

同时，也正因为策划不是学，关于策划的分析就更加具有开放性，从框架到案例，都需要互联网"维基"精神所强调的那种"共写"精神与互动提升。当这个关于策划与电视策划的领域不断被填充之后，关于策划以及电视策划的元理论可能会因应之而转向系统性的自我证明，到那时，可能也会因应之而出现真正的策划学、电视策划学等等。

不过，虽然现在不是成为"学"的时候，但还是有充分的填充与修订空间。笔者在构思、写作本书的进程中，往往会不断调整其中的某些纲目乃至某些细节点——因为在写作的进程中，同步丰富起来的策划经验（主要来自自身策划实例，部分来自其他经典案例）使得笔者自身对于策划的认知也在逐渐变化——这里面可能没有更多的对与错、是与否，而是通过一种"晒"（share）想法与经验的历程，与读者共思索策划前的理路，共探讨策划中的问题，共分享策划后的成果，这些经验式的点滴汇集，也颇符合本书对于电视策划"流程化"的解读模式。

最后，依然在元理论的思维范畴中思考：如同元理论分支之一的"科学学"就是"科学的科学"一样。与其说本书电视策划部分的内容是"关于电视策划的分析与思考"，不如说就是"关于电视策划的一种策划"。因此，这是一个相对独立的领域，并不停留在某一零散的思考层次上，而是对电视策划这一媒介行为本身的脉络与模式进行相对系统化、流程化的思考——接下来，这一思考将从"电视策划是什么"开始。

二、电视策划是什么？

（一）策划是什么

要想回答电视策划是什么，先来简单谈谈策划是什么。

翻开《现代汉语词典》，"策划"一词的解释是"筹划；谋划"。本来"策划"是个中性的词，但是1990年代以前，在中国人的词汇学当中，"策划"的含义还隐隐约约地有些贬义。好在改革开放的脚步催生了这块沉睡的土地，策划一词出现在经济、文化等诸多领域；随着传播业、娱乐业视觉文化的发展，"策划"的含义逐步从一种简单的"计划安排"演变为一门"专业"，最后成为现在的一种"行业"。可以这么说，对策划的强调与凸显，正体现出在一个知识经济、信息社会里，社会对人的主观能动性的最大程度的重视，也是社会分工的最好体现。

策划在电视媒体创作上的天地之阔自不待言，不过，毕竟电视媒体创作只是一种情景与情感的预设，一种梦境，是一种对于虚拟境界的勾勒。在电视媒体创作与电视媒体策划越不容易截然区分的年代，我们面对的现实是，社会影响大的电视产品艺术已经不单纯停留在个人创作的传统科目，而更多的是在广阔的社会—媒体空间中才得以辉煌地完成。

那么，我们既然无法逃脱策划的时代，我们就只好加入并运用策划，在策划中实现社会—媒体目的，同时也实现我们自己。

具体到电视组织的生产流程中，策划是首要阶段。这里所提到的"首要"，既是就其发生时间而论的，也是就其重要性而论的。而且，自20世纪80年代以来，随着中国电视业的不断发展，电视策划的重要性日趋显著。

（二）电视策划的发展走向

从主体形态来看，中国电视业经历了从"制作人为核心"到"制片人为核心"，再到"策划人为核心"的发展历程①。当然，这一历程，也可以被描述成近三十年前的"技术工程师时代"、十五年前的"电视编导时代"、十年前的"制片

---

① 参考胡智锋：《中国电视观念论》第三章，北京师范大学出版社2000年版。

人时代"与如今的"策划人时代"。① 的确,从无到有,从零散、随意到制度化,从找策划人到建智库、顾问机构,从强势频道到一般电视台,现在各级电视机构对于策划工作都相当重视。

但是,更为重要的是,在中国电视媒体不断发展壮大,同时也不断遇到诸多方面新挑战的今天,电视策划的对象、内容,也自然而然在不断地更新、升级。笔者在此将结合一位电视圈内友人、央视资深策划人徐立军的一篇随笔②,来具体谈一谈当前电视策划的若干新走向。可以说,他对于传统节目规划之外的拓展性思考,把策划的视野升到了传播策略的高度。

1. 传统模式显"疲态"

笔者认为,任何来自电视实践层面的理念的提升都不是一蹴而就的,正如徐立军所说"在 CCTV 做频道策划已经有四个年头了,参加了无数个各种各样的节目策划会,跟着频道领导听过无数次的节目方案汇报、讨论和论证,看到很多节目方案被枪毙、被推翻、被批得七零八落,感慨于很多制片人、总导演为栏目改版、节目形态绞尽脑汁、费尽心机却收效甚微,于是,在我脑子里慢慢沉淀下来的,就是现在的电视策划最缺少的传播策略策划"。

笔者也曾为不少电视频道、栏目、节目策划过方案,也参加了不少电视策划会,关于他所说的种种事倍功半的情势,也是经常见到并深有感触,而且有些改版策划会更加"把半个城里的文化人都请了来,挤得多功能厅、咖啡厅、餐厅、休息室,哪儿哪儿全是'学者'、'记者',而且什么人都有,学中文的、写诗的、学经济的、学哲学的、学生物学的、学植物学的、学考古的;不就是给几个节目换换模样嘛?哪里就用得着把这么多相干不相干的文化人都叫来,连吃带喝最后还要发钱,一坐下就是大半天,恨不得把半个世纪的学问、知识全都摆开了说,真用得着这么麻烦吗?"③

2. 问题意识的强化

那么,所谓最缺少的"传播策略策划"到底是什么呢?徐立军解释道:

"传播策略策划,是指围绕媒体的战略目标,基于媒体资源和媒介环境的梳理分析,就产品结构、产品群组、产品投放规模与时机做出设计,对品牌补

---

① 参考任金州:《电视节目策划研究》,中国广播电视出版社 2002 年版,第 14 页,并做了时间描述上的部分修改。

② 参考徐立军:《电视策划:传播策略策划重于节目形态研发》,徐立军博客,2007 年 8 月 30 日, http://cctvxulijun.blog.sohu.com/62019212.html。

③ 《不着边际的电视策划会》,《北京青年周刊》,2006 年 7 月 7 日。

强、资源拓展做出对应性的策划。比如频道或栏目改版：为什么改版？选择什么时机？改什么不改什么？A 栏目与 B 栏目是什么关系？如何建立关联？栏目类型和比重如何恰当？又比如特别节目策划：投放的目标是提升收视，还是增进品牌，还是填补资源？节目形态如何为既定的目标服务？在这样的一些框架下，再考虑具体的操作问题，具体的节目形态策划，一定要服从于这些框架的需要，而不是纯粹从传统的电视业务角度出发，就创新论创新，为创新而创新"。

在笔者看来，徐立军对于传播策略策划的这段解释，实为说出了当前电视策划的一个新走向，即：问题意识的强化——策划目的不明晰乃至盲目，策划方案不明确、难以执行，在策划过程中不针对具体问题，不问"为什么"的状况在逐渐被边缘化、被排斥。

他特别以央视经济频道的"两会报道"为例，说明了传播策略策划的优势，"与其他媒体最不一样的、也是最显眼和重要的，不是每天的议程新闻、选题处理、嘉宾选择，而是整体的、一以贯之的个性化品牌传播策略。先有了'小丫跑两会'，随后就有了'马斌读两会''伟鸿看两会'，2007 年又有了'两会三人组'。这种策略选择，基于对两会新闻大战的情势研判，也基于对二套主持人品牌的优势资源的掌控。这样，虽然随后在其他频道复制和模仿出了《小撒探会》《鲁健走两会》《岩松两会观察》等等同类型产品，但是形态好复制，形态背后的策略以及策略的统领性执行很难复制"。

3. 策划的分层/分类

每一个电视台、频道、栏目或节目从构想到播出，都需要经过相当数量的人力、设备与资金的配合，方有可成。而此一构思的程序，如果事前没有做出周延的规划，不但电视台、频道、栏目或节目的风格难以确认（会影响观众收视习惯的养成），而且执行也会产生诸多困扰——显然，电视策划与策划之后的产制工序是息息相关的因果联系，为了避免事倍功半的情况发生，甚至造成无谓的浪费，各层级、各类别的电视业者对电视策划的过程都必须特别重视——但实际的情况是，在很长一段时间里，对于栏目、节目，特别是针对改版时期的栏目、节目策划，成为电视策划的主要内容，频道乃至更高层面的传播策略策划并不多见。

徐立军也在他的随笔中谈道，"今天的电视竞争，做什么？为什么做？什么时候做？这些战略和策略层面的问题比怎么做更重要，决策人要知晓这一点，操盘手更需要理解这一点。但是现今的电视体制下，传播策略的策划，或者没有,相关决策只是决策人的拍脑门、突发奇想;或者停留在、局限于决策人的个人行为,而没有组织性、制度化、系统性的保障与支撑"。就此,他提出的解决方案是"电视策划也需要分级分类,频道策划主要做传播策略策划,部门、栏目策划主要做节目策划"。

这种分层分类的意识也在 2008 年出版的一本论及电视策划的书籍中得以体现,其将电视策划分为宏观、中观与微观三个层面,"宏观层面主要包括各级电视台的策划和频道设置的策划;中观层面主要包括电视栏目的策划和类栏目的策划(如《超级女声》《加油好男儿》这类特别栏目);微观层面主要指单一电视节目的策划"。①

由上述三点,并结合整个大媒体环境的变化,可以看出,在当下,电视策划的发展走向与其刚刚出现的时候,有着很明显的区别。今天的电视策划人要根据社会、媒体环境以及对象的不同提出符合时代需求的,针对宗旨、目标、对象、定位、战略、策略、背景、前景等多个维度,理论与实战相结合的观念、创意、思路以及实施方案。

(三)概念界定与关联要素

通过上一单元的分析,我们了解到电视策划在当前"突破传统模式、突出问题意识、重视分层分类"的三个新走向,是一种历史性的梳理。接下来将在概念层面,从两个方面,去回答"电视策划是什么"这个问题。

1. 概念界定

这里面的丰富含义,让我们很难对电视策划下一个详尽的定义。甚至,笔者会认为,一个详尽的定义本身可以并没有太大的意义,特别是对于多变的电视实战而言。

就此,自策划实务流程的始末两端,先抽象出两个用于界定的概念,分别是"资源"与"任务"。这里的"资源"是指电视产制过程中所使用的投入,从本质上讲就是电视生产要素的代名词;而"任务"是指一种具体的或长或短、或多元或集中的电视产制目标。

那么,电视策划,首先就可以简化为"对电视资源与任务做辩证思考的过程"。

接着,在"资源"与"任务"之间的"辩证思考"过程中,再提取不可见的"创

---

① 雷蔚真:《电视策划学》,中国人民大学出版社 2008 年版,第 22 页。

意"与实体化的"方案"两个要素。这里的"创意"是指有媒介创造性、打破产制习惯的想法与构思；而"方案"是指进行电视产制的具体计划或对某一流程制定的规划（通常会形成文字版、并可做展示的策划案）。

由此，笔者认为：电视策划，就是"运用电视资源，激发创意、选定方案，以完成某一任务的过程"（见图1-1）。

资源　　创意

任务　　方案

图1-1　电视策划的过程

而具体来看这一过程，就整体而言，有四个特质：

必须有崭新的创意元素。电视策划的内容必须新颖、奇特，令人拍案叫绝，使人产生新鲜、有趣的感觉。

必须是有方向的方案。再好的电视策划案，若缺乏一定的方向，势必与目标脱节，就不能成为策划，而是"在天上画地图"了。

必须有实现的可能。在现有人力、财力、物力、时间、空间的限制之下，有实现的可能，才能叫电视策划。否则再好的创意均属空谈。

必须有循环进行的预期。某一次策划的任务达成之后，便可能成为下一次策划可以依赖的资源。如果电视策划活动不具有资源延续性和可参考价值，那么对于电视机构的长效运作而言，将损耗大量的成本。

就这一过程中资源、创意、方案与任务每一环节而言，又各有特质：

资源。"资源意识"，是电视策划的关键意识。也就是说，你要明白"你手上有哪些牌"；同时你更要清楚，在大部分的电视策划工作中，你所面临的"资源处境"往往不是充足的，甚至是匮乏的。因此，在电视策划工作所面对的资源与任务之间根本"无解"，或者资源与任务本身都不是那么明确——这些都是可以理解的。策划人在工作时，需要常常从资源想到任务，再回头重新解释资源，再向前改写任务，在这样一个来回反复的过程中得到实践成果。

创意。在电视策划工作中，创意是关键。没有创意，基本上也谈不上是策划,顶多是一种计划行为。但是在具体实战中,创意也并非完全是天马行空,而是"否定之否定"、丝丝相扣的。这就像花是花苞的否定形式,果实是花的否定形式,但是后者到前者是一个连续不可分的过程。这种后一问题对前者的否定并持续,就是在策划实务中创意的实现路径。也因此路径,创意需要发散性的思考,不要求标准答案与习惯性思考能力。

方案。在当前中国的电视策划实践中,方案本身合理性、创新度以及展示效果的提升度,高于最终方案实施的效果。这个问题,是致命的问题,它带来的是诸多表面的繁荣,越来越精致甚至花哨的 PPT 展示与宣讲,在实效性上可能一直在踏步不前。同时,合理的策划方案并不是"一出炉"就要奉为律则的,而是必须不断修正的——毕竟,在形成方案的过程中,一定不会涉及所有可能遇到的问题。

任务。电视策划人不只是一个思考者,他必须是为行动而思考的人,检验策划思考的不二法门仍是从"行动结果",也就是"任务的达成"而来的。电视策划思考关心的,终极而言不是问题的本质,而是逼近问题的方法,并使得问题发生结果——如果任务不能完成,那无疑就反映了策划过程资源配置的不恰当以及创意与方案的不切实际;而正是因为任务完成与否、完成程度的重要,各种对于电视策划工作的评估与反馈机制也被建立了起来。

2. 关联要素

虽然电视媒体不同机构、不同层次、不同类别的策划工作各有其差异性,但是所有的电视策划都受到以下四项因素的影响(见图 1-2):

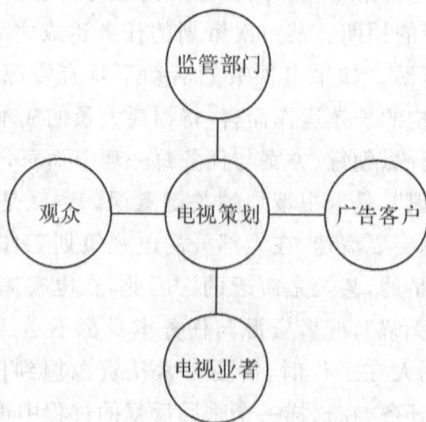

图 1-2　电视策划的关联要素

监管部门因素。这里面包括各级广电行政管理机构、各级宣传部与新闻办。他们的主要目标是要确保电视媒体的运营能够符合公共利益、完成宣传任务且导向正确，"按新闻传播规律办事"。

观众因素。"观众是电视的上帝"，他们会从大量可供选择的电视频道中去选择节目。观众也会收看其他内容，比如广告、公共服务片等，但是他们的主要目标，还是在特定时间段收看满足他们需求的节目内容。无法吸引观众或无法满足他们需求的电视台或电视频道、某档栏目以及某期节目，是岌岌可危的。而电视机构未来的财务状况也将出现危机。

广告客户因素。他们的主要兴趣是利用电视媒体的平台，让其产品或服务引起最可能使用它们的人的注意。吸引潜在顾客的节目最有机会吸引广告客户的钱，尤其当受众数目很大，而同时向受众传达广告的价格很具吸引力的时候。而且，随着媒介广告市场的不断发展、成熟与更新，广告客户对于电视媒介的要求也在发生变化，由此诸如"战略合作伙伴""置入性营销"等广告经营"变体"层出不穷。

电视业者因素。他们是负责电视机构中经营、管理、生产、传播等工序的人，直接受到以上三个要素的影响。在中国电视界，我们会说，电视业者要向"三老"（老百姓、老干部与老板）负责：不仅让老干部满意，让党和政府满意；还要让老百姓满意，即我们所服务的对象、受众，让老板，即所谓投资者、经营者也要通过媒体这样一个具有经营特征的实体当中得到相应的经济回报，这也是电视媒体重要的性质和功能。因此，电视业者会考虑"三老"的意见与建议，选择并安排节目，以求在目标观众之间尽可能吸引最多关注。

三、电视策划的操作流程

如前文所述，电视策划是一个受到各方关联要素影响的多工序过程。在本节中，主要就这一过程中的不同工序作一阐述与简析。而本书关于"电视策划"部分的主体框架，也是由此操作流程而建构起来的（在后文中会分不同的讲章结合案例进行详述，在此仅点到为止）。

上文中提到电视策划过程中资源、创意、方案与任务四个环节，是一种概念化的区隔。在具体操作中，又可细化为八个步骤——

步骤 1. 界定问题；步骤 2. 搜集现成资料；步骤 3. 市场调查；步骤 4. 将资料整理成情报；步骤 5. 产生创意；步骤 6. 选择可行的策划方案；步骤 7. 实

施策划方案;步骤 8. 评估、检验策划方案。

而若要将八个步骤与四个环节相对应的话,那么,步骤 1~3 对应的是资源环节,步骤 4~5 对应的是创意环节,步骤 6 对应的是方案环节,步骤 7~8 对应的是任务环节(如图 1-3)。

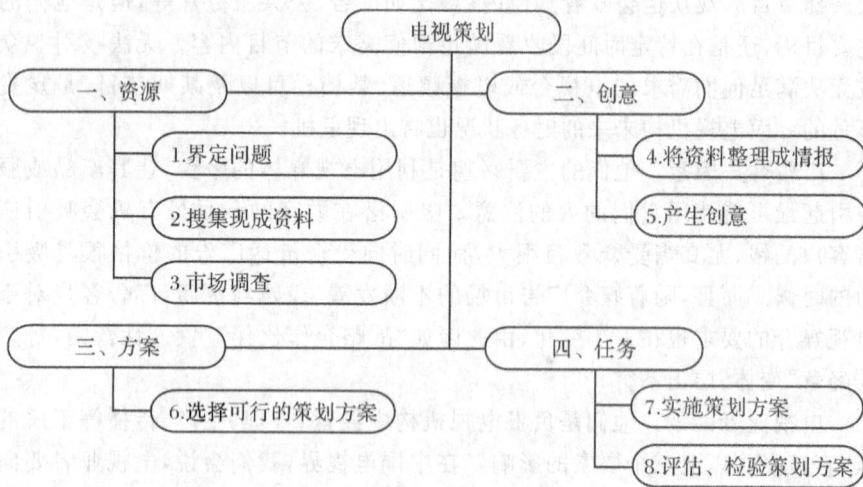

图 1-3 电视策划的环节与步骤

(一)界定问题

电视策划的第一个步骤就是界定问题。

这里所谓的"界定问题",其实跟上文中提到的"强化问题意识"是一体两面的,后者思考究竟为什么要问这一或这些问题,前者解决这一或这些问题究竟是什么。那么,如何界定问题呢? 我们举世界管理大师彼得·德鲁克的例子来说明——

德鲁克在从事管理诊断顾问工作的时候,情形是这样的:双方坐定之后,雇主总是会急切地提出一大堆管理上的难题向德鲁克请教。这时,德鲁克往往会先推开这些问题,然后不紧不慢地反问客户四个问题:你最想做的事是什么? 你为什么要去做? 你现在正在做什么事? 你为什么做这件事?

在这里,德鲁克并没有替他的客户"解决问题",而是替客户"界定问题"。他改变客户所问的问题,提出一连串的问题反问客户,目的在帮助客户认清问题、找出问题,然后让客户自己动手解决那个最需要处理的问题。

而在这时,离开德鲁克办公室的客户们都会说:"这些我都知道,为什么我没去做呢?"德鲁克对此的反应是:"如果客户离开我的办公室时,他觉得学到了许多新鲜玩意,那么,要不是我的效率太差,要不就是他是个笨蛋。"

德鲁克的例子告诉我们,我们往往为了追求结果,导致没有用心花时间去界定问题。我们经常草率地提出问题(特别是在电视媒体浮躁且又充满压力、高强度的环境里),却花费数月、甚至数年去解决这个不重要的问题。其实,我们只要界定问题,把问题简单化、明确化,并找出其中的重点,那么,问题就解决一半了。比如,一档节目的不成功可能只是因为主持人的气场不投,那么,节目别的构成要素就不需要无谓的调改。

(二)搜集现成资料

一言以蔽之,在当下,做策划工作所需要的现成资料,因为网络资源的丰富,其数量大大扩充、质量也稳步提升。甚至由此产生了一个新的问题:在海量的信息世界里,哪些资料才是真正有效度和信度的?

当然,所有现成的,也必然是二手的,这些所谓"次级资料"(secondary data)的来源,包括现成的书籍与报纸杂志、现成的网站与页面、相关的机构内部资料、政府出版的普查与统计资料、调查公司的数据报告等等。

对于当下一些较为重大的电视媒体活动、项目与节目策划而言,搜集现成资料的工作,成为非常基础且关键的一项工作。在许多大项电视活动的播映结尾处,常常会出现专门的"资料"这一项字幕内容。而对于反映重大社会历史题材的电视节目而言,节目的资料素材甚至超过了编排技巧,成为策划过程中的关键任务。

(三)市场调查

当所搜索的现成资料不足、无法电视媒体需求的时候,策划工作就得加入市场调查的项目——诚然,这一项目的加入,对于较广泛的电视业者而言,还是陌生且不太懂得如何操作的——市场调查,就是直接向媒体市场上的其他主体,比如潜在受众、广告商、合作机构乃至竞争同业等调查得来的资料。

市场调查,在方法论上,可以分为询问法(questioning)和观察法(observation)两种。

所谓询问法,简单说,就是先设计问卷再发放、进行访问。这里值得一提的是,随着网络技术的勃兴,发放、回收问卷的方式、方法得到了极大的拓展,成本也随之得到了极大的节约(问题也是存在的,比如网络问卷的信度不高)。

所谓观察法,简单说,就是用肉眼、仪器或这两者兼用,去查看事实并记录下来,以获得资料。其实,对于电视媒体而言,策划人可以很方便地进行观察法调查,那就是多看电视。当然,这里说的多看电视,不是看电视剧、综艺节目看得天昏地暗的那种看法,而是要带着问题看、看出门道。比如,如果要在傍晚时段、在省级地面频道要开设一档新闻节目,那么,且不论内容层面有哪些讲究,首先要去看看的是:在该时段里现有哪几档新闻节目,它们每日开始与结束的时间各是什么?这里面的时间概念,是要精确到每一分钟的,这是因为可能提早开始一两分钟(不追求绝对的整点),就能让观众流入量有显著提升。

(四)将资料整理成情报

资料未经整理,是摆设,是不管用的,是死的;资料经过整理分析之后,才能够变成有用的,活的,而成为电视策划中的重要参考依据。因此,将死资料整理成活情报,也是电视策划工作所必需要做的。

不过,我们从小对情报这一词汇的理解,可能大多源自特工、谍报,总之与军事、战争有关。那么,笔者在此也以一个战争年代的例子,来说明整理资料的重要价值。

第二次世界大战爆发之前,英国出版了一本名叫《世界各国军力比较》的书。书中详细记载德军的兵力配置与各师团长的个人资料。当时的德国元首希特勒读了这本书之后,大为震怒,以为是间谍搞的鬼,乃下令彻查。经过一番详细深入的调查之后发现,那份宝贵的情报,并非有关人员泄密,而是有心人根据报纸、杂志、广播等公开资料整理分析后的结果。

而对于一名电视策划人而言,如果注意身边一项易被忽视的资料,那么,手头就会多一份优质的情报,那就是——参加不同电视台、频道、栏目、节目策划会所拿到的资料以及参加会议所记录的心得。如果有心地对每次策划会的这些材料进行整理,那么,久而久之,电视圈的创新点、时新话题以及遇到的问题、瓶颈都会逐渐清晰呈现,那么,策划工作就更加能够有的放矢。

(五)产生创意

创意,是策划活动的核心、关键,是第一生产力。若没有创意,就不是策划,而是计划了。或许一般人会认为创意是天生的,其实不然,它是可以后天培养的。一般来说，策划人的创意特质有六个方面的内容：

智商。创意不需要特别高的智商，只要达到 130 即可。一个人智商超过 130 之外，创意就无多大差别了。

教育。强调逻辑的现代教育似乎抹杀了学生的创意，所以教育无益于创意。研究显示，儿童的创造力在 5～7 岁时下降近四成；到了不惑之年，创造力只有 5 岁时的五十分之一。许多创意人并没有很高的学历，就不奇怪了。

专业技能。创意或许有灵感这回事，可是若没有经过长期的努力，灵感不会突然跑出来。几乎每一位有成就的策划人，都在他那一行业最少苦心钻研了十载。

个性。创意人大都独立、执著、对工作有着强烈的动机。他们多半凭直觉之本能决定事情。他们反迷信、反传统，但具有怀疑与冒险性格。他们有时难以相处，但都具有高度的幽默感。

童年。创意人通常不会有一个呆板、平淡的童年。逆境常常能够帮助刺激小孩从不同的角度去观察与分析问题。

社会性。创意人虽然个性独立，可是并不孤僻。他们都很合群，经常与同事或朋友讨论问题、交换意见。

(六)完成可行的策划方案

当电视策划人找到足够的创意之后，他必须细致评估手中方案的优劣，然后从中选择并完成一个可行的方案，这是电视策划的第六个步骤。

那么，什么方案是可行的呢？大致包含下列三项意义：

这个方案的确可行——可行，是第一位的。许多策划人秉持"无中生有，天马行空"的拍脑袋思维原则，想出一个很好的创意。然而，这样常常会忽略了媒体的有限资源，结果策划进行到一半，就发生了后劲不足的尴尬现象，以至于功败垂成，那将是非常可惜的。

媒体中、高级管理人员的信任与支持——由于策划工作是幕僚性质的工作，影响是间接的。因此，策划是否能够顺利推行，执行到底，与管理人员、特别是中、高级管理人员的信任与支持程度有很大的关系。

其他部门的全力配合——要使策划顺利执行，除了管理人员鼎力支持之外，媒体其他部门的全力配合也非常重要。策划人必须留意其他部门的反应。特别是电视这一行业，是一个讲究高度分工与合作的生产体系，与其他部门的配合就更加有潜在价值了，否则哪怕制片、剧务、摄助等工种都可能成为你完成任务的潜在障碍。

接下来，就得把你的概念文字化，把构想写成策划方案。

（七）实施策划方案

而完成以上六个步骤之后，还有两个重要的后续动作：实施策划方案与检验、评估策划方案。其实，在很多时候，这两项工作常常受到忽视。具体到实施策划方案的步骤中，一般包括两块内容：

首先是模拟布局，也就相当于彩排。这时，策划人要运用"图像思考法"（运用人类图像思考的本能，把未来可能的发展，一幕一幕仔细在脑海中呈现出来），模拟出策划方案的布局与进度。

然后是分工实施，策划人一方面要详细分配各部门的具体任务，分头实施，另一方面要严格控制策划预算与进度。

（八）评估、检验策划方案

策划推行结束之后，应要做成效的检验评估，以作为拟定新策划方案的参考。不过，在目前的中国电视业界，对于策划的检验评估基本上是不到位的。诚然，没有被评估、检验的项目，基本上是不够重要的；重要的工作单元，一般都会被评估、检验，甚至从不同的角度进行评估——从这个意义上说，电视策划还有很大的发展空间。

还必须指出的是，在策划方案推行结束之时，对其若能进行卓有成效的评估、检验，那么，对于今后拟定其他新的策划方案而言，也是一个很好的参考。

四、环境分析：电视策划的背景须知

电视策划工作，是在社会背景下、媒体生态体系中所进行的。从事电视策划工作的业者以及各类"外脑"，常常得利用流转在社会中的各种动能。因此，要想做好电视策划工作，必须懂得社会与媒体，动员社会/媒体资源、回应社会/媒体情绪、设计社会/媒体对话、探究社会/媒体理性。

以笔者写作该书所处时段的中国社会与媒体环境为例，在该时期，如果做电视策划的环境分析，那么，在社会层面，中国改革开放三十年的大环境与全球经济危机的大格局；在媒体层面，中国电视新时期发展三十年以及自

1958 年至今的五十余年——这些都是电视策划工作所身处的时代环境。

对于国际与社会背景的分析,笔者或许笔力不得,且不是本书的关键。因此,在本单元将主要着眼于媒介、特别电介媒体层面的大环境,参考相关文献,对电视策划的社会框架做一分析,望对电视业者有一定提示与帮助。

(一)三十年传媒业的六大变革

2008 年夏天,汶川地震之后、北京奥运之前,素有"传媒军师"之称、亦为多家电视机构策划顾问、智库成员的喻国明教授,在和讯网"传媒观察"版块开讲,分析中国传媒改革三十年,并归纳了其间的六大变革①:

1. 传媒形式的变化

由过去简单的、单一化的政治工具变成了一个功能相对比较齐备的大众传播媒介。

2. 传播模式的转变

引入了市场机制之后,传播模式就开始发生深刻的改变,既要满足党和政府喉舌的宣传功能;同时更重要的是要满足社会老百姓日益丰富的文化和传播的需求,以及还有产业化发展的需求。

3. 新闻开始唱主角

在过去相当长一段时间里,中国的媒体里,虽然有新闻这种形式,但都是宣传化了的新闻。而在搞市场经济之后,中国的媒体开始走上了注重新闻功能扮演的角色。

4. 认识到媒体的双重属性

它既有作为社会公共产品的公共属性、政治属性、意识形态属性、文化属性;同时,它又是一个产业,能够通过运作来协调各种各样的经济要素、社会要素,获得更加丰厚的利益。

5. 制度的变革

传媒体制有两个部分,一是它的构成要素,二是关联方式、游戏规则。这两个方面都在发生变化,并成为政治体制改革的一部分。

6. 中国传媒业的生态改变

这种改变主要是由于技术所带来的;人人都参与的传播,它使整个传播

---

① 参考喻国明:《喻国明谈 30 年传媒业六大变化》,和讯网"传媒观察",2008 年 7 月 31 日,http://media.hexun.com/2008-07-31/107827903.html。

的生态、传播的力量对比发生了重要的变化。

（二）从"宣传品""作品"到"产品"：中国电视产制五十年的三阶段

中国电视五十年发展，经历了从以"宣传品"为主导到以"作品"为主导，再到以"产品"为主导的三个阶段。在每一发展阶段上，电视产制（包括策划环节）在目标、内容、方式等方面，也呈现出不同的特点。胡智锋教授对此历程作了梳理和分析，并对未来发展予以思考和前瞻①：

1. "宣传品"为主导阶段（1958—1978 年）：多种传媒、艺术样式的借鉴、模仿

这一阶段中国电视的内容生产，主要围绕党和政府的每个阶段的中心工作，来组织、开展宣传，承担的是"宣传教化"功能，扮演着党和政府的"喉舌"角色，突出强调的是意识形态的要求。导向正确、领导满意则是衡量节目宣传质量、效果的最为重要的评价标准。

在节目创新方面，主要体现为借鉴、模仿其他历史积累较长、较厚的传媒样式与艺术样式，尚未形成自己鲜明独立的传媒特征与艺术特征。

2. "作品"为主导阶段（1978—20 世纪 90 年代中后期）：形式与观念的探索

这一阶段，中国电视一方面努力摆脱上一时期模仿、借鉴别种传媒样式、艺术样式的状态；另一方面又在模仿、借鉴别种传媒样式、艺术样式的基础之上，努力探索具有电视独特传媒特征、艺术特征的新形式和新观念，探索具有中国特色的电视内容生产之路。

概括而言，这一阶段电视内容生产是以"作品"生产为主导的阶段，电视从业者的职业化、专业化追求得到了极大的尊重和肯定。在电视形式、观念上追求个性、原创性和独特性成为这一时期节目创新的突出特点。

3. "产品"为主导阶段（20 世纪 90 年代中后期至今）：市场化、产业化的探索

20 世纪 90 年代中后期以来，电视传媒市场化程度不断加深，电视的内容与市场、与观众的收视日益紧密地结合在一起。产业化、集团化、市场、效益、效率、收视率、受众需求以及成本核算、营销、广告等影响着电视实践。中国电视全面进入了以"产品"为主导的阶段，节目创新也是围绕着"产品"展开进行的。

而作为"产品"，其评价标准就转换成它的市场价值的实现，比如较高的

---

① 参考胡智锋　周建新：《从"宣传品""作品"到"产品"：中国电视 50 年节目创新的三个发展阶段》，《现代传播》2008 年第 4 期，第 1—6 页。

收视率、较强的广告拉动能力或者市场的回收能力、开发能力,能否形成产业链、创造市场价值等。所以,具备可观市场价值的大型电视选秀活动、电视栏目品牌的创造以及电视产品的后开发(音像制品、系列图书等)被高度重视,而这一时期,电视创新的主要任务也自然而然地成为吸引观众的眼球,赢得观众的认可,提高收视率,增加广告额,获取最大的市场回报。

(三)以《新闻联播》为例的节目解读

在中国所有的电视节目中,无论从存在时间、政治影响力、商业"吸金力"等不同角度来看,《新闻联播》都是"老大"(见图1-4)。笔者也曾经做过一次"85后"新闻传播相关专业学生评价《新闻联播》的小型调查[①],他们的回答有"伴随着熟悉的音乐声看见爷爷认真的表情只知道是很重要的东西""《新闻联播》之于央视,犹如眼睛之于人。没有前者,后者不是不能生存,却少了一种核心的灵魂""《新闻联播》是外国研究中国政策一个重要途径,是中国对外宣传中国政策的重要媒介""新闻联播是小喇叭,是宣传站,将党的精神传递到大江南北"……他们虽然很年轻、很新新人类,但对于《新闻联播》的认知与认可,却很成熟与传统,这让笔者都有些惊讶,本以为这种正统节目已被"80后""85后"们所忘却。

图1-4 《新闻联播》

[①] 具体可见《没有了〈新闻联播〉,中央电视台会怎样?》,CUC1402博客,http://cuc1402.blog.sohu.com/。

而在"三十年"的大背景下,陈力丹教授也撰文分析了《新闻联播》向"以新闻为本体"靠拢的渐进过程,他认为[1]:

向"以新闻为本体"靠拢,表现为观念和内容、形式和手段的变化。

《新闻联播》的传统套路一向被视为经典传统,似乎不可动摇。其实,它在 30 年的发展过程中,不知不觉悄然发生着变化,因为改革开放的趋势无法逆转,朝前走是唯一的出路。指出这一点的目的在于:我们需要进一步采取主动而积极的改革态势,而不能被潮流推着走。大众传媒作为一种社会职业,就报道职能而言,以新闻为本位是不言而喻的。我国的传媒在改革开放的新的历史时期,从单纯党的宣传工具,转向了传媒业的职业化,尽管传媒仍然负有宣传党的方针政策的任务,但报道本身要遵循新闻传播的规律,这是胡锦涛总书记提出的要求。

因此,《新闻联播》在以新闻为本位的职业角色方面,仍需进一步解放思想。而在过程中出现的问题,包括三个方面——

其一,由于以宣传为本位的传统十分强大,《新闻联播》丰厚的政治新闻资源没有得到很好的开发,节目长期停留在政治事实的套路化表达层面。新闻价值的标准被弱化,政治宣传的角色被强化。这种强化明显地体现在节目的内容格局上。

其二,中央关于改进会议和领导人活动报道的意见没有得到很好贯彻。联播节目由于过大的传统惯性,以及较多的具体原因,变化较少,甚至有的时期被强行加进去的非新闻内容还呈上升趋势,这个黄金时段几乎变成了政治宣传广告的时段。

其三,《新闻联播》承担着重要的政治功能。在我国的体制下,这是一种独占的资源优势。但由于自我管控的原因,央视无法充分利用这种优势展现自身的能量;同时,央视又承担市场竞争的经济功能,既占有公共资源,又争夺市场资源。央视最大的资源优势当为它的全国覆盖率,但是这种极高的覆盖率并非全是通过市场竞争得到的,从一开始就与其他电视媒体处于不对等的竞争层面。这就形成一种积重难返的体制难题。

---

[1] 参考陈力丹:《向"以新闻为本位"渐进靠拢——论中央电视台〈新闻联播〉30 年来的渐进变化》,传媒学术网"再说三十年"专题,http://academic.mediachina.net/article.php? id=5952。

（四）电视怎么说？观众怎么看?：传播语态与观众收视的变迁

改革开放 30 周年,不仅是我国经济和社会发展的黄金时期,更是每个中国人的家庭生活和个人命运发生转折的黄金时期。每个家庭 30 年来的变化,最能生动地折射出改革开放给整个社会带来的巨大变化,这其中就有"看电视",这一收视行为的变迁。这一变迁又体现在传播语态与观众收视两个方面。

1. 电视怎么说？

电视传播的语态,也就是电视媒体对观众的"说话方式"。有学者根据传播者对受众说话的态度与叙述的方式,大致把近 30 年来中国的电视语态归纳为以下四种[①]:

新华语态——改革开放初期,中国电视在大众传播领域的地位远远低于报刊、通讯社和广播等,遇到重大新闻往往是新华社的通稿加上画面,"新华语态"由此得来。如:"金秋十月,丹桂飘香,天南地北祥和欢乐,华夏儿女喜庆佳节。北京各大公园彩旗飞舞,花团锦簇,宫灯高挂,人流熙攘,充满了喜庆祥和的节日气氛……"可以说,"新华语态"是中国电视没有形成自己独特的形态与特点之前,宣传报道借助"新华体"文稿进行播报的语态,这是一种上传下达,传播者高高在上的支配性语态。

平民语态——1993 年中央电视台《东方时空》开播,提出了"真诚面对观众"的口号。正是这个口号,开启了平民语态的大门。相对于新华语态的高高在上,平民语态给人的感觉是一种平等的对话,电视语言开始从说"官话""套话"向说"人话"转变,亲切家常、考虑受众需求成为平民语态的特点。可以说,"平民语态"是力求平实、亲切,贴近百姓生活的电视语态,这是一种传播者和受众平等交流的语态。

悬疑语态——进入新世纪,面对互联网等新兴媒体对电视观众的分流,面对激烈的市场竞争,电视传播者开始运用一种激发和吸引受众注意力资源的传播策略,这就是对"悬疑语态"的运用。"悬疑语态"在中国电视界的风行,最初缘于中央电视台科教频道的《走近科学》。这个栏目把"悬念设置"的功能发挥到了极致,常常利用我们身边的故事作为引子,通过层层设置悬念

---

① 参考高红波:《转型期中国电视语态的变迁》,传媒学术网"再说三十年"专题,http://academic. mediachina. net/article. php? id=5922。

的方法,成功"吊"起观众的胃口,收视率得到了很快的提升。

叫卖语态——"叫卖语态"指的是电视传播者类似叫卖似的营销的口吻和语态,这是一种中国电视新近出现的传播者的说话态度和叙述方式。电视购物公司(见图1-5)的风起云涌,一时间"叫卖语态"此起彼伏,充斥荧屏。电视语态也从高高在上的俯视众生,变成等而下之的跪地乞食,传受双方支配与被支配的地位与三十年前截然相反,商业市场逻辑在一定程度上颠覆了因政治优势而建立起来的媒介权威。

图1-5 电视购物

2. 观众怎么看?

观众收视行为的变迁有以下几个方面的体现[①]:

从"看"一家到"看"多家——广播电视覆盖手段多样化,人口覆盖率极大提高。从一家到多家的变化,不仅仅局限于收看的载体——电视增多了,更根本的原因是:广播电视覆盖的手段更加多样化,使得人口覆盖率极大提高了。

从"看"一台到"看"多台——体制、机制改革,加速广电发展。20世纪90年代以来,我国允许社会资金进入广播影视节目制作领域。另外,广播电视领域的企业积极上市,引入社会资金加快发展,为广播电视社会化发展带来了新的活力。

从没得"看"到"选着看"——频道、内容向多样化发展。比如新闻节目就

---

① 参考《广电三十年:告诉你,电视就该这么"看"》,中国广电在线,2008年12月4日,http://www.cnbbtv.com/info/detail/2—14797.html。

有新闻联播、新闻播报、新闻评论、新闻调查、新闻直播、新闻插播等各种形式,新闻播报也有播、说、谈、讲等多种方式。近年来,娱乐节目花样翻新,《超级女声》《梦想中国》等娱乐节目引起了社会的强烈反响。

从坐着"看"到走着"看"——广电的技术水平和科技创新能力提高。移动电视从空间、时间概念上,把电视从原来的客厅中解放出来,变成消费者随身携带、使用的方式。其作为广播电视的重要补充和延伸,是继有线、卫星之后又一新的传播手段,可以填补广播电视对移动人群覆盖和服务的空白。

从向"外"看到向"内"看——自主创新能力大大加强。改革开放初期,我国电视标准大多引进国外制式,经过三十年的发展,国家及民族产业研发了具有自主知识产权的电视标准,尤其在数字化、高清化方面,已经达到了国际先进水平,摆脱了过去只引进、不吸收的局面。

五、以人为本:解读电视策划人

正如一位中央电视台的资深电视策划者、研究人若干年前所说的那样,"不管你对'导演为中心已转向制片人为中心,下一步将转向策划为中心'的论断认同与否,'策划人'已经赫然列在长长的演职员表的前排。在电视产业的金碗中,露出了又一块奶酪:电视策划"①,的确,在当今的中国电视行业里,策划已经被广泛应用(虽然尚未成为中心),从节目选题、关键角色选择(主持人、主播等)到制作播出,从媒体经营、产业开发到外围社会资源拓展,策划到位、画龙点睛的神来之笔处处可见。

(一)电视策划人的缘起

那么,握有这神来之笔的电视"马良"究竟是谁呢?他们的缘起自何时?我们先来看看分别择取自20世纪80年代、90年代,发生在中国电视业的两个片断②:

1. 黄一鹤与策划春节联欢晚会

1982年深秋的一个下午,在中央电视台设在木板房的台长办公室里,当

---

① 王甫:《金碗中的奶酪:电视策划》,张凤铸 胡智锋 黄式宪主编《和而不同:全球化视野中的影视新格局》,中国传媒大学出版社2005年版,第90页。

② 参考张静民:《策划时代说策划——中国电视节目策划的缘起及其作用》,《广州大学学报》2002年3月,第33页。

时的台长王枫、副台长洪民生说:"老黄,这一次的春节晚会交给你搞怎么样?你要尽力把它搞好。"接到任务后,黄一鹤像一匹听到枪声的战马,浑身热血沸腾起来。他当时就找了几位平时合作最齐心的"搭档"谈了起来,一直谈得晚饭都忘记吃了。他们把平时积累的"点子"都"抖落"出来,归纳起来大致有这么四条:第一,舍弃轻车熟路的录像播出方式,进行现场直播;第二,取消报幕员,设节目主持人;第三,设热线电话,沟通观众情感;第四,请国家高层领导参加,实现与民同乐。初步方案连夜汇报给了台领导,台领导当即拍板:就这么办。于是,作为中国电视文艺一种节目样式的春节联欢晚会就拉开了它辉煌的序幕——而这届"春晚"的策划活动,就被视为电视节目策划的开端之一,不过在当时,策划人就是导演本身。

2. 新闻评论部的年轻人与《实话实说》

1995 年下半年,中央电视台新闻评论部里在北京井楼胡同租了一套四合院,调集了包括杨东平、郑也夫、乔艳琳、关秀等人在内的台内外一批极富创造性的年轻人,开始筹划一种对于中国的电视观众来说是里外全新的节目。筹划组用了将近半年的时间,攻下了三道"难关":其一,为节目定位;其二,为节目起名;其三,为节目选主持人。结果,"难关"过后尽开颜,由于定位准确,名称别致,主持到位,1996 年 3 月 16 日首推的电视栏目《实话实说》,作为中国版的"脱口秀",很快声名鹊起,引领中国电视节目一代风骚——在这个片断中,中国电视策划的创新性与颠覆意义崭露头角。

不过,上述两个片断中的策划活动还是初级、自发、原生的;当然,那时的中国电视业也是初级、自发且原生的。而随着中国电视业的发展,电视策划人也逐渐发展起来。特别是自 1990 年代中期开始的中国电视发展大潮中,那些成功且脱颖而出的电视节目,往往都是非常会使用策划人资源的电视节目,比如《新闻调查》《对话》《鲁豫有约》《艺术人生》《经济半小时》等都是此间典型的案例。

(二)电视策划人的构成

当下,电视策划人的构成又是怎样?背景是什么?发挥了哪些作用?笔者结合自身参加过的策划会,发现在中国电视圈活跃的策划人主要来自以下五个方面:

1. 电视机构中专门的策划研发人员

随着电视行业的发展、成熟以及现代企业形态、意识的不断深化,许多电视台都设立了专门的策划研发部门,设置专人研发节目、分析数据与关注产业,比如中央电视台广告经济信息中心的策划部、上海文广集团的发展研究部;再比如,现在许多地方电视媒体会在北京乃至海外设立专门的节目中心(比如湖南、江苏等省台),这些节目中心就主要负责前沿节目的借鉴与创意工作。

2. 电视机构中的中、高层经营管理人员

电视策划工作,虽然旨在创意、创新,强调灵光闪现、头脑激荡,但是其同时更是一个"媒体系统工程"。优质的策划创意,其本身,几乎是没有意义的——而要更好地落到实处,就需要电视媒体中、高层经营管理人员来把关,与其说这种把关是一种规束,不如说是一种指引。中、高层的经营管理人员既了解媒体、更了解社会,他们丰富的社会经验与准确的舆论把握,可以弥补所谓的"个性"与"理想"的不切实际,使得电视媒体与节目能够更贴近实际、贴近观众、贴近生活。比如,在中央电视台新闻频道、经济频道以及凤凰卫视中文台的几次策划会上,这三家电视机构各自的高层管理者梁晓涛、任学安与刘春的发言,对"大局"的把控都显得到位且关键。

3. 其他传媒以及文化机构的资深同业

每一个节目组、每一个频道乃至每一家电视台,其主打思路往往会随着组织规范的确立而趋同。那么,如何打破这种同化(当然,在一定程度上,这种同化也是具有价值的)?这时,其他电视台、频道、节目,其他报纸、杂志、网站,乃至电影界、戏剧界、广告行业等的资深同业人士,就可以成为电视策划活动的"座上宾"。其实,据笔者观察,凡是有电影界人士参加较多的电视节目,其视觉效果、剪辑节奏或者用光制景、叙事结构等方面总会有亮色,这就是一种互补与相长。

4. 外请的"节目形态专家"

所谓外请的"节目形态专家",主要指的是来自电视传媒相关大专院校(在北京,主要是传媒大学、北师大、人大、清华等)的学者、教授,他们的专业集中在电视、电影、新闻、传播领域。他们对节目本身以及节目外围的诸多媒介运作环节,有自己独到的见解与认识。他们参加电视策划活动,多多少少能从某个专业方面,对电视业者给予启发。

5. 外请的"节目内容专家"

所谓外请的"节目内容专家",主要指的是来自社会学、法学、经济学、心理学、政治学等社会科学领域的专家以及来自社会各行各业的资深业者、灵

通人士。这些人,可能对电视媒体本身并不一定很熟悉,但是,他们对电视媒体可能要呈现的内容很在行。在这个"内容为王"的媒介竞争时代,能够拥有一批不同行业的精英以构成自身媒介的智库资源,将是电视机构可持续发展的关键所在。

当然,以上的五类策划人并不能涵盖电视"马良"的全部;与此同时,哪怕在策划过程中,也并非每一位策划人都能成为"马良",滥竽充数者、南辕北辙者大而有之,难怪电视业者会抱怨道,"请来的各位策划五花八门,七八张嘴一起说,一般头一个小时和要议的节目还相干;可一个小时之后,基本上就离题万里不知道话扯到哪儿去了;再两个小时之后,索性就是各门各派的学者、专家自说自话显摆起本门的专业学问;甚至再后来,就是在座的人互相都觉得自己懂得最多,互相话里较劲,有时还会争得面红耳赤——最后根本所说、所争、所论,完全就跟要策划的节目彻底没任何关系了。"①——那么,"五花八门"的不同领域、"七八张嘴"的不同言说,本书就不多评论了,主要还是将目光投向专业化强一些的策划活动,作为范例的也主要还是以上述的电视机构中专门的策划研发人员、电视机构中的中、高层经营管理人员、外请的"节目专家"为主。

(三)电视策划人的思路调试

一般而言,能做策划的人,都是大胆、细心、巧手、快眼、利嘴、沉着之人,简单说,都是聪明人。但是"聪明也会被聪明误",面对当前电视界、特别是电视策划界的一些弊端,电视策划人的思路需要在以下几个方面做一调试:首先,电视策划人不能仅仅单向思维,而要充分重视反馈回来的受众信息。其次,电视策划人不能太"文"、太感性,而要学会利用调研数据、分析报告来思考问题。再次,电视策划人不能"近视"(短期行为)"远视"(宏大叙事),而要建构中长期的系统规划。最后,电视策划人不能局限于业务层思维,而要具备经营管理层的思维意识。

在经过了以上的思路调试之后,电视策划人的主体性才会更加清晰以及更加被认可。而真正成熟的电视智库(策划人组织)的建立,更需要在领导机制、人员构成、信息资源、工作职责、伙伴关系、企业文化以及运作机制等多个方面进行更为宏观的思路调试(在此就不具体展开)。

---

① 《不着边际的电视策划会》,《北京青年周刊》,2006年7月7日。

第二讲
资源：电视"巧妇"的逻辑起点

俗话说得好，"巧妇难为无米之炊"。无论是哪种类型的电视策划人，都称得上是电视圈里的"巧妇"了。诚然，目前媒体之间竞争日趋激烈，还没有到"无米之炊"之境地。不过，用"少米之炊"来形容，笔者认为，还是一点儿也不为过的。

先跳出电视业界与当前年代，我们来听听几十年前的美国总统约翰·F.肯尼迪在提出登月任务的时候，是怎么说的，他宣称："十年内，我们将把一个人送上月球并使他安全地返回地面。我们之所以要做这件事情，不是由于它容易，而是由于它困难。"

注意这里的最后两句话，"不是由于它容易，而是由于它困难"。是的，电视策划工作的根源，其实也在这里：在"少米之炊"的电视市场上，要"分一杯羹"，甚至想要"天天喝热汤"，我们就需要用碰撞出智慧火花的策划工作来"起炉灶"。而我们要做这件事情，也不是由于它（电视策划）容易，而是由于它（电视策划）困难。

面对困难，人们最大的恐惧，可能就是恐惧本身。如果抹去这种消极情绪的阴影，那么，策划人作为电视"巧妇"，首先面对的问题就是：资源。

在上一讲已经提到，"资源意识"，是电视策划的逻辑起点。要明白"你手上有哪些牌";而且更重要的,在大部分的电视策划工作中,你所面临的"资源处境"往往是匮乏的,所以"你手上没有哪些牌"也要明白。在上一讲还提到,在电视策划的资源环节,有界定问题、搜集现成资料与市场调查三个步骤。因此,本讲内容就将按照这三个步骤(见图 2-1),进行流程式的解读,力求呈现电视策划之资源环节的观念、技巧、注意事项以及实战案例。

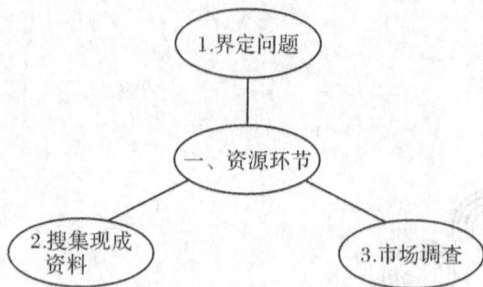

图 2-1　资源环节的三个步骤

一、界定问题:四个维度的电视决策坐标系

在展开具体解读之前,笔者还是先用一个电视以外的例子,来说明问题的界定之本身,也是一个问题,甚至还是一个大问题。

对于任何一名在校的大学生而言,学校图书馆都是一个浩瀚的书海,于是,一类问题经常会出现:我到底该看什么书? 怎么样看书?

这是一个别人基本上帮不上忙的问题,因为每一个人的阅读口味不同;但是,不能直接解决这个问题没关系,只要你会界定问题,能够认清问题、找出问题,然后就可以让大学生自己动手去解决那个最需要处理的。

那么,如何界定呢? 其实,可以把书依其内容与阅读的难易程度,区分为以下四大类:言之有物又好读(指深入浅出,畅达易懂);言之有物而难读(指文词艰深难懂);言之无物但好读(如许多畅销书,"口水书");言之无物又难读(如一些编撰或翻译得很糟糕的教科书)……此般界定之后,每个学生就会自己去解决问题了。可以根据个人的情况,选择去多读"大家小书"、去"啃"思想巨作、去看闲书只求一笑或者为了考试而背课本。

以上的小例子告诉我们,界定问题这一步骤,往往是帮助人们建立一个清晰的决策坐标系,而如果这样做了,也会正如美国实证主义先哲杜威所说的那样,"将问题明确地指出,就等于解决了问题的一半"。那么,在电视实务中,我们又获得怎样的启发?该如何去做呢?在笔者看来,有四个维度的问题,可以建构一个较为适用的电视决策坐标系。它们分别是:"击中核心:找到主要问题""逐个攻破:问题再细分""追根究底:多问为什么"以及"另辟蹊径:改变老问题",下述将分别解读——

(一)击中核心:找到主要问题

"只要专注于任何事物最前面的 15% 的工作,余下的 85% 就不费力气了"①,这是一位管理学大师的诤言。那么,对于电视策划工作而言,所谓前面的 15%,或许就是资源环节的工作;而对于资源环节而言,所谓前面的 15%,可能就是要击中核心,找到主要问题了。如果作为电视业者,无论你是电视台(网)的"总舵主"、电视频道的"道长"还是某一档栏目的"大当家",或者只是某个版块的"把关人",一个简单的道理都需要事先明确:如果你认为每一件事都很重要,结果一定会变成没有一件事情是重要的。就像我们常常想同时完成多个目标,比如,既要收视、做"流行电视"(quantity television),又要格调、做"品质电视"(quality television);再比如,既要汇百家之长,整合发展;又要"以一敌百",做专业达人——结果,往往一个目标也达成不了。策划工作的起步,需要专注的慧眼、需要对于核心问题的极致化处理。接下来,通过结合若干中国电视业界的案例,一一解析。

现在人们谈到"中国蓝"(China blue),可能首先联想到的不再是一种布料或是歌手伍佰的那支乐队的名称,而是浙江卫视(见图 2-2)。从 2008 年 8 月开始,"中国蓝,蓝动天下"这句口号,不仅反映了一个老牌卫视的战略转型,更说明了一种极致化的媒体处理与运作。这种极致化,具体体现于两个方面,其一是频道主基色。蓝色,与浙江文化暗合,同时在浙江广电集团总编辑程蔚东看来,"过去的浙江卫视概念是局域卫视,现在提浙江卫视'中国蓝',蓝色是宇宙的颜色,我们是宇宙网"②;其二是频道主推内容。从以前的文化、财富、综艺兼而有之,到今天主打一张牌——综艺。而在综艺节目群当

---

① 王小红:《电视频道研发的三个出发点》,《现代传播》2008 年第 1 期,第 104 页。
② 马黎 庄小蕾:《浙江卫视打造传媒品牌的野心与谋略》,《今日早报》2009 年 2 月 27 日,第 24 版。

中,又将优势资源再进一步极致化,即"记歌词"系列不断扩容,从《我爱记歌词》一档到《我爱记歌词》《我是大评委》与《爱唱才会赢》"三驾马车"并驾齐驱。哪怕是浙江卫视的新闻节目,也通过改版,极致化到一个问题、概念——"寻找",这就是《寻找王》节目的主旨。

图 2-2 浙江卫视"中国蓝"

而通过诸如此类一系列的核心资源运作,"之前连续 12 个月排名全国卫视第 9 名,经过短短 22 天的改版改制后,浙江卫视在去年(2008 年)9 月进入了全国第 4,10 月份是第 3,网络影响力更是提高了 995%,排名全国第 2,仅次于湖南卫视。今年(2009 年)春节,8 天特殊编排让浙江卫视捷报频传——全国网全天 7.39% 的收视份额,排名全国省级卫视收视第二,创历年春节收视最高水平。在杭州本地,更是以全天高达 10.29% 的收视份额稳居春节期间的收视第一宝座"[1]。

当然,笔者在此引用浙江卫视的案例,并非是完全认可其全综艺化的定位,而仅只是为了说明在电视策划活动中,抓住主要问题、击中核心的重要性所在。哪怕走综艺娱乐的路线,如果不能做到位、做极致,在各级电视频道的混战中也是没有出头之日的。比如刚刚在 2007 年初改为所谓"年轻、娱乐、互动"(也就是走综艺娱乐路线)的青海卫视,运营至今发现难以突围,于是在 2009 年初又转型专攻体育,变身为青海卫视壹体育频道,用全天播出时间的三分之二进行体育直播。虽然尚不能说他们这次转型能够冲出重围,但是这

---

① 马黎 庄小蕾:《浙江卫视打造传媒品牌的野心与谋略》,《今日早报》2009 年 2 月 27 日,第 24 版。

种更明确核心问题的思路,值得认可。

此外,如果把视阈放得更宽一些,在广播传媒界,几乎所有成功的案例都是通过"抓大放小"来完成的,在类型化电台的趋势下,我们可以看到把音乐做到家的 Music Radio,作为全时段新闻频道的央广"中国之声"以及把交通做到极致的北京"交通之声"。

最后,小结一下:如果电视策划工作不能够专注于最值得解决的重要问题,我们就很可能解决了一个不重要甚至是错误的问题。这样一来,非但重要的问题没有解决,反而因为处理错误的问题而制造出新的难题。所以,找出并专注于主要问题,就好比射击时要瞄准枪的准星一样,失之毫厘,差之千里,一定得慎重。

(二)逐个攻破:问题再细分

《孙子兵法》是中国古代最著名的兵书,但是它的应用范围不仅仅是在于军事方面,而是几乎包括了人类所有的"智术"活动,对于电视策划工作而言,同样也是有所启迪。比如,在《孙子兵法》之《九地篇》中就有这样一段论述:

孙子曰:用兵之法,有散地,有轻地,有争地,有交地,有衢地,有重地,有圮地,有围地,有死地。诸侯自战其地者,为散地。入人之地而不深者,为轻地。我得则利,彼得亦利者,为争地。我可以往,彼可以来者,为交地。诸侯之地三属,先至而得天下之众者,为衢地。入人之地深,背城邑多者,为重地。山林、险阻、沮泽,凡难行之道者,为圮地。所由入者隘,所从归者迂,彼寡可以击吾之众者,为围地。疾战则存,不疾战则亡者,为死地。(白话译文:根据用兵的原则,战地有散地、轻地、争地、交地、衢地、重地、圮地、围地、死地等多种。诸侯在自己领地内作战,这种战地称为散地。进入敌境不远的战地,称为轻地。我先占领于我有利,敌先占领于敌有利,此为争地。我可以前往,敌人也可以进来,此为交地。多国交界,先得到便容易取得天下支持的,为衢地。入敌境纵深,穿过敌境许多城邑的地方,称为重地。山森、险阻、沼泽等大凡难行的地方,称为圮地。进入的道路狭隘,回归的道路迂远,敌人以少数兵力便可抗击我大部队的地方,称为围地。迅速奋战便可生存,不迅速奋战就会灭亡的为死地)。

很明显,《九地篇》的这段论述,告诉我们,战争场所绝非一致,不能统而视之,而是要具体分为九种不同的模式——这里就体现一种细分问题的思维,只有细分之后,才能真正逐个去攻破。那么,如何攻破?孙子说道——

是故散地则无战,轻地则无止,争地则无攻,交地则无绝,衢地则合交,重地则掠,圮地则行,围地则谋,死地则战。(白话译文:因而,在散地不宜交战;在轻地不要停留;在争地,敌若占据,不可进攻;在交地,军队部署不可断绝;在衢地则注意结交诸侯;在重地,则掠取资粮;在圮地则迅速通过;在围地则巧设计谋;在死地则殊死奋战)。

的确,"兵圣"的上述言论,给我们当下电视业者一些启发。比如,在频道层面进行策划、运营工作,那么,这样一个较为复杂的系统工程、研发工程,其具体的方案可能会包括品牌策略、渠道策略、推广策略、营销策略、融资策略、管理策略等若干方面。因此,要想把策划工作做到位且有实效,那么首先就是要在频道资源中分析细化、区隔不同的方面,仔细研究哪些方面是已经解决了的,然后,再去专心解决那些没有解决的问题。这一流程,是环环相扣、缺一不可,并会在频道的运营实践中不断修正与完善。

而对于栏目层面的策划工作而言,比如,要策划一档新的栏目。那么,首先也是需要细分预期栏目呈现的可能形态,不能仅仅说"我们准备新上一个谈话节目"。因为谈话节目也是一个很综合性的类型概念,从内容上分,可以分为新闻时事类、民生生活类、综艺娱乐类、专题对象类等几大类;而从形式上分,又可以分为讨论类、访谈类、聊天类、资讯类、"真人秀"类、演讲类、讲述类、评论类、口述历史式、推销性等几大类[①]——所以,必须要明确:准备新上的谈话栏目,其内容是新闻时事类还是其他? 在形式上,追求争论的效果,还是一种讲述的模式?

(三)追根究底:多问"为什么"

作为"中国式管理"的代表,台湾企业家王永庆强调一种独有的"追根究底"的理念,就是多问"为什么",而且是追问。通过追问,能够使问题简单化、明确化、重要化,并一直问到水落石出、柳暗花明。

在笔者看来,多问"为什么"的起点是对于一些熟视无睹、约定俗成、自然而然或者人云亦云的人、事、物打上一个问号。哪怕在生活中,也要有如此的习惯,比如,所谓"高枕无忧"的提法:是否真的睡到高的枕头,人才会无忧且舒适? 根据人的生活经验,会发现高的枕头对人的睡眠并没有益处。

---

① 此处分类参考徐舫州 徐帆编著:《电视节目类型学》,浙江大学出版社 2006 年版第二章《电视谈话节目》内容。

在电视策划领域,多问"为什么"也是同样的道理。接下来,结合案例来说明。

自湖南卫视从2004年起主办大众歌手选秀赛《超级女声》之日起,其颠覆传统的一些规则,使之受到了许多观众的喜爱,是近几年在中国内地颇受欢迎的娱乐节目之一。《超级女声》极高的人气在中国电视节目界造成了很大的影响,引起其他媒体的仿效或责难,已经成为一种社会现象——在此我们并不需把目光集中在《超级女声》上,而是着重来看以《超级女声》为电视媒体背景与样本的其他仿效性质的节目,特别是其中那些失败的案例。

的确,在《超级女声》大红大紫之后,全国其他卫视以及地面频道的跟风现象异常之多。但是,回头看看,社会影响力大的有几个?广告经营回报丰富的有几个?给观众留下印象的又有几个?于是,这时就要质疑:当时为什么要跟风?湖南电视业者能把它做好,是否直接意味着你也能做好?你所在的电视媒体特质、地域社会氛围乃至观众收视习惯是否能够利于你的同类节目的成功?你所在的电视媒体在资源方面是否能够承办此般大型的选秀节目?你所在的电视媒体是否能够超越表面化的模式,而把握选秀节目的核心?——在笔者看来,如果这些问题,在当时就考虑到的话,在当时能够多问几个"为什么"的话,那么,失败的模仿品数量就一定会少很多,电视行业的资源配置与回报也会到位并有效很多。

同样的,中国电视业非常流行改版,似乎不隔三两年乃至半年、一年的改一改,就不正常。但是,在这样一种似乎为业者所习以为常的改版大环境下,还是要多问一问:究竟为什么要改版?那些为了改版而进行的改版,其真正意义究竟有多大?

我们要思考:从1990年代至今,电视频道、栏目的改版热潮一浪高过一浪。然而,改版也成为一柄"双刃剑"。一方面,改版热推动了电视节目创新,涌现了大量的精品栏目和节目;另一方面,改版热潮中也暴露了电视媒体及电视人盲目、盲从、茫然等从理念到实践的诸多问题,导致了电视资源和社会资源浪费,特别是电视信誉受到影响等负面后果。特别是现在日趋大众化的电视媒体,面对着越来越分化的电视观众,为了争取收视最大化,搜肠刮肚、绞尽脑汁,不停地改版、构思、策划、论证、咨询、调查、分析,修修补补、推倒重来,内容出奇、花样翻新。但是,一个成功节目的推出,模仿者蜂拥而至,克隆的速度和数量超过了创新者的想象。新方案墨迹未干,刚一实施,已经过时;再一次改版,已经迫在眉睫。走马灯似的改版,已经忘记了初衷所在——不少电视机构的改版从真诚的创新冲动出发,最后却走向了"改版秀"。因此,我们面对改版,还是要回到起点,要多问几个"为什么",为什么不能保持一种风格?比如凤凰卫视的深度;为什么不能坚持一种主基色?比如湖南卫视的"芒果色"与东方卫视的"番茄色";又为什么不能坚持一些"拳头产品"?比如央视的《新闻联播》、"春晚"乃至《人与自然》(从《动物世界》算起)。

最后,小结一下:当一个问题被界定了之后,仍然是模糊的、有不能解释之处。那么,这个问题,还是需要被再度乃至多次发问的。直到问题完全清晰了,方才能够罢休。这也就是:好的开始是成功的一半,当你在做电视策划的工作时,不论是要解决某一问题,抑或是要达成某一目标,只要把问题、目标界定得简单、明确又关键,事实上你已经成功了一半。

(四)另辟蹊径:改变老问题

在以网络为代表新媒体盛行的当下,传统电子媒介,诸如广播、电视,如何能够迎接挑战,乃至确保传播优势?在面对这样的问题时,我们业者常常使用的一个问句是:我们怎样变革,才能够赶上网络的发展?在笔者看来,这样的提问方式,的确反映出广电业者的危机感与创新意识。但是,即使提出了这样的问题,也同时要思考另一个问题:对于报刊、杂志以及电影而言,广播与电视,也是作为一种新媒体形态而出现的。那么,当时的那些报刊、杂志与电影,在随后的媒体演进历程中,是否赶上了广播与电视呢?我们作为后人、来者,会发现,其实这里面并没有赶上赶不上的问题,所谓新与旧的几类媒体,其发展路径是不同的,各有方向、各有优劣与长短!关键还在于自我挖掘与自我完善。

于是,当广播、电视面对网络等新媒体时,在进行各个层次的策划工作时,就需要把上述常常使用的那一个问句转化为:我们有什么核心竞争力,是网络所不具备的?

以中国的广播媒体为例,我们看到,他们通过若干契机,正在进行这一提问方式的转化——诚然,广播在民众生活的日常结构中,曾作为接受信息、获取娱乐不可或缺的强势媒介形态而存在了很长一段时间,正如早前民间"早听响,晚看像"之提法。但是,随着社会发展改革、媒体转型汇流的演进,近年来,广播媒体却逐渐"失去声音"、趋向弱势,在社会影响、广告经营等诸多方面的表现皆乏善可陈。不过,广播之"伴随接收""便捷通联"的特质,令其在与电视、网络等媒介形态对比时,虽有失处,但优点却也同样鲜明。特别是在

2008 年初南方雪灾以及 5 月份汶川地震期间,广播在众多媒体中表现卓然,在完成信息传递职能的同时,还起到了社会动员与整合的作用。此外,广播媒体紧紧把握住都市生活中的一个重要且流动性极强的社会空间——汽车空间。于是,以驾驶伴随态、路况功能性见长的交通台,在各地都得到了较为快递的发展,并在这一特殊的社会空间中占据着绝对的优势。

回到我们主要关注的电视媒体。面对电视观众因为广告插入频繁而转向网络视频的尴尬局面,是否我们也只能任其收视量流失的扩大?答案当然是否定,但同时为了不影响广告经营的绝对量,我们就需要把这其中"插不插广告"的问题,转化为"如何插广告"的问题。那么,面对经过转化而重新生成的新问题,在当下的相关策划工作,可以考虑几种变通:其一,既然观众最反感的是在节目(特别是电视剧)播出当中多次插入广告,那么,是否可以把这些多次插入的广告时间,尽量汇整之后且转移到节目之前与节目之后(特别是节目之后)?美国以 Fox 电视台为代表的几家电视机构,已经开始这样做;其二,如果观众对插入广告的行为本身就不能接受,那么,是否可以开始改变广告的出现方式,比如近年来在中国影视业中逐渐兴起的置入式广告(下面章节中还会具体涉及,在此不赘述)?

问题的改变,会让其解决出现曙光。除了上面提到的媒介战略与广告经营策划层面,在具体节目的策划中,灵活地改变问题也会让节目进程事半功倍,比如以下的案例[①]。

几年前,凤凰卫视曾与中央电视台、中央人民广播电台等单位共同策划"塔里木河漂流采访团",以漂流的方式对塔里木河流域进行拍摄,完成一部 48 分钟的反映当地人文状况的纪录片。但令人意想不到的是,采访团开始漂流的第一天上游就拦闸落水,漂流无法实施。面对变化了的客观环境,采访团一度准备撤回——面对问题,凤凰卫视的摄制组改变了问题,他们找到当地旅游等部门商讨合作事项,重新设计了一条陆上采访路线对沿河非旅游路线的民俗等进行拍摄。在随后一个月拍摄中他们收获极大,得到了十分丰富的影像资料。于是,摄制组再次改变问题,把原来一集的制作计划改为三集,这就是后来总长 144 分钟的人文纪录片《大漠两万里》。该节目播出之后,好评如潮。

---

① 该案例参考俞春江:《让策划执行到位》,《中国记者》2008 年第 8 期,第 91 页。

二、搜集现成资料：海量、精准与及时运用

一般而言，在电视策划的资源环节中，现成资料的搜集与获得，都来自于现成的书籍、报纸杂志及网络资源，大众传媒行业参考信息，电视机构内部资料，政府部门的报告与统计资料，专业调查公司的数据与报告以及电视机构设置的"智库"(think tank)。

这里的现成资料与下一节提到的市场调查资料，是有一些区别的。这种区别体现在取得的方式上，前者现成取得（或者购买），后者实地调查。相对而言，搜集现成资料，是一种比较便捷且经济的方法。虽然，现成资料并不是多多益善，但为了避免"书到用时方恨少"的窘境出现，必须熟悉各种资料的来源，才不至于事倍功半、徒劳无功，甚至南辕北辙。以下将结合案例分别解析，以求在电视策划实务中，能够在搜集海量的现成资料之后，精准而及时地运用这些资料。

（一）书籍、报纸杂志及网络资源

中央电视台旁梅地亚中心的大堂，与其他宾馆、酒店最为不同的一点，就是有一家书品还不错的小书店。这家小书店的招牌名称并不显著，但其服务的主要对象却很明确，就是来往于梅地亚中心与央视大楼之间的电视业者。笔者也曾多次驻足、流连于这家小书店，除了自己买书之外，更注意到其他买书的人。这些人（其中的大部分是电视业者）一般会买两种书：其一，关于电视传播乃至整个大众传播的书，要买它们，是为了"理解电视本身"；其二，社会、政治、经济、历史、文化、科技、艺术等各个领域的经典读物、畅销书以及相关期刊，要买它们，是为了"做好节目内容"——这家小书店的经年不衰，从一个细节上反映了电视业者对于书籍、报纸杂志等资料的持续需要。仅以笔者为例，记得在2004年参与电视政论片《走出疆界的城市》的采制工作时，就特意逛了逛这家小书店，买了一本城市社会学的"大家小书"，以便更好地理解这部片子涉及的城市主题……

如果从这家小书店所在的梅地亚中心大堂乘电梯上到写字楼的某层，去往央视经济频道《对话》栏目组所在的办公区域。你会发现，在其中的一个办公室里有一排专门的大书柜，上面摆满了与经济、财政、金融、社会、政治等相关的各种书。较长时间以来，《对话》节目的高品质，一定有部分的功劳可以

归功于这些书籍……

以上两段看似有些"八卦"味道的文字,其实想表达的是:书籍、报纸杂志等资料,对于做好一期节目、一档栏目乃至一个频道来说,是至关重要的。像做《大国崛起》《故宫》这类内容丰富的电视片,或像做专业化程度很高的栏目(比如,《天下足球》)以及频道(比如,第一财经),是很难想象没有纸质资料的支撑而可以完成的。

并且,又因为着网络资讯的丰富、多元,使电视资料工作如虎添翼。在网络上,可以找到几乎所有需要的书报杂志的电子版。只要你对在屏幕上阅读书文不至于太不习惯,那么,笔者可以推荐给你不少现成的免费网络资源,比如新浪"I ASK 爱问搜索"中的"共享资料"版块(见图 2-3),其中各类分主题的资料文件,虽然不一定能够完全、但估计基本上也能够满足你大部分的资料要求。

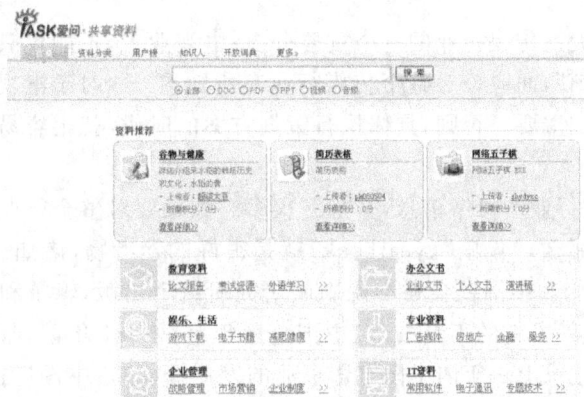

图 2-3　I ASK 爱问·共享资料

而如果想要获得更多海外的书籍期刊资料,谷歌的"Google Book Search"可以给你打开一扇门(见图 2-4)。虽然,你在页面上搜索到的书刊、杂志并不一定都能够看到其电子版;能够看到的,有些也只是"有限"预览。但是,当你输入某方面的主题,比如"中国社会""英国政治""汽车科技"等,谷歌起码能够帮你了解到,有哪些资料是相关的,即便不能在网站页面上直接读到,也可以通过其他途径去寻找。

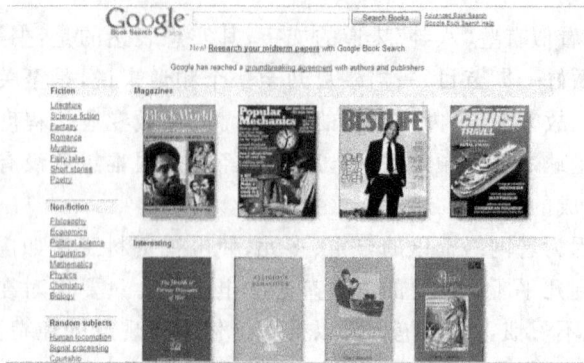

图 2-4 Google Book Search

(二)大众传媒行业参考信息

电视,是大众传媒行业的一个重要分支;电视业者,不能仅只懂得自己圈子的"游戏规则",而应该对整个传媒行业有所知悉——对于电视策划工作而言,这一点特别重要。否则,具体执行策划方案的时候,就很容易与大环境相抵触。

大众传媒行业的参考信息,其来源很多。如果要对整个行业有一个纵向的历史分析,那么,"年鉴"(yearbook)就是很好的参考物,诸如《中国新闻年鉴》(1982 年创刊,中国社会科学院新闻研究所编辑出版,辑录和收载中国新闻事业重要文献资料的工具书),《中国电影年鉴》(1981 年创刊,由中国电影家协会主办,记录上一年内中国电影事业的发展概貌),《中国广播电视年鉴》(1986 年创刊,由中国传媒大学主办,分门别类记述上一年度全国广播电视事业各方面新情况、新资料的年刊),《中国电视收视年鉴》(CSM 媒介研究编辑出版,主要对上一年中国电视收视市场进行全景式描述与分析),《中国广告年鉴》(1988 年创刊,被国内外广告界公认为记载和反映我国广告业整体发展状况的权威文献)等等。

而要对当前的大众传媒行业有一个横向的对比认知,那么,中宣部、文化部、新闻出版总署、国家广电总局以及地方各级对应机构的政策法规、统计信息、管理动态、计划总结、监管调查等资源、资料就显得较有参考价值;而且,在此类指导性信息的作用下,传媒行业相应的媒介运营管理行为与成效,也需要去了解。而了解这些行为与成效的一个便捷平台,就是这些媒介机构的官方网站,比如新华网(新华社)、人民网(《人民日报》)、中国广播网(中央人民广播电台)、财经网(《财经》杂志)、南方报业网(南方报业集团)以及金鹰网(湖南电视台)等等。在此类网站中,一般都会设置专门的页面、版块、专题,来刊载本媒体的发展战略、运营活动、管理模式以及传播影响力等等内容。以财经网为例,在其首页上有一个专题,即为"《财经》新闻发布"(见图 2-5),其对于近期《财经》杂志奖学金、"《财经》年会 2009:预测与战略"海外专场在华盛顿举行、《财经》杂志丛书出版以及《财经》杂志推出新财经分析专栏等本媒体资讯进行了介绍。

图 2-5 《财经》新闻发布

此外,除了上述较为官方和正式的行业信息获取渠道。一些由数据咨询公司、传媒业者在网络中建立的站点、组织的 BBS 论坛,也传达了不少有价值且时效性极强的媒体时讯(当然,其中的一部分也是未经证实的)。这其中的代表有梅花网、艾瑞网、中华传媒网、"西祠胡同·记者的家"、"CSM 媒介研究"、"传媒透视"(media digest)以及"中国传媒研究计划"(China media project)等等。

(三)电视机构内部资料

电视媒体机构的活动异常频繁,这种频繁既体现在决策层,也体现在一线;既体现在策划环节,也体现在执行环节。合格的电视人,不论是台长、"道长"、组长还是一线采编人员,都有些"女人当男人使,男人当牲口使"的意味。比如,做晨间新闻《第一时间》的"读报人"马斌,只要上节目,就得天天住在梅地亚中心,凌晨起床、早晨读报;比如,大量知名不知名的记者、编导们,为了写稿、做节目,往往是"进了机房"就不知何时能出来了;比如,似乎只用动动嘴、写写方案的电视策划人们,也经常从下午四五点开始开会,一开开到黎明破晓前;乃至做了"领导",像陈虻这样敬业的前辈也因为"连轴转"的审片,而为我们的电视事业献出了青春乃至生命……

这样高强度且频繁的电视活动,往往会产生大量的内部资料。不过,比较可惜的是,这些资料往往散落在各个部门、环节与工种那里,虽然如同散落一地的"珍珠",但若不将其"拾起"且"编串"在一块儿。那么,这种分散的、无序的、碎片化的信息、资料,将没有任何参考价值。因此,在电视策划工作中,对于电视机构的这些内部资料善加整合与管理,就会成为策划流程中最为生动、鲜活且宝贵的参考资料——而这种整合与管理,从某种意义上来说,也是对于辛勤的电视人与他们忘我工作的一种珍视和回报。

笔者在撰写本书的时候,就特别注意运用各级各类电视机构的大量内部资料,并从中获取规律性的模式与方法以及颇有灵光的观点与思考。具体而言,这些资料包括:频道、栏目规章制度、开会制度;节目策划、执行、录制、制作以及验收阶段的工作标准;栏目策划流程、环节与步骤;节目录制操作流程;各个工种(制片人、主编、策划、导演、切换导演、编辑、责编、记者、推广、摄像、剧务、制片、文秘、财务乃至司机等等)的岗位安排、职责与考评;观众设置程序与注意事项;杜绝错别字、画面素材质量等细节方面的管理办法;收视情况的收集、反馈以及相应的奖惩办法与应对措施;经费预算以及进度规划等。

甚至,电视媒体的内部资料还包括:频道、栏目内刊(也只能在内刊中出现)的"激扬文字",比如当年央视新闻评论部的内部刊物《空谈》《实话》;节目制作之前,电视业者形成的想法、观点以及预案;节目播出之前,节目推广的公共活动计划与"软文"方案;节目制播之后,电视业者的工作总结、心得、手记;节目完成之后留存的视频、音频素材;节目文字的速记稿以及频道、栏目的广告收益、人员流动、观众反馈、设备折旧与更新等方面的数据等。

在笔者看来,任何优秀的电视策划方案,都是自内而外来思考的。只有对电视机构的内部情况了解清楚了,才能够更好地在外部激烈的媒体竞争市场中处于优势(起码,不会因为盲目而处于劣势),这也就是所谓的"攘外必先安内"。

（四）政府部门报告与统计资料

电视策划工作，需要考虑很细节的问题，也需要考虑很宏观的社会背景。由此，在电视资料工作环节，对于政府部门公布的相关报告、统计数据、普查结果，也需要有所了解。

每年的 1 月份，中共中央、国务院出台的中央"一号文件"，以及每年的 3 月份，国务院总理在全国人民代表大会上所作的政府工作报告，可以说是每一位电视媒体人，特别是电视策划人都必须关注，且认真解读的。

而在平时，国务院文件、国务院部门文件、地方政府文件、政府公告、政府白皮书等公文公告的内容，随着政府信息公开制度的进一步完善，通过各级政府部门、政府网站以及新闻发布会，也较容易获得。比如，上面提到的政府工作报告，就能够在中央政府门户网站上获得自 1954 年以来的报告内容。

除了各类报告之外，各种数据对于媒体而言，也是颇有价值的。而国家、社会权威数据的来源，即国家统计局以及地方各级统计部门。

其中，每月度，可以查找工业增加值增长速度、各地区工业增加值增长速度、工业主要产品产量及增长速度、工业分大类行业增加值增长速度、全社会客货运输量、邮电业务基本情况、城镇固定资产投资情况、各行业城镇投资情况、各地区城镇投资情况、社会消费品零售总额、居民消费价格分类指数、各地区居民消费价格指数、商品零售价格分类指数、消费者信心指数、宏观经济景气指数等方面的数据。

每季度，可以查询国内生产总值、城镇单位就业人员劳动报酬、分地区城镇单位就业人员、分地区城镇单位就业人员劳动报酬、农林牧渔业总产值、各地区农林牧渔业总产值、全国主要农产品生产价格指数、各地区农村居民家庭平均每人现金收入、各地区农村居民家庭平均每人现金支出、各地区城镇居民家庭收支基本情况等方面的数据。

而每年度，又可查询综合、农业、国民经济核算、工业、人口、建筑业、劳动工资与就业、运输和邮电、固定资产投资、国内贸易能源生产和消费、社会服务业、财政、旅游、物价、金融和保险、农村住户、教育科技和文化、城镇住户、体育卫生和社会福利、环境保护等方面的数据。

此外，国家统计局还有普查数据、专题数据、国际数据等各类别的数据指标，这里就不一一列举。还需要电视业者有心且细致地去查询、分析，并最终"为我所用"。

而如果面对大量数据,业者自身没有足够的时间与能力去解析,那么,社会科学文献出版社的"皮书"系列就是很好的帮手,比如《社会蓝皮书》《经济蓝皮书》《妇女绿皮书》《拉美黄皮书》《法律灰皮书》等等。这些"皮书"的内容,皆是依靠较权威的学术团队的力量,使用社会科学的视角和方法,对于现象、问题、数据进行解读,反映某地域或领域存在状况和发展态势。电视业者可以通过他们的解读,找出自己想要的讯息。

(五)专业调查公司数据与报告

进入 2009 年,中国的专业收视率调查市场上,出现"一家独大"的局面——这家公司就是 CSM 媒介研究。为什么说是"一家独大",是因为 2008 年的最后一天是成为艾杰比尼尔森媒介研究(又称 AGB 尼尔森)在中国存在的最后一天。从这一天起,这家全球最大的电视节目收视率调查公司将开始陆续拆除安装在中国 1.4 万个家庭的个人收视记录仪,正式退出中国市场。

那么,面对仅剩一家的专业调查公司,虽然没得选,但作为电视业者,还是要多少明白一些其中的奥妙,在此参考《第一财经周刊》上一篇名为《AGB 尼尔森退出中国》的文章内容,择要进行解读:

收视数据如何采集? 在收视率调查行业,常用的数据采集方法为日记法和测量仪法。日记法成本更低,但是数据是观众事后记录到采集卡上,测量精确度比较低;测量仪法需要在每个样本家庭铺设个人收视记录仪,测量精度高但是成本也更高。央视—索福瑞在中国市场采取日记法和测量仪法并举的措施,中心城市铺设测量仪,边远地区采用日记法,而艾杰比尼尔森一直坚持全部使用测量仪法,成本居高不下。这也是导致艾杰比尼尔森盈利更慢的重要原因之———从这里,我们可以看出,在专业调查领域,也同样是"便宜没好货"。

专家如何看待"一家独大"的收视率调查市场? 对中国电视媒介市场来说,艾杰比尼尔森的退出绝不仅仅是一个跨国公司失意中国这么简单。中国传媒大学的刘燕南教授是长期研究电视收视率市场方面的专家,她担心中国收视率调研市场重回垄断时代:"像 WPP 这样的巨无霸公司,既是收视率数据的主要用户,又是收视率数据的唯一供应商,它对中国电视台商业运作的影响力简直到了惊人的地步。"

刘燕南表示,尽管收视率对普通老百姓而言,只是一个用数据衡量节目受不受欢迎的理性尺度,但是对商业化运作的媒体公司而言,却是衡量电视节目价值的"硬通货",广告商投不投广告、投多少广告一般都是跟收视率直接挂钩的。"中国并没有监管收视率调查的行政机构,直接由一个公司垄断收视率调研市场,数据的公正性、数据价格如何核定,这都值得大家关注"——对于刘燕南教授的话,电视业者应该有所思考:如何秉持客观、公正的统计原则?如何维护数据的权威性?调查公司是否需要改进技术手段?电视业者如何更好更科学地使用收视率数据?

不过,虽然是"独大",CSM 媒介研究的官方网站却设置得具有较强的亲和力与功能性,在网页中,《收视中国》《洞察中国》《Top 10 排行榜》《聚焦受众》等可下载或在线阅读的数据以及分析资料,可以满足一般的电视策划与资源工作对于电视传播相关数据的需要。比如,在《Top 10 排行榜》中,你就可以按照时间和城市的不同,对某月份某城市电视节目的主要收视情况有所知悉。选择"2009 年 1 月"、"北京",即可获得如下数据[①](见表 2-1):

表 2-1　2009 年 1 月北京地区主要频道节目收视排行(测量仪数据)

排名	节目名称	播出频道	平均收视率%
1	2009 春节联欢晚会	中央电视台综合频道	19.56
2	天气预报	北京卫视	16.78
3	2009 北京电视台春节联欢晚会	北京卫视	14.75
4	北京新闻	北京卫视	8.72
5	走西口(1—51 集)	中央电视台综合频道	7.19
6	百花迎春中国文学艺术界 2009 春节大联欢	中央台三套	6.41
7	大家说法	北京电视台科教频道	6.15
8	转播中央台新闻联播	北京卫视	5.75
9	法治进行时	北京电视台科教频道	5.73
10	治安播报	北京电视台科教频道	5.40

(六)作为新形态的资料:电视"智库"

"21 世纪什么最贵?人才"——"黎叔"在电影《天下无贼》中的这句话颇

---

①　参考 CSM 媒介研究网站之"下载专区"内容,http://www.csm.com.cn/download/12city/0901/beijing.html。

有意味。对于电视资料工作而言，传统的认识是"直接寻找资料物"。而作为新形态的资料库——"智库"，则是把重点放在了人的身上，认为：第一步，先要找到关键的人；第二步，让关键的人直接提供重要的资料，或者让他们协助寻找重要的资料。

"智库"，一般被定义为"由专家组成、多学科的、为决策者在处理社会、经济、科技、军事、外交等各方面问题出谋划策，提供最佳理论、策略、方法、思想等的公共研究机构"①。在美国，"智库"的作用举足轻重，左右着美国政治、经济、军事、外交等一系列重大决策；在其传媒领域，像奥普拉·温弗瑞这样的大牌电视人，也拥有自己的智库团队。

回到中国的电视业界，对于"智库"的重视也在近几年升温，比如，收纳近三千位各界嘉宾的 SMG 电视新闻中心嘉宾智库在 2006 年底正式启动，诸如余秋雨、白岩松、吴小莉等各界精英都在其列。在近年来的多起重大事件的报道活动中，智库成员或者在幕后出谋划策、提供资料与观点，或者直接作为评论员上节目，加深电视媒体的智识力度与思想深度。

无独有偶，同样是在上海文广集团，旗下的生活时尚频道（Channel Young）也在 2008 年创建 Young 专家顾问团，启动"智库建设"。他们邀请了文化、传媒、时尚等多领域的国内外权威专家学者、业内领袖，帮助该频道从宏观层面了解文化传媒产业的发展方向以及时尚创意产业链的开拓，并参与策划重大活动和报道、担任节目特邀嘉宾、进行节目点评，以推动公司、频道、栏目的品牌建设、队伍建设。

不过，"智库"作为资料库，其中的主体是人，而非物。因此，电视机构在设置或者运用"智库"的功能、力量时，必须要正确对待：首先，媒体机构要清楚自己的任务是什么。在不同的背景、情境中，对于"智库"的使用也是不同的，是就一个具体节目搜集资料？就一档栏目的改版确定方向？还是对于一个频道的转型、发展提供战略性建言？其次，媒体机构要意识到，"智库"的职能不像一个产品，投入多少就产出多少。这是一种短视的看法。"智库"的存在是为了帮助媒体未来更好地发展，所以对"智库"的评价应抱长期性想法；再次，媒体机构要意识到，建立智库是非常费钱的举动，研究人员比产品开发人员成本要高。这是为未来所做的投资；另外，媒体机构的负责人还必须明

---

① 参考"MBA 百科"对于"智库"条目的解释，http://wiki.mbalib.com/wiki/％E6％99％BA％E5％BA％93。

白,"智库"人员提供的观点、资料、报告,如果在业务层面不能实施,价值还是不能创造出来。真正创造价值的人还是一线业者,"智库"人员只是提供建议。最后,需要特别指出的是:电视"智库"并不仅是台长、"道长"以及其他领导的"幕僚""军师",而更需要他们与一线业者自由互动沟通,这样才能够通过影响电视运营理念、策划方案的执行者,从而有效地推进媒介执行。

三、市场调查:认识论比方法论重要

上一讲中曾经提到:电视传媒的市场调查,在方法论上,可以分为询问法和观察法两种。但是,在笔者看来,比方法论更重要的,乃是认识论的问题。那么,在电视市场调查领域,对于观众的认识,构成了认识论中的重点。在本节中,将以意见受众与数字受众两个概念为基础,并结合电视领域的"台州影响力"与广播领域"80后"听众的实际案例,进行具体解析。

(一)意见受众 vs. 数字受众

在传播模式的反馈理念中,美国学者甘布尔夫妇将受众的反馈分为"可评价性反馈"(evaluative feedback)与"非评价性反馈"(non-evaluative feed-back),前者认为,"反馈是一个评价,在其中我们陈述了我们关于某件事物的态度";后者陈述了一种"无指向性的反馈,根本不尝试引导传播的进行。当我们发送非评价性反馈的时候,反馈和我们个人的意见或判断毫无关系"[①]。简而言之:前者强调判断,偏于刚性、量化的考虑;后者强调感觉,偏于感性、质化的考虑。而在当下大众传媒视听率市场调查中,对于受众反馈的认识,往往注重"可评价性反馈",如收视/听动机、时段、类型;不注重"非评价性反馈",如受众对节目的理解、意见以及个人对传播情境的感觉。

诚然,当下电视市场调查的种种问题,已经有学者在做出反思与回应。比如黄葳威认为,相比较评估反馈,"类似非评估反馈较可有效汇集受众更多的回馈意见,作为节目规划前瞻性的参考"[②];时统宇针对"评估反馈"的典型——收视率,认为其局限性"决定了它不可能作为电视节目评价的唯一指

---

① 参考特里・K.甘布尔,迈克尔・甘布尔:《有效传播(第7版)》,熊婷婷译,清华大学出版社 2005年版,第155—156页。

② 黄葳威:《声音的存在:透视电台节目规划管理》,道声出版社 2002年版,第294页。

标,因此媒介调查机构也在不断对电视的评价标准进行探索,电视节目的满意度指标就应运而生"①。

刘燕南则提出与"评估反馈"与"非评估反馈"对应的"数字受众"与"意见受众"概念。她认为,"数字受众,简单地说就是以视听率、阅读率、点击率等统计数据所概括的量化受众;意见受众,是指由主观意见表达所反映的受众,或者说表达意见的质化受众"②。

这里的数字受众与意见受众两个概念,体现了对于电视市场调查工作而言,截然不同的两种认识论,反映了两种不同的受众观,前者反映的是一种简略的、非个人化的、被测评的受众;后者反映的是一种主体的、个性化的、主动的受众。在她的论述中,无疑,"意见受众"是值得关注与倡导的;而这种关注与倡导,在"反馈的变奏"③中得以体现。接下来,进一步展开论述——

基于对全国 11 家中央和省级电视台调查的第一手资料,刘燕南描述和分析了目前各台观众反馈的现状,认为目前"定性"观众反馈方式兼具传统(来信、电话)和现代(手机短信、网络留言)双重特征,观众意见反馈量呈上升趋势,但是受重视程度不够,在应用的广泛性和在决策中的影响力两方面,均不及"量化"的收视率数据反馈。具体的结论有四点:

第一,"定性"观众反馈方式兼具传统和现代特征,趋向多元。

11 家电视台都设立了专门的观众联系部门,并有常规性的观众联系渠道,除了传统的信件和电话外,绝大多数电视台都开辟了新的现代化通讯方式,比如手机短信、网站留言和电子邮件等,调研方式趋向多元。在这些新兴的联系渠道中,观众反馈的信息量均呈现快速增长态势,显示出现代通讯高科技对于电视领域观众意见反馈的积极作用。但是,也有一部分电视台对这些联系渠道的开发和维护略显不足,较少有意识地通过这些渠道积极主动地了解观众的想法,对"定性"观众调研方式的重视程度不够,甚至有些漫不经心。

第二,观众的主动性增强,意见侧重点在改变。

来自观众自发的意见信息反馈,总体上呈现增长趋势。不仅如此,观众们愈来愈多地选择那些方便、快捷、具互动性的渠道,也是更利于发挥主动性

① 时统宇等:《收视率导向研究》,四川人民出版社 2007 年版,第 23 页。
② 此处关于"数字受众"与"意见受众"的界定,来自笔者在 2008 年与刘燕南教授的 E—mail 讨论内容。
③ "反馈的变奏"相关论述参考刘燕南:《反馈的变奏:"数字受众"vs."意见受众"——中国电视台观众反馈现状调研报告[1]》,《现代传播》2008 年第 2 期,第 101—104 页。

的渠道进行反馈,比如电话、网站留言和手机短信等。观众们不只是反映意见,还讲究及时交流,其中网站留言版块因其为人们提供了一个发表意见和互动交流的平台而大受欢迎。在观众提出的各种意见中,要求重播、点播和评价节目这一类主动性较强的意见名列前茅,以往常见的投诉类意见排位居后。这些现象说明,观众的意见反馈趋于活跃,观众们作为电视台的生存来源、作为电视传播服务对象的主体意识在增强,更勇于和乐于表达自己的需求和主观感受。

第三,观众意见的受重视程度不够,决策影响力有限。

相当一部分电视台对观众意见反馈的重视程度明显不足,这表现在:首先,一些电视台对观众的意见信息缺乏科学系统、标准明确的分类和登记,统计比较粗疏,甚至存在不同程度的资料丢失和抛弃现象。其次,一些电视台对观众意见信息的处理和留存略显随意,未形成一套比较规范的制度,分析整理不够,类似安徽台那样"建立数据库"式的机制创新可谓凤毛麟角。最后,观众意见反馈的分量不足,大众观众的意见常常被某些专家或资深人士组成的小团体意见所替代;大部分电视台将观众的意见反馈作为决策的参考因素之一,但是其影响力尚需存疑,有些电视台甚至认为观众意见无足轻重。

第四,收视率反馈应用广泛,在决策中举足轻重。

收视率指标普遍受到各电视台的高度重视。所有电视台都购买了商业性调查公司的收视率数据,有些电视台还购买两家或两家以上公司的收视率数据,以进行比照和分析。不少电视台结合本台和本地实际,深度开发收视率指标的应用价值。在有关节目评价、节目编排、经营管理和资源配置等众多领域,收视率及这一"量化"反馈机制都发挥着直接或间接的影响,这种影响的深度和力度还在不断加大。在影响电视台决策的诸因素中,与观众意见反馈作用的不断弱化相比,收视率已经成为一个不可或缺的、有时甚至是唯一起作用的因素。

那么,为何需要在认识论上从数字受众走向意见受众,原因有三:

首先,电视市场的复杂性,要求具备全面高效的反馈系统,不仅要掌握观众总体"面"上的量化信息,而且要了解观众"点"上的意见信息,两者都是反馈系统的有机组成部分,不应偏废,后者即使是补充,也是不能忽视的补充。

其次,电视传播的分众化趋势,以及受众的小众化、碎片化和异质化发展,乃至电视将借助新传播技术开展的菜单式点播服务,都要求传播者打开视野,营造一个包容多元的反馈空间,还原各种意见的原生态,捕捉有意义的信息。如果不能超越总括性的"量化"反馈思维,只见"数"而不见人,传播的针对性和有效性都会打折扣。

第三,社会的多元化,导致受众主体的多元化,观众的诉求表达也日益积极。任何一种反馈信息都具有或显或潜、不可替代的价值,都会反映某种动向。偏执于收视率反馈,不善于从丰富多元的观众意见中整合、提炼出有价值信息,可能会错失良机。

(二)"台州影响力":走近本土意见受众

以上关于意见受众与数字受众的两种路径,是理论层面的一种解析与呼吁。而在电视业者,也的确有若干电视机构日趋重视意见受众的反馈。在这其中,浙江省台州市广播电视总台所进行的两次"万人问卷调查",虽然还并非是完全的意见受众调查,但是其中抛开收视率数据,重视质感与影响力的做法,已经具备了一种重视意见受众的认识论。笔者仅以 2007 年底的第二次"万人问卷调查"为例,分析该如何走近本土的意见受众。

在 2007 年末,台州市广播电视总台举行了第二次"万人问卷调查",共计收回有效答卷 7037 份。在数字时代频道频率竞争日益激烈的今天,本土频道频率要加强自身的竞争力,其中一个很重要的方式就是加强本土频道频率与地方受众的联系。因此,"万人问卷调查"本身,由于目的性强,受众分布合理,性别比例恰当且重视受众的意见,可以称得上是一次较成功的电视市场调查活动。特别要指出的是:此类主动走向受众的问卷调查模式,其本身就是一种能够实现地方媒体与受众的互动目的,增强地方媒体本土亲和力的媒体战略策划活动,值得推广。

以下为调查中反馈出的若干意见:

第一,频道频率收视、收听的时长体现了本土受众的忠诚度。

每天收看新闻综合频道 30 分钟以上的约占 50.88% 以上,而不收看的仅为 10.93%;收看影视文化频道 30 分钟以上的约占 51.9% 以上,而不收看的仅为 9.44%;收看公共财富频道 30 分钟以上的约占 25.96% 以上,而不收看的仅为 22.25%。从上述数据看,新闻和影视两个频道显然观众忠诚度高,市场占有率较为理想;公共财富频道则还有待进一步拓展空间,特别是在 2007年股市处于大牛市,全民理财意识高涨的背景下,如何进一步提升节目质量,契合观众需求,仍然需要公共财富频道做进一步的思考和定位。

在频率方面,每天收听新闻广播频率 30 分钟以上的约占 31.68% 以上,而不收听的为 28.24%；每天收听音乐广播频率 30 分钟以上的约占 27.53%以上，而不收听的为 27.33%；每天收听交通广播频率 30 分钟以上的约占 23.71%以上，而不收听的为 29.66%。听众对广播的选择依次为新闻、音乐和交通信息。其实，从全国广播的发展前景来看，广播的最大受众群为移动人群，因此，新闻和音乐广播如何进一步强化自己的受众群，交通之声如何进一步拓展自己的空间，仍然是各频率所要思考的主要问题。

第二，频道频率收视、收听的时段体现了本土受众的收视、收听习惯。

18：00—22：00 电视收视人群占绝对多数，可以说是电视收视的黄金时间。不过，值得注意的是，在 6：00—14：00 时间段中，观众收视平均水平要高于 22：00 以后，这客观上提醒我们，有必要加大力度开发白天时间段节目，加强白天时间段广告节目的营销，使得白天时间段成为频道新的广告增长点。

在频率方面，值得注意的是，公认的广播黄金时间 6：00—8：00 收视率为 18.33%；而晚上 18：00—20：00 收视率为 24.04%。这固然提醒我们必须加大 6：00—8：00 节目的调整研发，但是另一方面也告诉我们必须强化晚上 18：00—20：00 的营销力度。

第三，频道频率收视、收听要得到受众的欢迎，其核心竞争力在于提高节目的质量。

新闻类节目收视率约占 53.76%，其中民生新闻为 43.83%，时政新闻为 33.42%，《台州新闻》以 44.04%高居各类型节目收视率榜首，此外，如《阿福讲白搭》《600 全民新闻》《新闻广场》等收视率也都在 30%以上，该类节目主持人阿福、一丹等也因此深受受众的认同和欢迎。

电视剧类节目收视率约占 53.52%，收视率在 20%以上的类型分别有反腐剧、革命历史题材剧、涉案剧、古装武打剧、韩剧等；电影类节目收视率约占 38.06%，天气资讯类节目约占 30.89%。这说明上述四类节目仍然深受受众的欢迎。

从城市电视台的定位来看，我们建议新闻类节目立足于做强，立足于深挖民生类新闻的质量，使该类节目品牌进一步深入人心。电视剧节目，立足于加大购买观众喜欢的反腐剧、革命历史题材剧、涉案剧、古装武打剧、韩剧等电视剧的力度。节目播出的最佳时间依次为 20：00,19：30,18：30。电影节目值得关注，如何借鉴国内流行的鉴赏类或类型板块化的节目编排方式，仍然值得继续探索。天气资讯类节目我们认为尚有很大的发展空间，如何摆脱简单的天气预报方式，增加天气资讯的信息含量和服务含量，应该是该类节目突破的关键所在。

在广播类节目中,新闻类和音乐类节目收听率分别占 45.15% 和 40.49%,这说明这两类节目依然是广播类中最受欢迎的节目。值得注意的是,经济类节目收视率仅为 15.76%,这与经济发展飞速的台州显得有点不太协调。建议加强证券理财类节目的运作,以更好拓展广播类节目的市场份额。

第四,节目收视和视听份额的提高,需要注意培养观众的收视收听习惯,形成良好的约会机制。

观众收看电视剧采用随机收看的方式为 44.66%,导视片花的为 32.23%,而根据节目报决定收看的只占 23.43%。在频率上采取用随机收看的方式为 45.40%,导视片花的为 24.44%,而根据节目报决定收看的只占 17.48%。

这组数据表明观众或听众根据节目报来决定收视或收听的方式已经开始淡化,越来越多的观众和听众采取随机的方式决定自己是否收看或收听节目,因此我们建议必须强化节目预报编排,采取无缝编排方式,对重点节目采取固定时间播放或播映,与观众或听众达成良好的约会机制。

(三)"80 后"受众:找寻与开发

在广电领域,"80 后"受众往往会被认为是难以把握、易于失去(因为网络等新媒体的影响)的特殊群体。但在笔者看来,如何把"80 后"受众当成意见受众来看待、找寻与开发,那么,其中的潜力还是无限的。以下段落,就将以广播媒体为例,由此反观电视媒体的相应策略。

要进入到"收听世界",或者"收听情境"中去,就不能把听众当成是一个数字、一种选项,而要把他们当成生活中活生生、有感触的人。而为了把握有助于传统广播挖掘未来潜力、预估未来趋势的"那一部分"听众对象,理解他们的理解,感觉他们的感觉,那么,有意识地去尝试寻找具备广播使用的意愿、能力、经验与习惯,以及意见表达的意愿、能力、经验与习惯的"意见受众",就成了关键所在。

不过,"那一部分"听众是哪一部分呢?从不同的视角,可以看到不同的景观。笔者在此选择从社会代际观念的视角切入。在当下的开放社会(与封闭社会对应)、转型社会(与稳态社会对应)中,不同代际的社会化过程、社会经历大相径庭,对某一或一系列社会现象的看法也迥然不同。

一般而言,在社会学的研究范畴中,以 10 年为一个时间段的代际研究,是二战后美国社会学家对美国社会的一种研究方法。不过,本书所沿用的"80

后"概念,以及与其类似的"70后"、"90后"概念并非纯粹严格的学术概念,毋宁是一种媒体语词、社会习语。但是,哪怕进入分析视野的"80后"这一概念的使用并不严谨,其社会影响力和使用频率却都是相当可观的,比如在谷歌搜索中约有近七千九百万的符合"80后"的查询结果,在百度搜索中,这一数字也接近三千九百万①。

那么,"80后"到底是谁? 这一概念本身的第一次出现,较为公认的是在2003年,由1982年出生的作家恭小兵在"天涯社区"《总结:关于80后》的帖子中提到。其本意是对文坛对1980—1989年出生的年轻作家的称呼,而后泛指1980年代生人。随着这一中文语词的使用越来越广泛,与其对应的英文也浮出水面,目前较为认可的是"Post-80's Generation"——但是,正如美国《时代》周刊北京分社社长艾西蒙将中国的"80后"称为"Me Generation"一样,"80后"在主流话语中往往被认为是过于自我、自私、叛逆、没有责任心的一代人,因此,这一语词在很长时间内、在很大程度上是一个贬义词。

不过,随着时代的演进,"80后"的成长,特别是在2008年,这一代人逐渐走向主流。他们在2008年"西藏打、砸、抢事件""奥运火炬海外传递受阻""5·12汶川大地震""北京奥运会"四件重大公共事件中的表现,超出社会预期。因此,在社会主流舆论中,对其的印象也在逐渐转向为"现时代的动力",并认为中国的"80后"一代是在改革开放的环境中长大,没有"文革"的烙印,普遍接受高等教育,因此具有较开放的认知结构、较活跃的创造力、较强的自我意识与较多元的信息处理方式②。

与此同时,笔者通过观察发现,中国的广电媒体,基本上伴随着"80后"一代的成长历程。几乎每一位"80后"都具备广播、电视使用的意愿、能力、经验与习惯——虽然他们当下的目光可能主要集中在以互联网、手机为代表的新媒体上,但是一个不能忽视的事实是:"80后"对于广播、电视,是相当熟悉与亲切的。这种熟悉与亲切,让他们逐渐接受新媒体的同时,并不会把广电等传统媒体抛去一边。因此,新媒体之于广电媒体的"替代论",在这里就被转换为"并存论"——而认清了"并存论"的事实,才能更好地发掘"80后"作为典型"意见受众"的特别价值所在。

---

① 此处关于"80后"的谷歌、百度查询,于2009年1月15日进行。
② 参考《一代新人"80后":"80后"群体特征的社会学思考》,《北京日报》2008年6月30日,第18版。

　　根据笔者所作的小型问卷调查"80后对广播的第一印象"①（见表2-2）显示，在不同地域、不同行业、不同身份的"80后"的评价中，广播媒体仍被认为是具有功能性的"安全而私密的情感交流空间""开车时必听的上下班好伴侣""信息量大，现在还是很重要的信息渠道"；具有想象空间的"小时候听童话、流行歌曲""我初高中业余时间的回忆""关于远方的想象""曾经让我24小时沉迷在音乐之中""藏在衣袖里的小秘密"；当然，也还有一些偏于负面的评价，比如"上世纪的东西""好久没听的东西""比电视还遥远""没有电视、电脑的话，才会去听广播"——这些评价都是"80后"作为"意见受众"对于广播媒介的感受与想象。面对它们，广播业者所持的态度，或许应该是"审慎的乐观"。

表 2-2　小型调查：80后对广播的第一印象
（分别用一个词和一句话来描述）

	性别	地点	一个词	一句话
许某	女	上海	热线电话	安全而私密的情感交流空间。
毛某	女	上海	流逝	没有电视、电脑的话，才会去听广播，在开车的时候会听。
陶某	女	上海	傻	好久没听的东西。
雷某	男	江苏	深夜	夜深人静的时候听广播。
赵某	女	北京	音乐	HIT FM曾经让我24小时沉迷在音乐之中。
廖某	女	上海	敌台	关于远方的想象。
米某	男	北京	可有可无	上世纪的东西，无聊时候的回忆。
郭某	男	伦敦	音乐排行榜	充满了我初高中业余时间的回忆。
冯某	男	北京	陌生	这媒体没啥前途了。
朱某	女	北京	路况信息	小时候听童话、流行歌曲，长大了在乘坐交通工具时告知路况信息以及提供音乐、幽默。
韩某	男	北京	必要	受众广泛，实效性强，信息重大，现在还是很重要的信息渠道。
王某	男	北京	遥远	比电视还遥远。
周某	女	杭州	便携	开车时必听的上下班好伴侣。
田某	男	北京	收音机	说话不露脸。
许某	女	罗安达	温暖	藏在衣袖里的小秘密。

---

①　该项调查于2008年11月份进行。

笔者因此提出一种观点,即:"80后"的记忆与成长,是一种优质的媒介资源,乃至社会资源、商业资源。因为他们在走向社会中坚的过程中,不仅仅是"下一代受众",而且是具有强大的购买意愿与能力的一代人,消费本身成为一种生活的目的。而具体到广播媒介,笔者进一步提出:"80后"的记忆与成长,也同样是一种优质的广播资源:

首先,正如上文提到"80后对广播的第一印象"调查显示的那样,这一代人总体来说,对于广播本身的记忆附着一种特别的感情。仅以笔者为例,小学、初中时热衷广播竞猜节目;高中、大学时几乎人手一个收音机,听流行音乐节目;大学时,同学们更是在宿舍里群体收听午夜节目;现在在汽车上,也习惯了广播相伴——这是广播所独有的一种绝不仅仅是技术与数字的"珍稀"资源。

其次,面对这种资源,广播业者要通过深访、深描,去懂得"80后",找到"80后"作为意见受众的"感觉"。特别是去发现"80后"可作为广播"诱导"内容的其他记忆。

再次,随着时代的推进,"80后"一代人赶上了"汽车中国"的变革大潮。而广播,作为当前与汽车结合最紧密的媒介形态(它的伴随态特质,在此具有无与伦比的优势),将与"80后""在路上"的生活方式同进退、共发展。

最后,更要敏锐地看到,"80后"本身,已普遍成为广播、电视等各类媒体的一线力量——充分发挥他们对自己的代际理解、生活感悟与社会想象,让"80后"之于广播媒介的资源价值被最大化地挖掘出来。

第三讲
创意:电视生产线上的想象空间

　　创意,当下对于这一词汇的滥用,已然让其本意失去了原有的创意色彩。在某种意义上,创意是不可言说的秘密:对于创意的准确描摹是不可完成的任务,而对于创意的准确评估也难以形成统一的标准。

　　好在如果给看似天马行空的创意限定一个具体的疆界,那么,相对而言,它的路径、功能与影响就变得易于理解与把握。比如在电视领域,特别是在电视策划工作中,为了更好地理解与把握创意的精髓,我们可能需要从三个 R 入手,进入创意环节的具体操作之中。

　　第一个 R 是扬弃(release)。电视业者必须放弃或扬弃哪些东西来为发展留下必要的空间与资源呢? 在笔者看来,可以考虑放弃的有:过时的电视节目模式与推广策略,有负面效应的业者行为和态度(自我感觉过好),信心不足、不起好作用的人际关系以及官僚主义的政策和实践等。

　　第二个 R 是肯定(reaffirm)。为了下一步的发展,哪些既有力量与资源必须再次肯定和强化呢? 可以考虑再肯定的有:一流的受众调查与服务,放权创意与运作、业者终身教育和经营层面的灵活性等。

　　第三个 R 是新塑(reinvent)。该如何重新塑造自己以既能满足当前需要又可确保在所在领域的领先地位呢? 可以考虑的有:打造新的电视节目模式与服务,设计取悦观众的新招,扩大知识面,提高自身媒体品牌的价值,基于新的传播生态环境而开发新技术、新市场等。

在上一讲,我们已经把资源环节该做的工作一一道明,逻辑起点由此清晰起来,也明白了"手上有哪些牌"以及"手上没有哪些牌"。那么,在接下来的创意环节,我们要面对的是"将资料整理成情报"以及"产生创意"两个步骤。因此,本讲内容就将按照这两个步骤(见图 3-1),结合实务案例,进行流程式的解读。

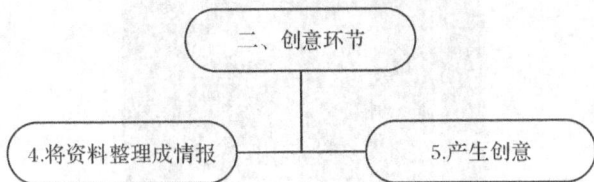

图 3-1　创意环节的两个步骤

一、从"死"资料到"活"情报:"物尽其用"与"为 TV 所用"

"资料"与"创意",是看似完全不同的两种工作程式与思维路经。但是,如果在其间加入"情报"这一环节,则"一切皆有可能"起来。由此,从"资料"到"情报"演进的重要性,也就不可小觑了。毕竟,在资料未经整理之前,是"死"的,是不管用的;而资料经过了整理与分析之后,"物尽其用""为 TV 所用",方能变成"活"的情报,为电视创意环节乃至整个策划工作提供足够的参考依据。

(一)"平地起惊雷":电视媒体之外的两个案例

那么,什么是"死"资料,什么又是"活"情报呢?我们先在电视传媒之外,来看两个案例。这两个案例,从表面上看都是很常态的,但其实质效果却颇有"平地起惊雷"的意味。

第一个案例是关于一本书的。如果当你作为一位读者,拿到一本关于英国皇室日常生活的书,书里面娓娓道来的全都是白金汉宫的生活细节,从演进历史到建筑、装饰,从普通仆人到上等贵族,从一日三餐到国家仪式,涵盖了英国皇室生活的方方面面。作者从多个角度详细叙述了英王室生活的衣、食、住、行等主要方面,也剖析了家族主要成员的背景及人物性格,如冷峻严肃的菲利浦亲王,郁郁寡欢的查尔斯王储,和蔼可亲的王太后和风流倜傥的威廉王子等——那么,这本名为《伊丽莎白二世时期白金汉宫的生活》的书(见图 3-2)的作者,你认为会是一个怎么样的人?是不是会觉得他可能就是皇室的属员、远房亲戚?或者起码是皇室的工作人员?

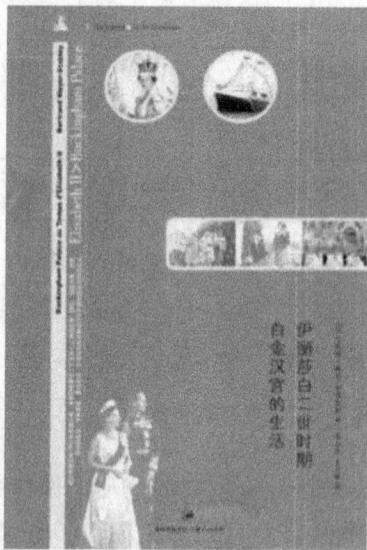

图 3-2 《伊丽莎白二世时期白金汉宫的生活》

答案却是否定的。该书作者贝特朗·梅耶-斯塔布莱,不是英国皇室成员,甚至不是英国人,而是一名法国记者。斯塔布莱写过多本关于王室成员和明星的传记小说,而他写作的情报来源,其实并不神秘,甚至很日常化,即收集世界各国的报纸。报纸,作为最普遍的大众媒体,从其中获取文字资料,看上去工作环节似乎是很简约的。但是,简约却不简单,斯塔布莱作为一个有心人,就是生生从大量的"死"资料中,通过整理与串联,挖掘到了"活"情报,于是在他的书中,一幅幅生动的生活画卷、一个个栩栩如生的人物就看似自然而然地呈现在读者的眼前。

第二个案例来自我们的邻国日本。可以一起先来看 2009 年第 8 期《国际

先驱导报》上的一篇相关报道的部分内容[①]:

日本如何"公开"研究中国（节选）

从王进喜到新闻联播

1964年,《人民日报》发表一篇题目为《大庆精神大庆人》的报道,据说这篇文章引起了当时日本人的注意。因为一直以来,日本都怀疑中国已经在自己的土地上发现了大油田,但当时大庆油田还属国家机密,所以日本开始从中国的公开资料中搜寻相关信息,最后竟然根据"铁人"王进喜事迹宣传中的一句话:王进喜在一个叫马家窑的地方说的"好大的油海,把石油工业落后的帽子丢到太平洋去",及其他的许多蛛丝马迹,分析出了大庆油田的地理位置。据说日本人甚至根据报纸上一张炼油厂反应塔的照片推算出了大庆炼油厂的规模和能力。

若干年过去了,摆在这位老记者面前的报道和昔日的记忆有着某种惊人的相似。在这篇刊登于2008年12月27日,题为"日情报部门研判中国或允许日本'入常'"的报道中写道:"根据日本情报部门相关人士的披露,该部门在对中国公开资料和内部资料的研究中发现,中国在2005年1月召开的对日工作会议上,并没有明确反对日本'入常'。"

《新闻联播》成了"必修课"

在日本国内,各行政部门已经配备了研究中国的职员。但与此同时,"研究"中国更为重要的主战场就在中国国内,而一线队员就是驻华大使馆的官员们。据某日本报纸评论员介绍,日本使馆官员时刻关注中国政府和媒体动向,央视每晚的《新闻联播》是他们的必修课。

除了新闻报道外,使馆官员对于中国的党政方针也是"了如指掌"。一位中方人士介绍说,他在和日本大使馆一位官员的交流中,发现对方总是拿着一个小本子在翻看,原来上面记满了中国的方针政策。一次,那位官员还在中方官员面前滔滔不绝地背起了"八荣八耻"的具体内容,由此可见日方对中国政策研究的细腻程度。

中国电视剧也成研究课题

日本政府委托民间智囊机构研究的,往往不是中国的某一个小问

---

① 报道内容节选自《国际先驱导报》新浪博客, http://blog. sina. com. cn/s/blog_4bccaa320100cp80. html。

题,一般都是中国大的方针、战略,比如日本和平安全保障研究所(下文简称"安保研")在 2007 年接到的防卫省"布置"的研究命题是"中国的安保政策"。专家们在开展研究时,首先逐字品味的就是中国领导人在党代会上的重要讲话和中国发表的国防白皮书。

比如该项研究的报告书具体分析了"十七大"上中国领导人对于国防政策的发言。"对于推动国防现代化上,中国提出了'机械化'和'信息化'同时发展的方针。但是,在这两者的优先度上却很暧昧。下一阶段的国防现代化中,具体优先发展哪个军种并没有明确提出,这可能与各军种之间对有限的国防经费的竞争愈加激烈有关。今后,这不仅会对国家财政造成压力,也会提高外国对中国的警戒心。"

在对中国军事的研究中,日本关注的另一焦点就是中国是否会制造航母。该报告书中引用《国防教育报》在 1993 年 5 月的一篇题为"中国人的航母梦"的文章时指出,"中国不仅把航母看做大型兵器,更是当做了国家强大的标志。所以,中国正在努力使从前苏联处购买的航母达到服役水平。"

在这份报告中,中国电视剧也被纳入了研究范围。"中国的抬头也许伴随着与外国的对立。这种心理从《亮剑》的热播就能窥见端倪。这部电视剧的名字为亮剑,就是拔剑的意思。这两个字也包含了不管敌人多么强劲,也必须迎面直上的含义。"

从公开资料中咀嚼出情报

安保研在 2004 年还接受过防卫省(当时为防卫厅)的委托,研究"中国的国防政策和中国军队的态势"。在该研究中,对"中国的国防"作了如下分析:"中国的国防白皮书中,关于国防科技工业的表述,1998 年为 180 字,2000 年为 800 字,2002 年为 1400 字,2004 年为 2800 字。从字数上看是逐年增多。深入分析,就能看出中国从'军事技术转化民需'到'民生技术转为军用'的方针改变。"

日方分析专家往往从军方媒体来揣摩军方用心。比如,在该报告中,有关"中日关系"的条目下,有以下一段分析:"解放军对中日关系比较慎重。日本 12 月份发表《新防卫计划大纲》和中期防卫力调整计划时,《解放军报》没有给出长篇评论,只是引用了新华社评论和德、俄、英等媒体的评论而已。在过去 10 年里,解放军媒体(主要指《解放军报》)的对日批判都比较少,可以看做是被党和军队的高层所控制了的。另外,也可以解读为中方认为日本对侵华战争还保持着很强的记忆,控制军方媒体也是为了避免给日本带来强烈的刺激。"

《新闻联播》《亮剑》,或者《人民日报》《解放军报》与《国防教育报》,这些我们在日常生活中能够轻易获得的媒体资料,居然能够成为日本研究中国的情报。笔者不想从政治、外交甚至军事角度去分析这一问题,只是想通过这一案例说明整理资料,变"活"情报的重要性所在。那么,具体到中国的电视传媒,该如何做好情报工作呢? 接下来,笔者将从"物尽其用"和"为 TV 所用"两个角度进行解析。

(二)物尽其用:资料是有成本的

的确,虽然在本讲中我们用一个形容词"死"来作为资料的定语,但是这不意味着资料是不移不动、随拿随取的。开门见山地说:任何资料都是有成本的。特别是对于电视媒体而言,无论是书刊杂志、网络资源,大众传媒行业参考信息,电视机构内部资料,政府部门的报告与统计资料,还有专业公司的数据、市场调查报告以及电视"智库"等各种资料,其成本价值都是颇为可观的(特别是最后两种)。于是,对于这些资料,我们必须物尽所用。

那么,如何物尽其用? 具体方法可以分为分析法与综合法两类。何谓分析法与综合法? 简而言之,分析法是"同中求异",就是把别人看起来相同的事物说成不同或者不相关;而综合法则是"异中求同",就是把别人看起来不同的事物说成相同或者相关。

在电视策划实务中如果使用分析法与综合法,笔者在此将以一个模拟的节目案例(假设此案例的选题落在当前热门的"国际金融危机对中国社会的影响"上,模式则以系列报道为基),进行操作性解读。

既然电视媒体要就金融危机与中国社会做出梳理与分析,那么,首先还是要着手收集资料。可能具体操作该项报道任务的记者、编辑并非金融行家,没关系,我们可以从资料开始,"现学现卖"、"边学边卖"。

在市面上购买跟金融业以及金融危机相关的书籍,历史分析的、经济剖析的、大众解读的等等类型都要关注;并且,特别是要看看那些占据了图书排行榜前几位的书,它们主要写了什么,又是怎么写的? 比如,可以参考根据实际网络购买数据而得出的当当图书排行榜,在 2008 年的经济类榜单上,我们发现在 Top10 里面,同一位作者郎咸平,有两本书入围,并占据着第一和第六的位置,其分别是《郎咸平说:热点的背后》以及《郎咸平说:公司的秘密》。这时,电视业者特别是节目策划团队成员就要分析:为什么郎咸平的书能够畅销?其中一定有其道理所在,而且他其实并没有直接讲什么特别深刻的经济理论与金融思考,为什么就畅销了呢?答案,其实就在于该系列书籍的包装词当中,"郎咸平的百姓经济学,看得懂的中国经济"。于是,从图书排行中进行比较分析,我们可以发现郎咸平的书与其他同类书籍之间最大的不同就是"走近百姓""看得懂""听得明白"(其他很多关于经济、金融的书,虽然可能也有一个很吸引人的名字,但内容却艰涩难懂)。换句话说,这里就用到了"同中求异"的分析法,从资料中获得了一份有价值的情报——纵使我们电视业者不是很懂得经济与金融方面的理论知识,但是只要把节目做得简明易懂,还是有可能赢得观众的青睐的。

接续,同样是"同中求异",只是更接近一步,在与金融危机主题相关的电视媒介内容的比较中进行分析。在各地各级电视机构几乎都对金融危机进行了"规定动作"与"自选动作"的报道之时,我们要分析,到底其中有哪些亮色值得借鉴?毕竟,热点不直接等于亮点;甚至在更多时候,人人关切的热点反而会掩盖媒体亮点的出现。而通过对照鉴别,一档特别节目就自然进入我们的眼帘中,这就是《新周刊》评出的 2008 年最佳财经节目《直击华尔街风暴》(央视经济频道),这档节目(见图 3-3)被《新周刊》称为"创下了中国经济报道的第一国际高度,并在全球性事件中及时显示了中国媒体的声音和观察视野。在人心动荡的时刻,它直面核心的经济人物;在危机四伏的迷局,它采撷真实的风暴场景。在中国观众面前,它把破碎的、分崩离析的金融世界,复原成宝贵的、充满真知灼见的世界经济版图"。这档节目把"直击"两个字的要义发挥到极致,几乎所有可以采访到的中外经济学家、金融业者都进入了报道范围当中,并与主持人芮成钢形成了"对话"(而非"讲课");另外,"直击"之"击"还体现在播出的强度上,每天的早上 7 点、中午 11 点 50 分、傍晚 18 点 05

图 3-3 《直击华尔街风暴》

分以及晚间 20 点 55 分,在央视经济频道都能够看到该档节目。综上,我们可以学到一种"该出手时就出手",抢占、争夺媒体第一话语权的策划意识。

在通过分析,了解了在书籍以及电视传播中可借鉴的核心竞争力是什么之后,我们接着要开始运用综合法,努力在"异中求同"了。这时,电视策划工作就要把重点放在观众这一端,可能假想自己就是生活在中国社会情境中,多多少少都受到国际金融危机影响的一位普通民众,依照认识、分析、应对等基本流程,综合社会生活各个领域、各个方面的经济、金融活动与问题,比如,物价高涨为何工资不涨?人民币升值了为何钱却不值钱了?房价为何比"猪坚强"?股市为何"跌跌不休"?大学为何毕业即失业?政府和公司该如何应对当前危机?(郎咸平语)由点及面、见微知著地进行分析,要进一步说明白金融危机是怎么发生的、怎么处理的,以及更重要的,对社会生活有什么具体而微的影响,从而在系列报道的全盘中呈现出综合的电视解读效果——至此,这一模拟的电视选题虽然尚未开动,但是通过分析法与综合法的资料剖析,业者会明白此时已经完成了节目的一半。因为一次报道的框架、路径基本明确了的话,那么,接下来就是加入血肉(素材)罢了!

最后,还需要明确的是,由于媒介平台不同,所以,你具体操作的金融危机选题的"盘子"也不同。对于省级以及地市级电视媒体而言,在此时需要综合考虑的,更多的不是全国的大格局,而是本地的经济社会问题,要在本土寻找选题的细节,然后"为 TV 所用",形塑"有对象的情报"。那么,怎样去实施呢?这就是下一章节的主体内容了。

(三)为 TV 所用:情报是有对象的

情报,在工具书中的解释就是"为了特定的目的,经过选择而传递给用户的信息"[1]。因此,很明显,情报的最终对象就是用户。而在电视业当中,这里的用户首先指的就是电视机构及业者本身。当然,电视机构及业者所面对的观众与其所在的社会环境,也是所谓的"影子用户",必须考虑得当。在这一部分论述中,笔者将结合一个地市级电视频道的案例,进行相应的解析,并且,选题对象还是瞄准金融危机,节目模式也还是锁定系列报道。

浙江省台州市,民营经济发达,外向型经济是该市产业支柱,因此,早在

---

① 参考 CNKI 中国知网"知识元数据库"相关词条解释,http://define. cnki. net/WebForms/ WebDefines. aspx? searchword=％e6％83％85％e6％8a％a5。

2008年上半年就敏感地感受到国际经济形势的变化。为此,从企业到政府乃至到社会层面,因应经济危机成为台州整个城市的大事、要事——这些就是活生生的本地情报,电视媒体该如何使用呢?台州电视台新闻综合频道《台州新闻》作为台州地方主流媒体的"第一平台"和"主阵地",需要在这样的社会大背景下,对相应资料进行选取,对节目情报进行处理。那么,他们的选取基调是什么?核心价值如何呈现?处理形态又有哪些创新?

1. 选取基调:扣准经济脉络

首先,要清醒、准确地认识地方经济形势,明白可以"为我所用"的情报是哪些。试看从2008年3月份以来,民企林立的台州首当其冲地感受到了袭来的"寒流";而至2008年下半年,由美国"次贷危机"引发的全球性金融风暴席卷而来,这对台州企业而言无疑是雪上加霜。由此,台州的工业经济遇到了前所未有的严峻挑战,企业家信心指数呈明显下降趋势。此时,台州政经界意识到,经济"寒流"仅仅是个开始,真正的"寒冬"还没有到来。这意味着台州的政府、企业将共同面临着一段艰苦而漫长的时期——在这样的背景下,《台州新闻》继续保持对经济报道的高度关注,推出系列专栏《台州信心》,选取资料后,从分析优势转为如何"化危为机""转型升级"。

其次,与地方相关经济部门、专业人士紧密互动,电视媒体对于情报的处理要善于借用"外脑"与"高参"。在2008年上半年,台州新闻综合频道策划鼓舞信心的经济述评《扬帆正当时》的时候,其策划主创人员一直在思考:到底要表现什么样的优势?仅仅是一两家企业的高利润、或者一部分企业家的发家之路吗?显然不够——需要寻找的,是一个产业之所以勇立潮头、星火燎原的内在动力和深层原因;要展现的,是这个行业迎难而上、再创辉煌的凭借力和优势。于是,在采制系列报道《扬帆正当时》和《困境中奋进》之时,节目组专程到市经委取经,悉心听取经济界人士对于报道取向、材料处理的建议和意见;在此基础上,详细分析前几个月的各项数据和材料,最后才确定选题和报道方案。

2. 核心价值:新闻敏感与经验提炼

首先,要以专业的新闻敏感察觉到经济情报的核心价值。2008年11月,在台州民营经济最活跃的玉环、温岭等地,部分企业家透露:虽然全球金融危机已经给中小企业造成订单下滑、流动资金紧张等各种压力,但是,当前随着拉动国内经济的重磅政策密集出台、国家宏观经济面长期向好,他们还是有信心的。《台州新闻》节目在了解到这一信息后,敏锐地觉察到:这也许就是一个拐点。而此时,恰逢台州市主要领导对全市中小企业进行一次大范围调研,于是《台州新闻》派出一组记者随行采访——和以往不同,这次采访的重点不在于"领导说了什么话",而在于哪些企业被走访到了,"企业家说了什么话"——虽然,因为时间关系,这一连数天的走访记者只能先期播发走访企业的时政稿,但是并没有放弃一路上掌握的信息。就在这组记者结束随行走访的第二天,他们再次出发,沿着原先的路线,一家家企业重新采访。这就形成了由记者名字命名的、社会反响较大的《张艺访民企》系列报道。

其次,从繁多翔实的情报中提炼出最具启示意义的经验。在《张艺访民企》这组报道中,记者走访了十多家企业,各有特色。如何在这么多的情报中寻找出最有价值的信息、最值得借鉴的经验,这是个专业难题。《台州新闻》节目通过对企业背景和产业特点的分析,确定了最有报道价值的六家企业,确定了危机下把握出口转内销的主动权、依托品牌效益规避风险、"人退我进"抢占市场、"零库存"管理凸显效益、内外销并举拓市场、小产业做大市场等六个主题,反映台州民企逆流而上的勇气和永不言败的信心。

3. 处理形态:丰富与创新

怎样才能让情报更鲜活?实践的经验是:内容还是那些内容,体裁却可以不断变化,形式也可以不断创新。

首先,报道载体不拘一格有创意。2008年11月,台州市委、市政府组织考察团赴冀津粤三地考察各地转型升级的先进经验。乍一看题材,应该是标准的时政报道,可往细里一想,这次考察的目的就是取创新发展之经,谋转型升级之道。结合台州的实际情况,难道不能往经济报道方面靠吗?不仅可以靠,而且可以挖掘出很多深刻的启示。比如,唐山的循环经济、深圳的虚拟大学园,这些都是企业转型升级、创新的好例子。于是,根据这趟考察的内容,《台州新闻》节目推出《金秋南北行》专栏,通过消息、评论、实时连线等方式,详尽报道各地先进经验对于台州经济转型升级的启示。

其次,报道形式多元化。因为是城市电视台,没有条件像中央电视台、凤凰卫视那样动用多方资源,大手笔地进行报道,甚至没有条件采访到较高层次的专家学者,但这并不影响采制系列报道的形式创新。在可能的范围内,《台州新闻》尝试一切可以的形式,比如,在解读当下经济形势和相关经济政策时,推出《高峰论剑》专栏,在直播时政节目中推出"双视窗"形式的对话,邀请市发改委、经委、人民银行、国税局、海关、外经贸局等部门一把手做客演播室,就热点经济问题接受新闻主播的现场采访;再比如,在跟踪采访重点企业飞跃集团重组的新闻时,采用了记者专访加现场述评的形式;还有,在采访民营企业时,采用了记者现场见闻的形式——以上对于经济情报的电视化处理,是有特点且具备针对性的。

二、创意活动大解码:通则与个案

台湾地区的知名电视制作人王伟忠(曾制作过《全民大闷锅》《康熙来了》《超级星光大道》等知名电视节目)认为,"创意不在小说家的香烟或嬉皮世代的迷幻药里,创意就在你我身边的生活里"[1],并且好的创意"不仅有好的表演,还要有高度,更重要的是能与社会对话"[2]。那么,如何在生活里找到创意?如何与社会对话?王伟忠"有话说",我们先来看看他的观点。

(一)王伟忠的创意五法则[3]

王伟忠是有霸气的,十八岁那年就在心中立下志向:"有朝一日,要让这万家灯火统统认识我"[4];王伟忠也是务实的,在他看来,电视生产线上总归是"失败的节目永远比成功的节目多"。这样一位有经验的电视业者,他的创意五法则,颇值得我们借鉴。

1. 找到创意起点

面对较为激烈甚至残酷的电视业界态势,王伟忠提出:在电视创意活动中要找到门道,其第一法则即为:找到创意起点。

王伟忠认为,在创意新节目之前,要考虑若干因素:其一,注意到市场要什么。现在的媒体市场呈现"分众化"趋势,因此,在锁定一个收视群体之后,要观察他们的行为模式,归纳他们想看的节目类型;其二,观察社会上呈现什么新的流行文化。而其中尚未被电视节目注意的空缺,就是机会,也就是创意起点;其三,把自己放在这个创意起点上,细细思考,这样的我,到底需要

① 王伟忠:《欢迎大家收看:王伟忠的＊♯※@……》,天下远见出版股份有限公司 2007 年版,第 189 页。
② 王伟忠:《欢迎大家收看:王伟忠的＊♯※@……》,天下远见出版股份有限公司 2007 年版,第 189 页。
③ 该部分内容参考王伟忠《欢迎大家收看:王伟忠的＊♯※@……》,天下远见出版股份有限公司 2007 年版,第 190－196 页。
④ 王伟忠:《欢迎大家收看:王伟忠的＊♯※@……》,天下远见出版股份有限公司 2007 年版,第 109 页。

什么？

2. 找出与观众共同的体验

紧接着上述的创意起点，第二法则即为：找出与观众共同的体验。

其实，要面向观众，最好的方法就是首先直面自己。在这里，"个人经历"就是一个很重要的节目素材，要想着自己在类似的情境下，到底会有怎样的体验？由此而想出的点子，能够更契合特定观众群的需要。

事实上，越熟悉的事情，才越能够做出味道来。而这样的思考模式，不只反映了自己的内在，也是触发旁人深有同感的关键。所以，从这个意义上说，好的创意不只是"我的"，也要让观众"认为"节目道出了他们的心声。

3. 根据艺人①特色发展

王伟忠以《康熙来了》为例，对艺人特色进行了解析：小 S（徐熙娣）与蔡康永的搭档是经过精密计算的组合。在他看来，女人需要一个很好的"中性"朋友，因为女人与女人之间的友谊较为复杂。这时，蔡康永的"中性"特质就非常合适。

蔡康永与小 S 这对搭档，两人的想法与反应都很独特，但又不会有搭档之间常见的心结，合作起来很自在，自然也就迸出了节目的火花。

4. 从社会结构发想

在王伟忠看来，电视创意活动还可以从社会变动中的大结构发想，从社会中来、反映变动、打动观众心、回到社会中去。

而不论是什么社会问题、现象的电视化呈现，任何的创意方案在成形之后，还要再三讨论方向与细节，并要反复问如下几个"为什么"：

为什么要做这个节目？为什么要用这个主角？为什么要在这个时段？以及为什么观众不看别的节目，要看这个节目？

可见，任何电视创意都不是凭空"蹦"出来的，在以上问答中，电视业者都会更加厘清想法，更清楚焦点在哪里，也更知道这个节目的"长相"。

5. 取个好名字

王伟忠很看重"命名"。成功的节目名称，在他看来，具有凝聚浓缩的力量。像《全民大闷锅》《康熙来了》《国光帮帮忙》这些节目名称都具有独特的个性，甚至可以说，名字取好了，节目也就成形了。

---

① 此处王伟忠所指的"艺人"，基本上包括了所有出现在电视节目里的角色，主持人、嘉宾、演员等等。

比如,《康熙来了》本来的名字叫做《不一样的十点钟之康熙来了》,后来只留下了后半部分。"康熙"除了嵌入蔡康永和徐熙娣的名字,让人一望可知主持人是谁;同时,"康熙"也是中国历史上的太平盛世,因此意涵丰富。

在以上五个法则之外,王伟忠最后还很坦诚地讲到:不仅做节目要发挥创意,取名字要发挥创意,任何地方都可以发挥创意,让生活过得更有味道,任何地方也都隐藏着创意,等着你我去发现。于是,我们接着思考,怎样去发现呢?创意如何养成呢?需要做哪些练习?在以下章节中,笔者将提供一些思路。

(二)解码创意养成的"十条军规"

一般人看到杰出的电视策划人,除了钦佩与羡慕之外,总是觉得无可奈何,认为创意是一种天赋的特殊才能,非常人所能及。事实则不然,优质的电视创意活动固然令人敬佩,但其中的关键思路并非天生,而是通过后天训练培养出来的。在赖声川看来[①],"创意的精髓在于事物之间的联结。不同事物的不同联结方式可以创造出新颖的创意",因此"我们必须准确地看清'事物'本身,也必须清楚看到事物之间可能联结的方式。看清事物的基础方法就是'去除标签',这就是'可能性'无限开展的机会";而且,他特别提到,"我认识的大部分创意人都拥有两种个性:激情与放纵(未必表现在外),以及严格的工作纪律。前者用来发展创意构想,后者用来执行创意构想"。所以,笔者在此不针对那些难以言说的激情与灵感层面,而就可习得、可执行的若干创意养成方法作一结合案例的解析。

1. 打造"头脑永动机"

诚然,此处的"永动机"在现实中是不可能存在的,只是一种理想态的描摹。不过,任何杰出的电视业者,由于他们永不安分,不断地探索,不断地问"为什么",永远在动脑,因此才会做出优质的好创意。

笔者手边就有一个鲜活的案例,那就是《大国崛起》系列片的总编导任学安(见图3-4)。他为什么能够做出这样影响深远的电视片,其关键就在于不断思考与探究可能性。在他的描述里面,我们发现《大国崛起》的起点,竟是一则广播消息——"2003年11月底的一个清晨,我在上班途中听到收音机里播报了一条新闻:中央政治局集体学习'15世纪以来世界主要国家的发展历

---

① 此处赖声川关于创意的理解,参考赖声川:《赖声川的创意学》,中信出版社2006年版。

史'。九大国,五百年,在北京嘈杂拥堵的三环路上,突然之间听到来自遥远浩瀚的历史的声音,一个念头让我激动不已。我想,这是历史的召唤"[1]。其实,只有保持敏感且不断地动脑子,才能感受到此类"召唤"。

图 3-4　任学安

而且,动脑其实并不困难,难的是要天天动脑,自己每天设定一个动脑的时间与地点,比如,在上班的公交、地铁上,在散步时,在洗澡时,在喝咖啡时,在入睡前,甚至在如厕时。想要做好创意的工作,勤于动脑是必须跨出的第一步。

2. 想象力至上

人类的基础能力包括观察力、记忆力、理解力、想象力等,如今前三者大部分都可以由电脑替代,只有想象力在可见的将来仍然无法被电脑取代。想象力,是人类思想的原动力,也是一切发明与创意的源泉。没有想象力的电视媒体与业者,是无法打动越来越挑剔的电视观众的。

不过,笔者这里所说的"想象力至上",并不是说幻想、随便想、漫无目的的想象,而是期冀有指向性、有生产力的想象。国人并不缺少想象力,比如《西游记》小说里的诸多故事情节,堪称世界创意经典。中央电视台曾把《西游记》故事拍摄成电视片,屡次重播、屡次创造收视佳绩,并基本上成为寒暑假必播剧集;周星驰电影《大话西游》,作为《西游记》的"后现代版本",也成为香港电影乃至华语电影的代表作之一;而网易公司通过网络游戏运作,开发动漫游戏《梦幻西游》,也让青少年如痴如梦——这些都是把想象力资源开发

---

① 任学安:《一次艰难的跋涉》,央视网"大国崛起"社区,http://space.tv.cctv.com/act/article.jsp? articleId=ARTI1164603428000143。

成为想象力经济的很好例子。

而电视业者真正要把想象力变成媒介运作行为和盈利模式的实践习惯或能力，可能还需要在以下三方面有所作为：一是要有好的想象力，这样才能形成原创智力；二是要有可以寻找到实施或者操作的可能方式或途径，否则就是异想天开，没有实际价值；三是要有能够实现的可盈利行为模式，这样才可以实现生产力，形成想象力经济现象。

3. 触类旁通之道

触类旁通，指的是掌握了某一事物的知识或规律，进而推知同类事物的知识或规律。在生活中，有大量的案例值得电视业者去思考和借鉴。比如，在体育竞赛中广泛使用的钉鞋，其发现就得自猫科动物脚掌的启示。他们不但奔跑迅速，而且能够轻易煞住。人类观察它们的脚掌，从脚掌上的爪子得到灵感，从而设计出了钉鞋。

再比如，美国人查尔斯·道通过多年观察潮水的起落与波浪的变化，领悟出一套颠扑不破的"道氏股价波动理论"。他发现，股价的涨跌好比潮水的起落，怎么来就怎么去，而且涨多少就会跌多少；此外，在多头市场，一波比一波高，而在空头市场，一波比一波低，它的走势与波浪一模一样。

而对于电视业者而言，要做到触类旁通，需要的更是一种视野，否则就会局限于生硬模仿，导致创意内容与呈现形式的"同质化"。比如，要做某档特别节目的全盘策划（从创意到推广），如果仅只从别的电视媒体类似节目运作获得灵感，那么，还是很难有所突破。在这时，需要"旁通"的东西，可能更要宽广一些，是不是可以从房地产业的楼盘推广中获得些什么启示？是不是可以从足球职业联赛的运作中获得些什么启示？或者，是不是还可以从跨国企业市场公关项目中再获得些什么启示？

4. 角色扮演法

角色扮演（role playing），是从幼时"过家家"开始，即为人们所熟悉的一种行为模式，其关键，就在于要站在别人的立场去思考。而几乎所有网络游戏的成功，都在于设置了一个成功但却是虚拟的角色扮演空间：玩家扮演游戏中的主角（可以不止一个人）在游戏给定的世界里进行漫游、冒险；由于角色扮演游戏可以使玩家扮演与其本人截然不同的人物，这也是其最有趣最吸引人的地方。

那么，在电视和报纸等媒体上，也处处表现出角色扮演的特征。

比如，造成黄金时段电视连续剧热播的主要原因之一，就是观众希望自已成为剧中、镜头里的那个或那些人物。假如他们不是为了把自己的经验与性格转换为剧中人物的经验与性格，为什么会一再打开电视，乐此不疲呢？电视业者和创意人，也就是充分掌握了人们的这种心态而屡创佳绩，比如近些年获得高收视率的《激情燃烧的岁月》《金婚》《中国式结婚》等等。

　　而在报纸媒体中，有一次，美国某报纸刊载了两则新闻，一则报道了由于预算赤字达到70亿美元，可能使杜鲁门总统的声望下降；另一则报道了三个乡下少年替一只骨折的小狗架上护板。事后调查显示，有近五成的女性读者记住了"狗新闻"，却只有不到一成记住了"总统新闻"。造成此项结果的原因就是：一般女性读者把自己设想为那三个乡下少年之一，而不会把自己设想为杜鲁门总统。

　　5. 反向思维法

　　反向思维，顾名思义，就是要练习从相反的方向来思考问题。据说缝纫机发明的关键，就在不把针孔放在针头，而把针孔放在针尖，这就是反向思维；而所谓的"股神"巴菲特的投资诀窍，很简单：在别人贪婪的时候恐惧，在别人恐惧的时候贪婪。这也是反向思维。

　　反向思维，在电视媒介创意活动中，也是非常重要且常见的。比如，如果以引领选秀节目潮流的那几档特别节目和那几次定位转向为例，我们可以看到：

　　当电视观众已然通过《同一首歌》《娱乐现场》等电视栏目，在屏幕能够非常容易看到明星，甚至有些审美疲劳的时候，《超级女声》的出现，就让观众眼前一亮，他们发现：原来普通人也可以上电视唱歌跳舞！

　　但是，随着电视观众对于之后出现的大量平民选秀节目以及由此带来的越来越多普通人在电视屏幕上又唱又跳的情景再次审美疲劳的时候，《舞林大会》的出现，又让观众眼前一亮，他们发现：原来明星也可以像普通人一样，在电视上"比赛才艺"。

　　不过，又随着电视观众对于之后出现的大量明星才艺秀以及由此带来的越来越多大小明星在电视屏幕上比跳舞、比唱戏、比滑冰甚至比劳动第三次审美疲劳的时候，《我爱记歌词》的出现，再度让观众眼前一亮，他们发现：原来普通人在电视上唱卡拉OK，也还挺好看……

　　笔者对于上述收视焦点的多变与反复，并不持完全的肯定态度。但是，在这种观众心态的反复当中，那些立于潮头的电视媒体的反向思维之道，却还是值得借鉴的。

6. 转换视角

所谓转换视角,就是用不同的视角去看待早已习以为常的事物。在很多时间,改变视角之后发生的观念变革,就是一种导致社会变革的关键力量。可能仅仅是某些认知上的改变,就是力量无穷的创意。创意不一定改变了具体什么东西,有时候只是改变了自己,改变了想法。

比如,在网络时代,由于 ICT 技术在日常生活中的广泛运用,似乎创意活动的开展,其科技含量与技术壁垒也在提升。但对于这一问题,我们完全可以从另一个视角切入去看,比如在台湾地区知名策划人詹宏志看来,"网络是一种工具,整合各种媒体,包括文字、图片、声音及影像。这种工具的产生,使创意更容易发挥,尤其是年轻人,他们不用再一样一样地去学,不需要学摄影、拍摄等工序,只需要掌握网页这一种工具,将各种格式的内容整合,就能发挥无穷创意。尤其是现在大部分的年轻人都上网,他们之中,一定会有一部分很突出的,能整合各种内容,从而创新"[①]。

再比如,在 2009 这一年份里,几乎所有的电视传媒人都要面临着新中国成立六十周年这样的宏大命题、规定任务,似乎较难出新、出特色、出亮点。那么,如果能够学会转换视角,或许可以在以下若干选题中有所突破:其一,新中国成立六十周年,也是中国内地与台湾地区关系的六十年,那么"台湾六十年"是否可以成为一个独特视角的选题? 其二,同样是看待"逢十"的周年大庆,是否可以对十年(1959)、二十年(1969)、三十年(1979)、四十年(1989)、五十年(1999)以及六十年(2009)的国庆年份做一个统观,看看这六个年份的异同在何处?

7. 图像联想力

人类失去联想,世界将会怎样? 这一问题,很难回答;但是,其本身,却已经给我们很大的启示。特别是对于电视创意人而言,联想力是一种重要的能力,而借助图像进行联想,更是电视这一视听传媒更为倚重的。

比如,都市白领到办公室上班。如果我们使用语言思考的话,"早上起床,洗脸、刷牙,吃完早餐,搭上公交车或地铁,就到公司上班了"。但是,如果我们使用图像思考的话,就会变成,"早上七点,阳光射入卧室,我被窗外晨练老人们的说笑声叫醒,于是起床到门口报箱取出今天的早报,然后回屋点上

---

① 詹宏志:《网络世代的阅读与创意》,https://www.hkedcity.net/article/reading_through/janht/index.phtml? print=1。

一根烟,进了厕所,一边读报,一边上厕所。洗脸时我发现毛巾破了一个洞,洗面奶也快用完了。脱下睡衣换上在网上订购、昨天刚由快递送到的衬衫,早餐吃了两片面包,喝了一杯袋泡黑咖啡。与妻子道别,出门走了5分钟,在地铁口碰见同事老杨。两人一起刷卡进站,刚好地铁列车进站,人非常多,好不容易挤上了车,碰巧有一个位子刚刚空出来,我和老杨谦让了下,还是我坐下了。接着,两个人闲着没事,聊起了股票、基金不景气的事情,突然有一位老太太上来,我犹豫了一下,还是把位子让给了她。后来,车上人越来越多,一个小青年拼命挤进车厢,冒冒失失地把我的皮鞋踩脏了,我望了他一眼,他却装作不知道,于是我又多瞪了他十秒钟。下了地铁,我和老杨在公司门口又遇见了同事老罗,三人问早,一同走进了公司。"

从上面的例子中,你会发现,语言思考是非常简洁、快速的,当你想到上班,可能立马就到了公司;而图像联想则会浮现出许多被你忽略的细节,但是,那些琐碎的细节才是电视创意的关键素材。

8. 列举法

列举法,是一种很简单但却很能锻炼头脑的创意养成法,其先要列举出事物的属性或类别,然后再加以改变或组合。

首先,可以按照属性进行列举。比如,就我们手边的电话为例,步骤如下:第一,列举出手机的属性,包括颜色、铃声、形状、材质、拨号盘、听筒等;第二,就每一项目,逐一思考改变的方向——颜色:传统的黑色或者白色,那么可以将其改变成什么颜色?红色?蓝色?黄色?绿色?还是多种颜色?甚至,可不可以没有颜色(透明)?铃声:传统的电话铃声可以改变成什么形态?圆柱形?长方形?三角形?还是可改变为各种可爱的动物形状?材质:传统的塑胶可以改变成什么材料?木材?玻璃?陶瓷?还是其他金属?拨号盘:传统用拨的号盘可以改变成什么方式?用按的?还是要用语音拨号?听筒:传统的听筒可以做什么改变?把它与拨号盘分离?或者不用拿在耳边即可通话?

其次,可以按照类别进行列举。比如,以我们身边的文具为例,步骤如下:第一,列举出文具用品有哪些种类,例如铅笔、尺子、胶水、胶带、剪刀、修正液、橡皮、订书机、大头针、圆珠笔、铅笔盒、钢笔、毛笔、墨水瓶、圆规、资料夹、笔记本等等;第二,把其中两种或者多种组合起来,从中得到灵感——这里,有一个"文具组合"的经典案例。当年,有一位日本文具公司女职员玉村浩美,她为了推销产品,想到了以"文具组合"的形式进行推广。所谓"文具组合"是把尺子、透明胶带、卷尺、小刀、订书机、剪刀、糨糊七件小文具装在一个盒里,一同出售。其一经问世,竟成了热销商品,一年之内竟卖出了三百万套。原来通过类别的重组,使得这些分散的小文具不仅有使用价值,而且还有了保存价值,于是顾客的购买心理也有了变化,从"想使用"变成了"想拥有",这正是类别列举之外的重组之魅力所在。

9. 潜意识思考

人的心理分为意识与潜意识。意识就像是浮在水面的冰山,虽然可以观察、理解,但是仅仅代表整个心理的一小部分罢了;潜意识则好比水面下的冰山,虽然不可观察、理解,但是支撑着水面上的冰山,不但是心理的一大部分,而且持续不断地思考问题并解决问题。

在这里,我们举一个美国电影界的案例,从金・凯瑞讲起。金・凯瑞大概在他十几岁的时候,就下定决心一定要成功,结果他就运用潜意识的力量。有一天,他拿出一张空白支票,上面写着:"这个支票要付给金・凯瑞1000万美金,在1995年底,要拥有1000万美金的现金。"后来,他就把这张空白支票携带在他自己身上。每天有事没事的时候,就把这张1000万美金的支票拿出来看——"金・凯瑞得到1000万美金,在1995年年底","金・凯瑞得到1000万美金,在1995年年底"……每天这样看。

很巧的是,在1995年,金・凯瑞从事电影的第二年,他得到一个契约,高达2000万美金一部片子,超过他原来的期望。后来他父亲过世,他回到父亲的墓地那边,把那张空白支票,自己签字的支票摆在他父亲的旁边,他说:"父亲,我终于成功了!"

由上可见,潜意识的力量无所不能,任何一个成功的创意人都需要运用潜意识的力量。但是,潜意识所找到的答案,有时是一个完整的构想,有时却是不完整或不正确的概念。对于不完整与不正确的概念,电视业者必须根据知识与经验加以琢磨与修饰,才能变成可用的点子。

10. 头脑风暴法

在第一财经电视频道中,就有一档节目,就直接命名为《头脑风暴》(见图3-5)。所谓头脑风暴(brain storming),"最早是精神病理学上的用语,指精神病患者的精神错乱状态而言的。而现在则成为无限制的自由联想和讨论的代名词,其目的在于产生新观念或激发创新设想"①。

图 3-5　第一财经节目《头脑风暴》

　　而为了更好地让头脑风暴到达最佳效果,在具体操作时,电视创意人需要注意以下若干方面:为使与会者畅所欲言,互相启发和激励,达到较高效率,必须严格遵守下列原则:

　　第一,在心理上调动每一个与会者的积极性,彻底防止出现一些"扼杀性语句"和"自我扼杀语句"。诸如"这根本行不通""你这想法太陈旧了""这不符合某某定律"以及"我提一个不成熟的看法""我有一个不一定行得通的想法"等语句,禁止在会议上出现。

　　第二,目标集中,追求设想数量,越多越好。在智力激励法实施会上,只强制大家提设想,越多越好。会议以谋取设想的数量为目标。

　　第三,鼓励每个与会者都要从他人的设想中激励自己,从中得到启示,或补充他人的设想,或将他人的若干设想综合起来提出新的设想等。

　　第四,与会人员,不论是该方面的专家、员工,还是其他领域的学者,以及该领域的外行,一律平等;各种设想,不论大小,甚至是最荒诞的设想,记录人员也要求认真地将其完整地记录下来。

---

　　① 参考"MBA 百科"对于"头脑风暴法"条目的解释,http://wiki. mbalib. com/wiki/％E5％A4％B4％E8％84％91％E9％A3％8E％E6％9A％B4。

第五,主张独立思考,不允许私下交谈,以免干扰别人思维。

第六,提倡自由奔放、随便思考、任意想象、尽量发挥,主意越新、越怪越好,因为它能启发人推导出好的观念。

第七,不强调个人的成绩,应以小组的整体利益为重,注意和理解别人的贡献,人人创造民主环境,不以多数人的意见阻碍个人新的观点的产生,激发个人追求更多更好的主意。

三、电视创意:在"可想象的计划"与"可计划的想象"之间

能够把资料变成情报的电视业者,已见出功力;具备创意思维张力的电视业者,更见出格局。但是,无论怎样,以上两项皆是一种热身活动,真正要开始做电视创意,则又需要在"可计划的想象"与"可想象的计划"两个向度之中,建构电视生产线上的想象空间。

(一)可想象的计划

"问渠哪得清如许? 为有源头活水来。"可以说,成功的创意是电视策划的重要保证。创意的"活水"能够促发想象,但是再"活"的水也有其源头,也就是说,再好的电视创意想象也是在一个计划性的框架中得到展现。那么,对于电视策划业者而言,在这一计划性的框架中,有哪些因素需要注意呢? 以及如何理性应对呢? 我们结合一些案例来具体说明。

1. 社会环境因素

一个创意方案的确定,应该考虑其具体出台的外部环境,这就包括大时代背景下的社会环境、文化心理、坊间话题、电视观众的收视心态以及方案出台的时效时段与空间地域。

比如,在北京奥运的昂扬氛围中,在"两会"召开的庄严气氛下,在汶川地震的悲痛心境下,在金融危机的恐慌舆情里,对各级各类创意工作的确定必须要符合整体的社会环境,如果"不识时务"地制造了一些不和谐音,那么将会严重损害媒介自身的形象与美誉度,并引起观众与广告客户的反感,再精彩的节目也会因之而失败。这其中就有一个"聪明反被聪明误"的案例:在2004年,央视国际频道在播放俄罗斯人质危机的新闻报道时,屏幕下滚动播出这样的信息:"有奖竞猜:俄罗斯人质危机目前共造成多少人死亡? 下列哪

一个选项是正确的：A. 402 人；B. 338 人；C. 322 人；D. 302 人。答题请直接回答至：移动用户发答案至 8003111；联通用户发答案至 9850111"。——中国传统是"人死为大"，对于死者，应该给予恰当的尊重，更何况是在这样的事故中无辜罹难的平民百姓，更是要对其不幸遭遇表示哀悼和同情，而居然能利用这样的主题与观众互动，并赚上一把，这就非常地"不合时宜"。于是，国家广电总局接着就下命令让以后所有新闻节目都停止设置短信答题环节了。

再比如，在不同的地区，由于经济发展水平、资讯流通程度、生活习俗、民族特色的不同，即使是同一路径、类型的电视创意，在有些地区可能大受欢迎，换一个地区可能遭受冷遇。在国内默默无闻的影音产品，在国际市场上可能十分走俏，如一部获得 2007 年奥斯卡最佳纪录短片奖的片子《颍州的孩子》，在国内却几乎没有什么影响力；而在珠三角地区反响热烈的《外来媳妇本地郎》，在其他区域却门庭冷落。又如在沪上异常火爆的《老娘舅》，出了长三角也就反应平平。因此，不要看到其他地区某种节目受到欢迎，就盲目移植或克隆过来，"橘生淮南则为橘，橘生淮北则为枳"，审时度势，因地制宜，是确定创意方向必须考虑的因素。

电视创意出台的时机与火候，也是决定其成败的重要因素。再好的节目，如果出台的时机不对，也未必能取得良好的效果；有些制作水平一般的节目，如果出台的时机恰逢其时，也可能取得不错的收视或社会效果。所谓"赶得早，不如赶得巧"。某种题材、某种节目样式，尽管曾经红极一时、炙手可热，但当它们已经被炒作、复制得过滥时，业者还要跟在别人后面，无论制作得如何精良，由于时过境迁，观众出现审美疲劳，节目也难以取得相应的效果。因此，准确把握观众心理和社会动向，在新鲜事物初露端倪或未萌之际就敏锐捕捉，"为时而作"是为要义。

2. 政策因素

电视创意的确定，必须考虑的相关方针政策、法律法规、宣传口径、舆论导向、媒介角色、话语权力等方面的影响。特别是对外交政策、民族政策、宗教政策、国家机密、大政方针、个人隐私等敏感的问题要尽可能考虑周全，不能图一时之快任意拈来，以免造成难以挽回和弥补的负面影响。

比方说，电视媒介所拥有的话语权力是有限的，也是有节的。在我国现行传媒体制下，其特殊的"耳目喉舌"身份和角色，使其进行舆论批评和监督时，必须考虑可能引起的社会影响。对某个事件的调查报道、对某个人物的采访亮相、对某种现象的臧否评说，都可能被认定为一种信号、一种标志与一种定向。例如，某些地方领导或企业领导人，千方百计打通各种关系，甚至不惜投入巨资，试图在《对话》《名人面对面》出镜、露脸。他们自己，甚至许多观众都认为，在中央电视台、凤凰卫视等权威电视机构的权威栏目亮相，等同于一种荣誉、一种政绩与一种肯定。尽管其实无论多么权威的电视机构，都不具备这样的荣誉授予权，但其带来的社会影响却不可低估。虽然《焦点访谈》不是司法机构、信访机关，但曾几何时，每天的上访人员、上访信函络绎不绝。它的相关报道，能直接影响某些当事人的命运升迁和司法介入，甚至个别犯罪当事人在被宣判死刑时，仰天长叹"自己是被记者害死的"。电视媒介在我国的这种特殊影响、角色地位，必须慎重对待、恰当使用。因此，在确定创意思路时，必须考虑相关的政策界限和可能产生的实际影响，不可不慎。

甚至于，电视创意出台以及播映的具体时段都要考虑相关的政策因素，在某些国家的领导政要来访时，可能引起外交误解的节目就不宜播放。比如，巴勒斯坦和中东阿拉伯国家领导人访华时，就不宜播出反映以色列和犹太文明的节目，否则，可能引起不必要的外交纠纷。

此外，《焦点访谈》曾有一次做了一期反映司法腐败的节目，节目做得非常不错。但由于当时我国司法界正在公开审理香港黑社会头目张子强的案件，香港和内地观众都十分关注，因此，电视媒体也相应地要维护我国司法界的权威和尊严，以树立正面形象。那么，这样的节目在当时情况下就暂时不宜播出，否则会带来某些微妙的负面影响。

3. 媒介竞争因素

电视创意的落实，应该对相关电视机构、节目类型的发展历史和水平现状有充分了解。需要掌握的是：此类创意以前是否出现过？达到了怎样的水平？如果现在去做，有哪些新的视角？能否超过以前的水平？能否适应今天的媒介发展和观众需求？如果不了解这些，某个选题别人早就做过了、而且做得很好，你还在闷头重复走老路，却不知道"话说三遍比水还淡""吃别人嚼过的馍没味道"，就很难取得预期的效果。同时，电视创意还必须考虑其他电视台、频道、栏目、相近时段在制播什么节目内容？有什么样的计划？进展到什么程度？它们具备的条件和能力怎么样？要尽量避免题材"撞车"的现象出现。

比如，像"改革开放三十年"或"建国六十年庆典"这样的选题，各个电视台都在做，甚至电视台的各个部门也都在做，你如果要做，首先应该了解别人在做什么、从什么角度做？你有没有更新更好的思路？你所具有的独特优势在哪里？如果没有更好的想法和独具的优势，情愿放弃也不要跟着瞎起哄，否则就是人力财力和资源的极大浪费。

而在这其中，第一财经的大型电视片《激荡·1978—2008》就是一个典型的正面案例。按其总导演曾捷的说法就是，"这部片子避开了'三十年'题材的'红海'大战，开拓自己的一片蓝海事业"①。与其他电视作品多以采访"当事人"的视角不同，这部片子排斥了直接参与创造历史的企业家的参与（其实这样做，也简化了前期的操作流程），从"见证者"的角度再现了过去30年的一系列重大财经事件。他们认为，每一个在过去30年当中采访经济事件的财经记者都是这个历史的见证者。这种口述历史的方式，汇集了一大批研究中国经济史的作者、记者与专家资源，这些见证者在片中首披露大量细节始末，以零距离的观察、独到的眼光、理性的思辨与对事实的执著，重现了历史。

4. 目标选题因素

电视创意要确立精准且有吸引力的目标选题，需要考虑的因素很多。目标选题的确定，一方面，需要电视业者视野开阔、涉猎广泛，关注社会的各个层面、各个行业、各个群体，不断对社会的方方面面进行"搜索"和"梳理"。比如城市外来人口问题，一直受到社会各方面的关注；另一方面，又需要记者具有职业的敏感，眼光锐利、善于发现、迅速反应、准确捕捉。能够从别人未曾注意的地方挖掘出有价值的东西，从初露端倪的时候看到它的发展前景。

那么，如何确定一个选题的恰当位置？其实，就要为它寻找一个合适的"坐标点"。一般来说，目标选题的坐标点应当这样定位——行业、领域、部门、群体应当成为它的横坐标，三百六十行乃至七百二十行在脑海中搜寻一遍，哪个行业、哪些人在做些什么？是否值得电视媒体的关注？他们是否被遗忘得太久？留心一下，往往会有意外的发现。而时间应当成为它的纵坐标，一年三百六十五天，这一天有什么特殊的意义？是否是纪念日或社会活动日？历史上的今天是什么日子？比如，多少周年的大日子？仔细算下来，几乎每天都有点名堂，有点说道。甚至某个条约签订多少周年、某部法律颁布多少周年、某个领导人的重要题词多少周年、同某个国家建交多少周年等等，都要成为发现选题的重要思考线索。那么如何把纵横两条坐标系联系起来，就要根据新闻这条基本的线索确定选题的坐标定位。把当前发生的重要新闻、社会热点同行业和时间进行观照，寻找其中的结合点和撞击点，如果能

---

① 引自曾捷在"纪念改革开放30周年：中国纪录片论坛"上的讲话内容，2009年3月15日。

发现三者的关联,可能就会进入我们的选题范围。

综上,任何一个好的目标选题都不是偶然发现、轻易得来的。任何一次偶然的背后,都有必然的准备。只有长期积累、反复寻觅,才能"偶然"得之;只有"众里寻她千百度",才能有"蓦然回首,那人却在灯火阑珊处"的喜悦。

(二)可计划的想象

在面对上述计划性框架时,电视业者要懂得"戴着镣铐跳舞"。而在框架内游刃有余之后,电视创意工作更需要学会规划自己的想象,抓住机会去扩展其空间版图。那么,如何拓展? 我们先借一个"引爆点"的概念来拓展认知。

"引爆点"(the tipping point)是由美国作家马尔科姆·格拉德威尔在同名书籍中提到的一个观念,用以说明许多难以理解的流行潮背后的原因,并且发现其中的因素,他提出了三个法则[①]。

个别人物法则。下列三种人导致了流行的发生——联系员:就是那种"认识了很多人的人",这类人把朋友当做邮票一样地搜集,随时与人保持联系。这个角色可以把信息快速地散布出去。内行:就是那种"什么都懂的人",他对某一种知识可以说是"达人",不厌其烦地把相关的知识与朋友分享,但是却没有很好的说服力。这个角色对某件事情的狂热,使他所发掘出来的事情成为有价值的。推销员:就是那种"什么人都能够说服的人",这种人没有很深的知识,但是有特殊的能力让见到面的人在短暂的时间就交付信任。这个角色能够把内行发现的东西与人以简洁的语言沟通。

附着力法则。有些话让我们"左耳进右耳出",但是另一些却让我们听过了再也忘不掉。附着力法则所说的就是当被传播的信息是容易被注意、记忆的,则容易形成流行。

环境威力法则。流行的趋势需要一个发展的温床,当一个环境形成的时候,个人的因素就不重要了。实验证明,在一个非作弊不可的环境中,不论是哪种家庭出身的学生都会作弊。

综合以上,我们会发现只要一件物品或一个观念拥有适当的条件,就可以形成一个风潮,而掌握到了这个趋势,就可以让一个趋势引爆起来。那么,在电视创意活动中,如何有计划地创造条件、借流行之势,去寻找想象空间扩张的引爆点呢? 笔者还是借两个案例,让"引爆点"法则在操作层面"落地"。

[①] 参考马尔科姆·格拉德威尔:《引爆点》,钱清、覃爱冬译,中信出版社2006年版。

1. 找到有附着力的个别人物：《中国经济年度人物评选》(CCTV－2)

操盘电视创意，是很有挑战性的媒介工作。而找到有附着力的个别人物，则是一种直指靶心的关键一击。央视经济频道的《中国经济年度人物评选》(见图3-6)，就是这其中的典型案例。很明显，《中国经济年度人物评选》是针对"个别人物"的精英节目。但是，纯粹的"阳春白雪"，是难以在电视竞争大环境中胜出的，因此该特别节目非常注重大众化的处理与操作。评选活动旨在以人物为线索和载体，梳理每一年度中国经济发展的脉络与走向，具有"中国经济晴雨表"的作用。

图 3-6　CCTV－2 特别节目《中国经济年度人物评选》

每年岁末，CCTV 中国经济年度人物评选都会成为中国经济的一场盛典，年度人物提名人以及获奖者名单的发布，都会吸引国内公众和中外媒体的强烈关注，通过这个名单，可以做到对当年的中国经济"一榜知天下"。其每年设有 10 个年度人物奖，奖励积极推动中国经济发展和社会进步的企业家、经济学家或者政府官员；这些人物具有鲜明的时代特征，在当年度具有标志性新闻事件，他们敢于负责，勇于创新，在所属产业和行业具有引领性和前瞻性，他们推动着绿色生产力，创造阳光财富。

与此同时，仅仅为"个别人物"的聚焦，还是不够的。在品牌方略上，还需要重视附着力的传播价值，因此也需要将"一榜知天下"与"一榜天下知"完美融合："一榜知天下"，是说能反映出中国经济发展的趋势；而"一榜天下知"，则就是希望这一档特别节目能成为妇孺皆知的媒体事件，强调评选过程是一个与中国公众共同互动的过程,通过互动而被更深刻地记住。

因此,自 2005 年以来,CCTV 中国经济年度人物评选增加了社会公众参与提名、评选的环节,首度提出"全民推荐"的概念。这不仅有利于增加榜单的公信力,而且很大程度上增加了民众对这一项专业性的人物评选的关注,增加了活动的影响力。活动影响力扩大,关注度提高,评选中所倡导的经济观念和价值理念才能更好地传递到电视机前的观众中去。

而在 2007 年,《中国经济年度人物评选》在形式上再次创新,品牌深入全国,影响力全面释放。深圳、兰州、杭州、北京,中国经济年度人物四方论道——中国经济年度人物大讲堂,集结四海翘楚,百业精英共话中国经济的发展理念。往届年度人物获得者、知名经济学家、权威媒体总编辑组成的强大的阵容,受到当地政府和企业家高规格的接待和欢迎。中国经济年度人物大讲堂,从电视屏幕上走到受众的经济生活中,这不仅是媒介品牌的延伸,更是媒介助推经济的另一种表达和体现。

其实,一个过程、一个结果,这不同顺序而相同的五个字叠加在一起释放出来的就是《中国经济年度人物》这个品牌的附着力价值。

2. 影视剧生产与置入式广告:"环境威力"的交光互影

置入式广告(product placement),是近期中国影视产业发展中的一个亮点,也引发了社会诸多方面的关注。置入式广告,已成为一种不容忽视的事实。可以预见的是,其将成为今后几年最具"环境威力"的广告创意模式。

在中国,特别在近几年,可以说是——大量的置入式广告出现在大量的热门影视剧中,引起了大量的议论。《丑女无敌》《奋斗》《非诚勿扰》《疯狂的石头》(及其姊妹篇《疯狂的赛车》)这些影视产品,使得那些对品牌不怎么敏感的观众都觉得"似乎在看广告片",也使得那么对广告很敏感的观众一个一个画面去搜索、总结置入影视剧的广告内容,并贴到网络上,竞相讨论。

那么,产品是如何置入影视剧,达到交光互影的效果呢?笔者以国产电视剧中较有代表性的《奋斗》(见图 3-7)为例进行解读。此处的代表性,一是指影视产品本身的社会影响力、收视率与观众反映均较佳,二是指影视产品中的置入式广告同样也引起了较明显的社会思考、广告反响以及观众议论。而且,为了更好地解读,笔者将借用美国学者拉塞尔(Russell)的一个关于置入式广告的模式(format)框架。在这个框架中,他将置入式广告的模式在概念上做了更细致的区隔,分为以下三种类型:"画面置入"(screen placement),强调视觉表现;"台词置入"(script placement),强调听觉呈现;"情节置入"

(plot placement),强调将产品设计成剧情的一部分,结合视觉与听觉置入,增加其戏剧的真实感和强度。[①]

图 3-7　电视剧《奋斗》

被称为"每个 80 后必看的电视剧"的《奋斗》,凭借口碑在 2007 年迅速走红,"全剧共 32 集,置入式广告品牌多达 118 个,其中国际品牌 41 个、国内品牌 71 个,平均每集出现置入式广告近 9 次,置入的产品小到一包烟一瓶饮料一本杂志,大到一部车一套房子一家酒店,涉及生活的各个领域与行业"[②]。

在"画面置入"中的典型例子就是,《奋斗》中各位主人公的手机都由诺基亚赞助。而且此处每位剧中人物不同手机型号的选择,能够看得出广告商和导演、编剧们的用心。比如,高强的型号是 2100,诺基亚最早的一批蓝屏手

---

　　① 参考 Cristel A. Russell：Toward A Framework of Product Placement：Theory Propositions,
Advances in Consumer Research,1998.25.
　　② 董悦：《试论置入式广告在影视作品中的运用——以〈奋斗〉为例》,2007 年中国传媒大学硕士
论文。

机,这与他父母下岗生活困窘的人物设置非常贴切;再比如夏琳与向南的3250,中档价位贴合"小白领"身份;杨晓芸使用的7370,其独特的花纹设计与她可爱小女生的形象相呼应;陆涛的8800是诺基亚手机中的高端产品,被一笔就赚了2000万元的陆涛使用是再合适不过了。

在"台词置入"中,奥迪汽车品牌被设置得最多。在为数32集的剧集中,仅剧中人物的对话中提及奥迪品牌就高达8次之多,例如第11集中徐志森告诫部下不要忘本,指责他如果没有公司的栽培他"根本不可能开上奥迪A8";第23集中,何翠凤为女儿杨晓芸张罗再婚的事,介绍相亲的对象"车今年都换成什么奥迪A6了";第24集中,向南和陆涛抬杠开玩笑,"你开奥迪,你一张嘴就几亿几千万的"等等。可见,奥迪已经在某种程度上被塑形为一个人身份和地位的象征,成为评判一个人成功与否的砝码。

而在"情节置入"中,皇家礼炮的产品置入最为典型。陆涛签单请朋友们吃饭,点了2000多元的皇家礼炮。皇家礼炮的品牌,首先由服务员口头提及"您好,这是您点的皇家礼炮";与此同时,皇家礼炮的特写也出现在了屏幕正中,映入观众眼帘的是蓝丝绒、绣着金色丝线的酒套。杨晓芸尖叫"这套儿我喜欢,我要拿回去装项链",华子紧随其后抓过酒瓶"我要这瓶儿,我们家装修呢,搁屋里显摆"——仅两句对白就把皇家礼炮考究的包装、不俗的档次勾勒了出来;特写镜头的视觉处理方式以及剧中人物围绕皇家礼炮的对话,都回馈给观众以强烈的视觉冲击和心理感染。

的确,正如上文所述,无论是"画面置入""台词置入",还是"情节置入"模式,在《奋斗》与《非诚勿扰》中都有较为纯熟且有技巧的设置。那么,观众的反馈如何? 到底买不买账呢? 虽然笔者手头没有得到较为具体、量化的效果数据,但是根据相关社会舆论与媒体报道,以下几点假说,颇有成立的可能——

其一,置入式广告,将越来越广泛地被影视剧观众所熟知,并将会成为影视剧生产中的常态。其二,相对于置入的具体产品内容,目前观众更感兴趣的还是置入广告本身,甚至热衷于在观看时"算算究竟有几个广告"。其三,观众不会单纯地因为置入广告与否,来判断影视产品的优劣,影视生产依然"内容为王"。其四,置入的广告与剧情越融合、与主角越贴近,获得的观众好感越高;但这一好感并不会直接体现在购买行为上。其五,由于数据难以统计,不同媒体对置入广告效益的报道可能完全不同,比如《非诚勿扰》在被说成"初现成效"的同时,也被说成"收效微"。其六,在与置入式广告相关的媒体评论、影视批评文章中，整体的反馈基调是"中性偏负面"，道德分析多过产业分析。但是，这种话题的集中反馈，又令影视剧中的置入式广告进一步广泛传播。

第四讲
方案：电视生产的观念蓝本与操作蓝图

　　在本书第一讲当中，笔者就给出了电视策划工作中"方案"的概念，即：进行电视产制的具体计划或对某一流程制定的规划（通常会形成文字版、并可做展示的策划案）。虽然这一环节仅只包括"完成可行性方案"一个步骤（见图 4-1），但是这一个环节、一个步骤，却是在电视策划工作乃至整个电视生产流程中都绕不过去的，并且颇费思量。

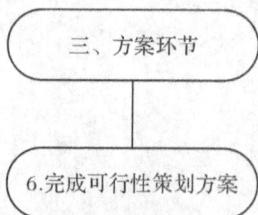

```
┌─────────────────┐
│   三、方案环节    │
└─────────────────┘
         │
┌─────────────────┐
│ 6.完成可行性策划方案 │
└─────────────────┘
```

图 4-1　方案环节的一个步骤

　　因此，在本讲中，笔者将承续前两讲关于电视资源与创意的思路与要点，从原则与实例两条线索并进，力图描摹出电视方案，其作为观念蓝本与操作蓝图的概况与特质所在。

一、集大成：电视资源、创意的调配与处理

当我们进入撰写电视方案的工作步骤之前，有一个很重要的"预演"过程，即对电视资源环节与创意环节的工作思路与成果进行再思考，进行二次调配与处理。在笔者看来，只有"预演"到位了，才能够使得成文的策划方案在影响力、持久力、认知率以及传播冲击力等指标上有较好的表现，并成为"集大成"的优质创意文本。

先来看"预演"过程中的两个简单案例。

比如，若有电视机构在 2009 年初，想要研发新的节目样态，那么该如何准确拿捏当下电视业态的发展脉搏？那么，中西节目类型与模式的资源性搜索与分析，自然是不可少的了。不过，除此之外，针对当下的策划方案，是否还可更有针对性？这时，一种可行的"预演"工作，就应该看到国家广电总局在 2009 年初，推出了 2008 年度 20 个创新创优典型节目形态，即中央电视台的《文化访谈录》、江西卫视的《传奇故事》、广西卫视的《金色舞台》、贵州卫视的《中国农民工》、上海第一财经频道的《头脑风暴》、河北卫视的《读书》、广东卫视的《社会纵横》、四川卫视的《真情人生》、江苏卫视的《名师高徒》、福建东南卫视的《开心 100－大魔竞》、内蒙古卫视的《蔚蓝的故乡》、安徽卫视的《相约花戏楼》、重庆卫视的《拍案说法》、深圳卫视的《直播港澳台》、湖南卫视的《智勇大冲关》、山东电视台少儿频道的《谁不说俺家乡好》、黑龙江卫视的《珍贵记忆》、北京电视台的《岁月如歌》、湖北卫视的《有奖有法》和浙江卫视的《我爱记歌词》[①]——于是，这些"典型节目"作为"预演性资源"，就为策划方案的方向选择设定了一个较为合适与贴近的框架。

再比如，现在公益类的电视特别活动与具体栏目很多，但是如果想要做得更出彩，可能需要把创意思路的"集大成"范围扩展得更宽广一些。此时就可以参考海外公益类节目的制作模式，例如美国某档电视购物（TV Shopping）节目的主题除了商业，也渗入了公益的内容。当在电视上售卖某种品牌的女鞋时，节目会打出慈善的口号（防治女性乳腺癌），穿插很多癌症患者的小片。那么，在你的购买中，就有部分经费直接支持了那些罹患乳腺癌的女

---

① 《国家广电总局拟推出 2008 年度 20 个典型节目形态》，新华网时政频道，http://news. xinhuanet. com/politics/2009－01－30/content_10736753. htm。

性病人。

　　除了以上的小案例,接着再来看一个很成功的电视策划工作的前期"预演"是如何为之的,需要思考哪些问题? 排除哪些障碍? 以及占据哪些优势? 这就是第一财经在 2008 年推出的重磅电视系列片《激荡 1978—2008》(见图 4-2)。其总策划人是罗振宇,他在他的策划手记[①]中对于该片的"预演"过程作了详细解读,我们可以一起来看一下——

图 4-2　电视系列片《激荡 1978—2008》

《激荡 1978—2008》策划手记(节选)

一

　　"纪念改革开放三十年"这个报道主题,大,大到没边没沿,偏偏又需要精微善巧的做工;重,重到泰山压顶,所以还得有如履薄冰的谨慎。

　　吴晓波那本脍炙人口的《激荡三十年》是《激荡》创作的底本。但是,把文字变成影像,向来会有一个漫长且艰辛的过程。而从提出动议到播出,留给制作团队的时间只有区区三个月。在我的电视职业生涯中,不记得有任何一部大型纪录片可以用这么短的周期制作完成。

　　时间紧并不是真正的困难。但是,所有的困难都会因此而放大:

　　第一,是制作路线问题。

　　按照此类纪录片的制作规范,一般是先进行文稿写作,然后才是前期拍摄和后期制作。仅有的三个月,如果照此办理,可能连一份像样的

---

　　① 罗振宇:《激荡 1978—2008》策划手记》,罗振宇新浪博客,http://blog. sina. com. cn/s/blog_537b5c770100cyff. html。

文稿也拿不出来。

第二,是采访资源问题。

三十年来,无数弄潮儿沉浮其间。风光者高踞重楼,叩门难;失意者飘散江湖,寻访更难。更何况,有央视的各色栏目争抢在前,又面临如此局促的时间,第一财经确实没有多少胜算。

第三,是内容选材问题。

三十年间的人和事浩如烟海。如何去取?又如何平衡?多少剧组在这个问题上反复扯皮,耗尽心力。而对于《激荡》剧组来说,借用总书记的话:只有"不懈怠、不动摇、不折腾",才有完成制作的可能。

看清了这些困难,大家心里明白:循规蹈矩的做法一定会导致毫无悬念的失败。反过来说,一旦节目如期完成,就将不仅仅是制作的成功,一定也意味着对某些电视纪录片制作共识的颠覆。

那些共识就是"局"。

局,是财雄势大者发明的行为规则,是局内人的自我催眠,是对追随者眼界的遮蔽,是大家未曾质疑的"当然前提",因此也必然是后来者刀锋所指的突破方向。于今回首,《激荡 1978—2008》的整个制作过程,其实就是一次质疑共识、突破前提的"破局之旅"。

二

首先,"改革开放三十年"这个概念,给电视人设下了一个"语境之局"。

"改革开放"是一个政治话语环境下的概念,它衍生出一系列的联想:"成就""增长""巨变""政治决策推动下的社会进步"等等。这样的叙事母题,在过去三十年的媒体上不断重复,在所有传媒人的心里碾下了一道深深的车辙。每当我们推起小车上路的时候,就已经不自觉地滑入了这条预先设定的轨道。还记得上小学时看五分钱一场的电影,片前的"加映"一般有《祖国新貌》数段。记忆中的那些光影虽然已经黯淡了,但那些片子的母题、声调、叙事结构却在今天的媒体上簇新如故。

如果我们接受了对"改革开放三十年"概念的这一政治语境的阐释,就意味着彻底丧失了挑战央视的可能性,彻底放弃了脱颖而出的雄心,是战略上的取败之道。

其实,"三十年"只是一个时间概念。它意味着某些人由幼及长,某些人由壮入暮,某些场景奔来眼底,某些往事注到心头。换言之,"三十年"不仅可以是宏大叙事,还可以和民间语境对接,直接诉求于每一个中国人的私人记忆。

政治语境下的宏大叙事,要求的是"从点到点"的逻辑结构;而民间语境下的私人记忆,则强调"从点到面"的氛围营造。这一转身,带来了项目攻坚方向的彻底变化。难度并没有降低,但在创作上,它把电视媒体善于情绪表现的特长释放了出来;在流程上,它把互联网时代赋予我们的资讯便利性充分利用了起来。

为此,我们在《激荡》片中和片尾分别设计了"面孔"和"镜头"两个小版块,在片中也频繁地使用了"地图穿越"的手段。这些段落容纳了花团锦簇的信息,一首老歌,一个轰动一时的事件,反复地唤醒尘封已久的私人记忆。在叙事结构上,相当于拥有了几个急速的"拉镜头",使观众注意力从一个点状的故事迅速调动到整个中国版图的空间层级上。

主题歌《花开在眼前》是另一种民间语境的表达方式,很多观众也正是在这首歌的绵密深情中豁然贯通了当下生活和过往三十年的情感通道。

面对历史,我们不能仅仅在批判和讴歌两种态度中选择,我们也不甘心仅仅用深宫秘闻和粗放逻辑来构造。当传媒人决心把细节、温度和气味还给历史的时候,格局的创新就已经撕开了一道口子。

三

采访资源的局限,是《激荡》团队面临的又一难题。而这道难题的背后,也隐伏着一个大家不曾质疑过的"共识"——一定需要采访当事人吗?

人成为节目的核心,是中国电视业来之不易的一重境界。"请得到谁?"因此也成为电视人噩梦般的焦虑。

2008年,安徽小岗村平均每天要接待三到四拨记者;年广久突然炙手可热,接受采访成为一项繁忙的业务;某大企业家据说扬言,除了央视采访,恕不接待……"改革开放三十年"主题下,采访资源突然紧俏。只有三个月时间的《激荡》剧组,根本就没有时间加入这场争夺战。

在最终呈现出来的三十一集《激荡》节目中,我们刻意回避了对当事人的采访,走到镜头前的,几乎无一例外的是曾经接触过当事人的"见证者",其中又以媒体记者和学者居多。

那么,这到底算是妥协?还是创新?

这两者的分野其实不难判别:

妥协,是退而求其次,意味着对原有资源优势恋恋不舍的放弃;

而创新,则意味着对原有资源缺陷的洞察和对全新资源优势的开掘。

《激荡》试图呈现一段历史。站在这个出发点上看,"当事人"作为一种资源确有其缺陷。他们的参与对于历史的写作不仅无益,甚至有害。

尽量避免当事人对历史写作的参与和干扰,是中国史家的一个传统。唐太宗李世民曾两次要看老爸李渊和他自己的《实录》,遭到史官的强烈反对。李世民不屈不挠,终于遂其所愿。但仅仅这一次"御览",就足以让主持写作的宰相房玄龄把史实篡改得面目全非。所以章太炎在《书唐隐太子传后》中就说:"太宗即立,惧于身后名,始以宰相监修国史,故两朝《实录》无信辞。"当事人看一看历史尚且如此,更何况让当事人亲自秉笔呢?

创造历史的人无权评价历史。这是《激荡》创作中始终坚守的一个原则。我们矢志要给历史一个自我呈现的机会。

与此同时,启用媒体记者这一"见证者"资源,也为《激荡》带来了意外之喜。很多历史人物和事件,在时光的磨洗中早已褪色,甚至被简化成了一些概念化、脸谱化的意象。如果没有王志纲的回忆,我们就无法看到大邱庄主禹作敏在抽烟时流露出的满脸骄矜;如果没有涂俏的转述,我们就不能得知袁庚老人以老羚羊自比的悲悯情怀;如果没有艾丰的揭秘,我们也无法想象"质量万里行"活动初起时媒体的惶恐犹疑。

正是这些见证者的参与,使得《激荡》不曾偏离历史的主脉,但又拥有了无比丰盈的细节。

四

《激荡》完成的另一个突破,是它选取了观照历史的不同维度。

人们在回眸历史时会有两种眼神。一种是感性的:抚摸岁月的留痕,抛洒赞美和慨叹;一种是理性的:把今天的自己倒拆回历史之中,反复拷问"我从哪里来?要到哪里去?"

到底选择哪一种眼神来打量过去三十年的历史?这取决于写史者的责任感。对于《激荡》来说,历史不是用来诠释某个主张的素材,不是私下把玩的情感载体。在面对这一选择的时候,《激荡》是严肃的,在整体布局上以近乎苛刻的精神自觉承当着一种理性回望的使命。

我们试图把历史拆解回去。我们要看一看过去三十年的每一个足迹以怎样的方式在拼接中国的未来。

我们坚信：具有中国特色的市场经济体系终有建成的那一天。我们也坚信：过往三十年的每一天、每个人、每件事，都已经在那幅未来的壮阔蓝图上投射下了一处斑驳的色块。我们不仅关心那些事件在发生时的意义，我们更加关心它们为未来贡献了什么。

于是，三十一集的题材选择就不再是一笔流水账。

我们用大量的时间和气力寻找每一个特定年份里中国经济社会成长得最旺盛的方向，用心揣摩每一个先驱者在当时处境下的希望和艰窘。先判断大势，再找出能折射洪流的水滴，最终用电视手段把它还原成一个具体到人物命运的故事。三十一集的故事就这样锁合成了一根完整的历史链条。

正是在这样的心境里，我们找到了主题歌的名字——《花开在眼前》。

也正是在这种历史观的支撑下，我们找到了宽恕的理由。三十年间的人和事摆脱了历史功罪的评判，化身成大业宏图的一块块砖石。因为，在历史和后人看来，无所谓成功失败，只有提供的教益和收获不同。

还记得，在拟定了三十一集的故事主体之后，会议室里一时静默无言。大家似乎身处一片雨后初晴的竹林，充盈的养料和水分让竹子猛烈地拔节、生长。我们听得到这个民族在过往三十年里每一个生长的节拍，每一次拔节时嘎嘎的声响。

改"政治语境"为"民间语境"，使《激荡》根基坚实，和观众的生命体验相通相连；

化"资源劣势"为"资源优势"，使《激荡》血肉丰满，推开了面对世界的一扇窗；

变"历史回望"为"历史寻根"，使《激荡》别具丰神，以独特的眼光看待这片热爱的土地。

一部片子的创作方式，其实不也就是一个人的成长方式吗？

在罗振宇娓娓道来的策划手记中，我们看到了在策划方案形成之前，电视业者的诸多思考、调配与处理。也正是在他的讲述中，我们还看到，即便在制作路线、采访资源内容选材等方面都遇到了很多问题，但只要"预演"得当、切入精准，还是能够在电视业竞争的一片"红海"中找到自己所独有的"蓝海"空间；而如果再把镜头推近一些，"激荡"团队为什么能够在"三十年"概念的节目大潮中胜出，可能有这样几点：规避正面作战、在细节上求胜；强调对节目元素的设计,灵活、有效;对节目中"人"的因素的有效控制,为 TV 所用;重视思考和学习。由此,从这个意义上说,所谓方案的"预演"以及"集大成",绝对不是"胡子眉毛一把抓",而是要有"治大国,若烹小鲜"的手法。在这一基础上,再去落实方案的撰写,可能才是应有之流程。

二、方案写作的基本框架:从观念到操作

"预演"得当,是优质策划方案写作的重要前提。诚然,由于电视策划工作的本质是变化多端、突破创新的,所以,在原则上,方案本身不应该有固定的写作框架、格式或大纲。不过,对于毫无策划经验的电视业者而言,要思索出策划方案的框架、格式或大纲是极不容易的事情。因此,本章节将在宏观和中观层面尽量给出一个方案写作从观念到操作的基本架构,以供新鲜策划人参考。

(一)方案写作的基本观念

1. 主题要单一,继承总的策划思想

在电视策划活动中,首先要根据电视机构本身的实际问题(包括策划活动展开的具体时间、地点、预期投入的费用等)和市场分析的情况(包括竞争对手当前的媒介行为分析、目标观众群体分析、观众心理分析、电视产品特点分析等)做出准确的判断,然后进行 SWOT 分析,并若有可能的话(视篇幅来定),把 SWOT 的分析与结果写入策划方案。那么,什么是 SWOT 呢?

SWOT 是一种分析方法,用来确定企业本身的竞争优势(strength)、竞争劣势(weakness)、机会(opportunity)和威胁(threat),从而将公司的战略与公司内部资源、外部环境有机结合。因此,清楚确定电视机构的资源优势和缺陷,了解电视机构所面临的机会和挑战,对于制定电视机构未来的策划方案乃至发展战略有着至关重要的意义。

SWOT 的分析步骤如下:首先,罗列电视机构的优势和劣势,可能的机会与威胁;其次,将优势、劣势与机会、威胁相组合,形成 SO、ST、WO、WT 策略;第三,对 SO、ST、WO、WT 策略进行甄别和选择,确定企业目前应该采取的具体战略与策略。比如,SO 作为增长性战略,WO 作为扭转型战略,ST 作为多种经营战略,WT 作为防御型战略。

而在进行 SWOT 分析之后,扬长避短地提取当前最重要的,也是当前最

值得推广的一个主题,而且也只能是一个主题。在一次策划过程中,不能做所有的事情,只有把一个最重要的信息传达给目标对象群体,正所谓"有所为,有所不为",这样才能把最想传达的信息最充分地传达给目标群体,才能引起媒体决策者、观众以及广告客户的关注,并且比较容易地记住你所要表达的信息。

2. 直接说明创新点和利益点

在确定了唯一的主题之后,观众群体、广告客户也能够接受我们所要传达的信息,但是虽然有很多人知道了你所新推出的一档栏目乃至整个频道的"新鲜面孔",但是很可惜,却没有形成较长期的收视习惯以及带来明显的广告投放提升,为什么呢?

在笔者看来,那是因为电视策划人没有找到对观众有直接关系的创新点以及对广告客户有直接相关的利益点,因此,在电视策划中很重要的一点是——直接说明创新点和利益点。如果是引进节目模式,就应该直接在预告片、推广片中告诉观众,你的创新之处在哪里;而如果是针对广告客户的说明,就应该"贩卖"最可能吸引到的最优质的观众资源。只有这样,才会让你的策划方案以及最后成型的策划栏目、事件收到最佳效果。

在此还是以模拟实战的方式来说明。比如,电视业者要策划一档节目,那么,怎么样从方案本身,就能看出这是个好节目呢?或许,在以下几个方面,可以找到突出之处(可以只突出其中一点,或者也可以突出其中若干点):其一,高概念(high concept),在人、题材、形式、名称、风格、活动等方面满足AIDA法则(attention-interest-desire-action)的概念特质;其二,新颖的节目形态,比如《以一敌百》《人体俄罗斯方块》;其三,独特的内容资源,比如《开卷八分钟》《对话》;其四,指向性的功能定位,是认知、交流、娱乐还是信息服务为重点?要明确。其五,相对明确的目标受众,是大众节目还是分众节目?是大众频道还是分众频道?是大众时段还是分众时段?要清晰。其六,强烈的议程设置能力,有怎样的力度、广度、新颖性、关联性?其七,良好的投入产出预期,包括了收视、广告、赞助等市场上的表现。

3. 围绕主题进行并尽量精简

很多电视策划文案在策划活动的时候往往希望执行很多的活动,认为只有丰富多彩的活动才能够引人注意,其实不然。

首先,这容易造成主次不分。很多电视策划活动,特别是大型特别节目,看上去搞得很活跃,也有很多人参加,似乎反响也非常热烈——但是,在这些观众或者参加的人当中，有多少人是电视机构的目标观众群体，而且即使是目标观众群体，他们在看完相关节目之后是否养成了收视习惯？目前，一些电视策划者经常抱怨的一个问题就是观众的收视心态问题。特别是在电视剧收视行为中，很多观众经常是看完了要看的剧集就换台，甚至完全不知道看的是哪个频道（因为不少好的电视剧集，在很多频道同时播出）。其实，这里的问题就在于电视策划的内容和主题不符合，所以很难达到预期效果。在当下的电视策划活动中，有一些个案既热闹、同时又能达到良好的效果，就是因为活动都是仅仅围绕主题进行的，这就比如《超级女声》《红楼梦中人》《直击华尔街风暴》等等，这些栏目认知度、对应度相当高。

其次，过于丰富，会提高运营成本，导致执行不力。在一次策划中，如果加入了太多活动，不仅要投入更多的人力、物力和财力，直接导致成本的增加，而且还有一个问题就是容易导致操作人员执行不力，最终导致方案的失败。以笔者参加过的一个策划"败局"为例，该方案以"中国"为概念筹办电视高峰论坛，整合几乎所有政经重要议题，准备请总理出席并发言，还准备在全国几大城市设立分会场——最后，就自然因为难以落实，而不了了之。

4. 具有良好的可执行性

一个合适的电视产品、一则良好的创意策划，再加上一支良好的执行队伍——这样"三驾马车"才是成功的市场活动。而执行是否能成功，最直接和最根本地反映了策划案的可操作性。

策划要做到具有良好的执行性，除了需要进行周密的思考外，详细的活动安排也是必不可少的。活动的时间和方式必须考虑执行地点和执行人员的情况进行仔细分析，在具体安排上应该尽量周全，另外，还应该考虑外部环境（如天气、民俗、档期）的影响。

并且，为了更好地执行，在策划方案的构思与写作中，必须贯彻一种在笔者看来主要是用于学习外语时使用的方法：当国人在学习外语时，一个很常见的瓶颈就是，不知道怎么把一句中文恰当地转换为外文。经常是为了中外"登对"，而使用复杂的外文，百分百地译出中文的意思，结果却发现"不中不洋"——其实，完全不需要这样。我们在学习过程中，应该尽量使用简单的外文语词与句式，常常去"换句话说"并大致保持原意，这样方能说出虽然简单但却纯正的外语。然后，再一点一点提升——求简，然达意。那么，这也让我们想到一档美国的真人秀节目《帕丽斯·希尔顿》，其就摈弃了真人秀常见的大场面、大投入，但保有真人秀节目的核心样态，在其每一集都有若干选手、打扮得很靓丽,而希尔顿就是个时尚女皇,坐在一张像女皇用的躺椅上,用个人的主观判断谁出局。这档节目的演播室很小,也没有现场观众;其最大的成本,可能就是希尔顿本人——虽然形态简单,但是却容易执行,其收视反映也较好。

5. 切忌主观言论与"唯数据论"

在进行电视策划的前期,市场分析和调查是十分必要的,只有通过对整个市场局势的分析,才能够更清晰地认识到电视机构或者具体节目面对的问题,找到了问题才能够有针对性地寻找解决之道,主观臆断的策划者是不可能做出成功的策划的——这也正是为什么笔者用了专门的一讲内容来分析电视策划活动的资源环节。

同样的,在电视策划方案的写作过程中,也应该避免主观想法,也切忌出现主观类字眼。这是因为,电视策划方案没有付诸实施,任何结果都可能出现,策划者的主观臆断将直接导致执行者对事件和形式的产生模糊的分析;而且,策划书上的主观字眼,会使人觉得整个策划案都没有经过实在的市场分析与资源梳理,仅只是主观臆断的结果。

与此同时,在电视策划方案的写作工作中,还要避免近几年新出现的另一种"唯数据论"的弊病。在这种风格的策划方案中,似乎处处都在用数据说话,看上去很客观、很严谨。但是,在这其中,往往会因为数据的繁冗而冲淡了观点,甚至还有用数据来遮掩事实的嫌疑。

6. 变换写作风格与破除形式主义

一般来说,电视策划人员在策划案的写作过程中往往会积累自己的一套经验,当然这种经验也表现在策划书的写作形式上,所以每个人的策划书可能都会有自己的模式。

但是,往往是这样的模式会限制了策划者的思维,没有一种变化的观点是不可能把握市场的。而在策划书的内容上也同样应该变换写作风格。因为,如果同一个电视机构的负责人三番五次地看到你的策划都是同样的"壳子",就很容易在心理上产生一种不信任的态度,而这种"首因效应"很有可能影响了创意的表现。

不过,对于刚刚开始电视策划工作或者只是刚刚开始学习电视策划方案写作的人而言,首先还是要形成写作风格。在有了一定的累积之后,再去变换。

除了写作风格的僵化不可取之外,突破形式主义的限制,也是电视策划方案写作需要考虑的重点问题。这是因为,在当下的电视业界,花哨的设计文本、"先进"的 PPT 展示成为策划方案的一个形式主义通病,似乎是"为了方案而方案""为了设计而设计""为了展示而展示",甚至"为了 PPT 而 PPT",这种"买椟还珠"的风格必须引起警惕。

(二)方案操作:格式类目与文法原则

电视策划方案在具体操作中,主要涉及格式类目与文法原则两块内容。笔者对于这两块内容的归纳与分析,并非是要完全限定其模式,而仅仅给出一种较为普遍的操作可能性。读者完全可以凭这些操作可能性为基础,然后依据自己的需要进行增减,改良出一个自己满意的新格式(或许,此类改良的动作,也就是一种创意)。

1. 电视策划方案的格式类目

在电视策划方案的格式体系中,首先不可或缺的一个类目就是策划方案的名称。在写作工作中,必须把方案的名称写得具体而清楚。举例来说,"3·15 策划案"这样的名称,就不够完整而明确,毕竟每年 3 月 15 日,几乎所有的电视机构都会有自己的策划方案。所以,最好能够修正为"中央电视台经济频道 2008 年'3·15'晚会策划案"。

第二,为了体现策划工作者的主体性和责任意识,最好把策划人的姓名、工作单位、职称都一一写明。如果是策划团队,也最好把每一位成员的姓名、所属单位、职位都写出来。

第三,要写明策划方案完成的日期,如若有修订,也写出是第几稿、在什么时候修订。这是因为在电视策划实战过程中,修订可谓是"家常便饭",而且策划方案往往需要转递给不同人士审看,这些人士又有各自的意见与建议。如若不写明是什么时候进行修订的第几稿,那么,可以想见的是,不出两三个回合的讨论与审阅,写作者就会把方案弄混,工作效率就会大大降低,同时给别人留下做事不严谨、思路不清晰的印象。

第四,策划方案的宗旨也必须写得明白且详尽。为什么进行策划?目标大致是什么?核心概念又是什么?

第五,策划方案的主体内容需要详细说明。比如,频道定位、栏目类型、栏目名称、节目形态、选题规划、制作团队、进度流程、收视预期等等(具体在下文中展开,此处不赘言)。

第六,同类竞争者分析。如果没有竞争的电视业态,基本上策划工作也不需要进行;而为了更好地与对手竞争,就必须知己知彼,方能百战百胜。

第七,社会－媒体环境分析。也就是要搞清楚到底是基于什么社会－媒介情势而进行策划?这里面还牵涉目标受众、时间段位、收视偏重等方面内容。

第八,投入与收益分析。在资金投入中,包括分项制作费用、推广费用、人员成本等;在节目收益中,包括硬板广告、植入式广告、离播增长点、线下活动等。

第九,其他备案事宜。毕竟达到目标或解决问题的方法不只有一个,所以在许多创意的激荡下,必定会产生若干其他方案。因此,除了必须把选定此方案的缘由详加说明外,也可以将其他备案一并列出,以备不时之需。

以上九个类目,除了第一、第二个,其他七个类目的顺序与具体内容是颇具弹性的,也就是说,它们的顺序可以有变化、它们的内容也视具体情况而增删。由于电视策划工作的类型和形式不尽相同,策划方案的内容和详略程度也会有较大的差异。比如,中央电视台每年的春节联欢晚会、大型社会活动的电视现场直播以及省级卫视的全频道改版等,这样的策划方案就要详尽得多、也复杂得多。

不过,不管怎样,撰写策划方案最重要的,就是要使得决策人与执行者能够了解未来实际运营与操作的基本雏形和大体轮廓,不要让人看过之后,依然是"丈二和尚摸不着头脑",不知道将来究竟是何等模样、该如何去做;同时,也不能留下许多疑点、问题,使决策人与执行者顾虑重重、难下决断。

并且,如果单单从策划方案本身来说,为了让其能够得以通过并执行到位,那么,在其中,最为重要的就是"说服力"三个字。在一定意义上,争取策划方案通过的过程、说服领导肯定的过程,也就是争取未来观众的过程——能够让决策者看过之后觉得眼睛一亮、怦然心动的策划方案,可以说,就基本实现了方案写作的诉求目标。

2. 电视策划方案的文法原则

电视策划方案的写作,其基本要求很简单,即"夹叙夹议",能够摆明事实,并说清理由即可;在具体写作过程中,还要善于"找寻关键词"以及"用一句话提炼观点"。

同时,策划方案的撰写,作为一种功能性与结构性的写作活动,其文法原则也基本符合"金字塔原则"(pyramid principles,见图4-3)。那么,究竟什么是"金字塔原则"呢？笔者在此作一简要引述①。

Pyramid Principle
(Barbara Minto)

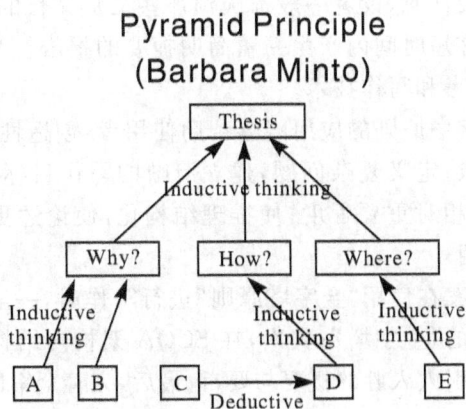

图 4-3 "金字塔原则"（Pyramid Principles）

"金字塔原则"的定义：这是一项层次性、结构化的思考、沟通技术，可以用于结构化的写作过程。该原则假设你已经知道如何写出漂亮的句子和段落；它所关注的是，你落笔之前的思考过程。

该原则要求表述者（写作者）在写作之前先对那些提纲挈领的中心思想进行归类。支持性观点可以基于两种推理：第一、归纳推理。论证的前提支持结论但不确保结论的推理过程。它们落在金字塔的第二行，每一项都针对写作报告的一个具体问题（如，为什么，怎么办，你怎么知道的）；第二、演绎推理：结论为前提事实必要条件的推理过程。一项逻辑性地导致另一项——该原则认为：给出观点或者论点的最好方式就是像这样进行结构化的思考。而为了"结构"好金字塔的每一层论据，有个极高的要求：MECE（mutually exclusive and collectively exhaustive），即彼此相互独立不重叠，但是合在一起完全穷尽不遗漏。

"金字塔原则"的模型还揭示了如何运用 SCQA 架构，即"情境（situation）、复杂（complication）、问题（question）、答案（answer）"架构来确定你打算在文章中进行阐释的中心思想以及你的观点的安排次序：一个常见的情境是知识工作者必须快速形成关于复杂问题的报告。上述情况的复杂化的例

---

① 参考"MBA 百科"对于"金字塔原则"条目的解释，http://wiki.mbalib.com/wiki/%E9%87%91%E5%AD%97%E5%A1%94%E5%8E%9F%E5%88%99。

子是这些文本的创作者的要求与实际情况有冲突。当然,事件本身的局限性也是一个麻烦;还要注意,读者一般都厌烦那些又臭又长的报告。因此,问题就转变成了:如何在短时间内产生一篇简明扼要的报告?答案就是运用符合"金字塔原则"的思考和写作技术。

具体而言,金字塔原则的应用能够帮助使用者:创造性地思考、清晰地辨析、准确地表述观点;定义复杂问题,建立清晰的写作目标;评估文章所要表达的各层思想及其相对重要程度;使推理结构化,使论述更为连贯、透明;分析、确定论据的效用。

而电视策划方案在使用"金字塔原则"进行写作时,一般具有以下一些步骤:首先,搭建方案的"金字塔";其次,在 SCQA 架构内结构化文章所要表达的思想;再次,撰写引人入胜的概要与要目;最后,完善全案的支撑性细节。

三、实战分析:以不同类型的方案为例

作为电视生产活动的观念蓝本与操作蓝图,策划方案在电视实务工作的使用频率较高、重要性也较大。就此,笔者在该章节部分将结合若干实战案例,进行示范性解析。

(一)从"准实战"案例开始:娱乐综艺节目《玛莉圆梦录》

首先,进入解析视野的算是一个"准实战"案例,来自台湾地区世新大学新闻系张祎呈同学(其指导老师是笔者的一位好友、同样讲授广电实务课程的黄聿清助理教授)的一份娱乐综艺节目策划方案。这份方案中有若干亮点值得一书,先呈现如下:

娱乐综艺节目《玛莉圆梦录》策划方案
世新大学新闻系:张祎呈(指导老师:黄聿清)

一、对现今电视媒体环境的认知

综艺节目的内容走向,越来越低俗粗鄙。从整人风、八卦风到调节会。

电视新闻节目综艺化的情况越来越严重。

电视节目为了吸引观众,不得不作洒狗血的单元内容,来换取收

视率。

现今电视媒体的环境，让人感到相当的诟病。

二、前提描述

虽然台湾电视媒体的环境，让许多人感到相当的诟病，不过，还是有制作单位，坚持作出适合合家观赏的优质节目，另外，在《广电人市场研究》中也指出，从收视率的数据来看，被评为优良节目的收视率，未必低于被点名的不良节目，因此，节目的制作，不必为了冲刺收视率而下血腥的猛药。

本提案书希望提出一个能够合家观赏的电视节目，一个就像"阅听人监督媒体协会"说的，父母亲敢跟子女一同观赏的节目。

三、创意奇想来源之说明

日本电视节目常有许多帮助完成梦想与任务的节目，或者是征选明星的节目。

中国台湾年轻世代的工作条件不断恶化，迫使这些年轻人失去梦想的勇气，集体向现实投降。

其实，很多的年轻人，都有许多的梦想，姑且不论这些梦想，是否不切实际，我们也看到他们很多人都很努力地去实践。

本企划案，是要提出一个，让时下年轻人，有机会去实现梦想的节目。同时，也借由这个机会，让这些梦想家，能够了解到，很多的梦想，不是这么容易实现完成的，过程中，是必须要经过很多的努力与挫折，也借此了解到究竟这个梦想适不适合自己。更希望，这个节目能够鼓励年轻人寻找失去的梦想，也能得到观众甚至是整个社会的支持与鼓励。

四、创意电视节目企划案

（一）节目名称：玛莉圆梦录

玛莉兄弟，是最早的电动玩具。说到电动玩具的特点就是，会让玩家不断地想要闯关成功，完成破关的梦想。由于本节目是一个鼓励台湾社会的年轻人寻找失去梦想的节目，因此利用这个早期电动玩具的名称，取名为"玛莉圆梦录"。

（二）节目主旨

台湾年轻世代的工作条件不断恶化，迫使年轻人失去梦想的勇气，集体向现实投降。

很多的年轻人，都有自己的梦想，姑且不论这些梦想，是否不切实际,他们很多人却很努力地去实践。

本节目的主旨,希望提供一个地方,让年轻人,有机会去实践梦想。更希望,这个节目能够鼓励年轻人寻找失去的梦想,也能得到观众甚至是整个社会的支持与鼓励。

(三)节目形态

每个星期播出一次,每个企划的播出集数,会依照不同企划的职业性质去衡量与进行。

1. 介绍节目企划职业的人物、工作、职场环境、社会地位与市场需求等等特色及性质。

2. 报道参加企划职业主题的入围者。

3. 呈现参加者训练的完整过程。

节目每进行到某个段落时,会回到节目现场,让主持人与特别来宾,对于参加者的表现,进行讨论,也让观众缓和一下情绪。

(四)诉求对象

节目诉求对象的范围较为广大,只是要是高中以上的教育程度,喜爱追求梦想或者喜欢看见别人追求梦想,年龄在 18 岁到 65 岁之间的观众,都是本节目主要诉求的对象。

(五)诉求方式

实地拍摄、真实情节来进行,同时以温馨感人的方式,附教育意义的方式,提供给收看节目的观众。

(六)节目播出时段

每星期天晚上八点钟播出。

(七)节目长度

总长度:60 分钟。

(八)预期效果

近程目标:让观众了解许多工作的真正性质。

中程目标:带领观众了解这些工作的甘苦,以及要投入这些工作必备的实力与训练,进而从对工作的深入认知,了解自身是否合适从事这项行业。

远程目标:带动整个社会的所有人,都能寻找失去的梦想。

(九)表现大纲:以第一集为例

段落一:介绍本集节目内容

实际到节目合作的电视台新闻部拍摄主播一天工作以及到街头访问的影片,包括介绍新闻主播的工作内容、性质、职场环境、市场需求、社会地位与所需的条件与专长。

段落二:介绍参加节目企划主题的入围者

参加"想成为新闻主播"的报名者到底有那些人？包括报名者的背景资料、学经历、参加的人数、男女比例等等。制作单位与合作的电视台合作举办征才活动,让观众看看,是如何征选出参加节目企划"新闻主播"？

段落三:完整报导入围者的训练过程以实地拍摄、真实情节的方式,报导入围新闻主播后,在合作电视台新闻部整个训练的过程。包括正音咬字的练习、播报技巧的练习、改写新闻稿的练习、SNG 联机报道的练习等等。

段落四:梦想起飞

经过所有筛选与测试的参加者,节目会立即安排入选的新闻主播,担任一天新闻播报的工作。

段落五:

节目进行到某个段落时,回到现场,让主持人与特别来宾,对于这些新闻主播的表现,进行讨论。

（十）配套措施:

电视媒体广告:电视 CF。

平面媒体:加强与各平面媒体的合作。

网络媒体:加强与各大入口网站的合作。

五、附件（略）

这份策划方案是具有"学生气"的,这从方案开头"对现今电视媒体环境的认知"以及"前提描述"两部分中的相关内容即可清晰看出;但是,这份方案的亮点也是较为突出的,其中最大的亮点就是对于节目名称的设置:《玛莉圆梦录》中的"玛莉"二字与风靡全球的电子游戏"玛莉兄弟"联系在一块儿,而该款游戏作为闯关游戏的经典,也的确暗合方案中写到的节目宗旨"鼓励台湾社会的年轻人寻找失去梦想";而更妙的是,如果把节目名称连起来读,又正好与美国影星玛丽莲·梦露谐音——这一点在传播过程中,是非常上口且讨巧的。

此外,虽然该策划方案没有设计出特别有新意的节目模式,但还是有两处细节上的亮点:其一,就是在预期效果部分,细分了近程目标、中程目标与远程目标。且不说其设置的具体内容是否到位,仅分阶段设置目标的这一策划意识,就较为值得称道;其二,为了更好地说明节目的具体样态,策划人还特别以第一集为例,拟出了一份包含四个段落的表现大纲。这一大纲,无疑是对前述方案内容的最好例证说明。

(二)实战案例:财经类谈话节目《财经十时报》

接续,笔者将结合自己在 2007 年 10 月所做一份节目提案的主体内容,一步步推演当时的写作状况,欲图更细致地说明电视策划方案的写作流程以及融于其中的诸项考量。

先简单介绍一下该方案的缘起。在 2007 年第三季度左右,阳光媒体集团准备整合旗下电视部门和报纸《财经时报》的力量,上马一档新的财经类谈话节目,笔者作为策划人参与进来并作为策划方案的题写者。经过若干次头脑风暴式的策划会之后,笔者开始撰写策划方案。首先,要处理的一个类目就是关于媒体趋势的分析。因为这档节目是在同一集团下面不同形态媒体(电视与报纸)的跨界合作,意义较为特殊。于是,笔者是这样处理的:

1. 趋势分析:媒体整合创造价值

中国内地媒体之光谱纷繁复杂,于其间如何做到夺目? 从平面媒体到电子媒体,从传统媒体到新媒体,业态竞争激烈,品牌价值、社会影响、市场回报如何更上一层楼?

整合,是一条出路。《财经十时报》,就是这样一种基于整合的跨媒体尝试。

接着,为了更清晰地反映这一整合的优势,笔者又这样写道:

2. 整合的优势

品牌层面:阳光媒体集团,是为享誉大中华区、拥有海量高质华人受众的知名媒体品牌。旗下平面媒体:《财经时报》《广角镜》《今日娱乐》《澜 LAN》《美酒与美食》。旗下电视节目:《杨澜访谈录》《天下女人》《唱响奥运》。旗下网络平台:财时网、财经文画、Her village、Starmook、掌上财经、新浪女性社区。阳光媒体集团的品牌优势将会有助于合作电视机构的品牌建构与传播。

内容层面:《财经时报》,创刊于 1999 年,是当下中国内地最有影响力的有社会责任感的专业财经报纸。国内发行量:327,000 份;北美发行量:30,000 份;香港发行量:5,000 份。《财经十时报》节目将主要依托《财经时报》的优质内容。合作电视机构也将从这些优质内容提升媒体品质。

那么,以上的处理基本上解决了"知己知彼"中的"知己"问题,并且将己之优势和盘托出了;接着,就要处理"知彼"的问题了,或者说是一个财经类电视媒体大环境的问题:

3. 财经电视概览

在中国内地当下的财经电视市场上,有几档较突出、有特色的节目。分析它们的定位、风格,学其长处并有所区别,将有助于《财经十时报》节目的创立与发展。

目前财经节目的主要播出平台汇集于 CCTV-2、第一财经、内蒙古卫视等。

在 CCTV-2 的播出平台上——《中国财经报道》(周一 22:08),强调综合报道,顾及社会热点与观众的可接受度。《对话》(周日 22:08)打高端牌,上其节目成为一种荣光。《商务时间》(周三 22:08)以轻松取胜,其台湾总策划带来娱乐的基调。《理财教室》(周日 23:05)面对民众,讲解热闹的股市、基金潮及相关财经知识。

在第一财经的播出平台上——《经济学人》(周五 22:00),由第一财经总编辑秦朔亲自出马,与业界资深人士对话。《头脑风暴》(周日 22:00,并在东方卫视周四 20:30 播出),由资深商业人士袁岳主持,以头脑风暴的方式形成对话场效应。《波士堂》(周六 21:00,并在东方卫视周三 19:30 播出),第一个打出娱乐牌的财经 Talk show 节目,曹启泰主持。《上班这点事》(周一至周五 22:30),把 Office 内外的大小事以情景交谈的方式传递评点,主打小白领阶层。

在内蒙古卫视的播出平台上——《财富中国周刊》(周六 17:50),强调用平民视角看经济故事。《财富名人堂》(周日 17:50),强调高端对谈，主持人李南有一定号召力。

其他，诸如阳光卫视由其老总陈平主持的《经济学家》(周六至日 21：30)也是较有深度的财经电视节目。

然后，根据上述"知己知彼"的解析，接下来又回到节目的本体，首先就是绕不开的定位问题：

4. 节目定位精描

在中国财经电视版图上，我们有自己清晰的定位：这是一档泛财经的"跨界"节目，强调"选取个体化关注视角、构建微观财经语境"。

当下部分财经类节目，要么远离民众，基调过于高蹈；要么曲迎民众，氛围过于游戏——《财经十时报》倡导"两手抓"、倡导"跨界"。跨界，即跨越两种本位：民众本位、财经本位。

民众本位：一切从民众立场出发——解构财富。一切从公众利益出发——建构财商。个体化关注与微观语境，是这种本位意识的方法论呈现。

财经本位：秉承专业财经媒体之品格，以公开、公正和客观、生动的价值分析为观众提供判断依据。

关于这档节目的名称，笔者与其他策划人一道进行了设计，并体现在策划方案中：

5. 节目名称读解

晚间十点档是中国内地财经节目出现的主要档位，"十时报"将会与有价值的收视人群的收看习惯吻合。节目名称包含"十时报"字样，向观众强调了节目播出的时间，增强观众的"屏幕约会"意识。

定位、名称解决了之后，就进入到具体节目形态的梳理中：

6. 基本形态设置

演播室谈话节目。无现场观众。每周六晚间十点播出。每期节目时长三十分钟。

设置一位主持人与三位嘉宾。设置三个内容版块。

节目进程以主持人与嘉宾对谈评论为主,辅以 VCR 以及字幕画面支撑。

设置观众 Call-in、网络/短信互动环节。

不定期制作特别节目,如"电视路演""理财情景剧"等。

可以看出,该档节目的形态设计是较为简单的,不过在内容版块的设置上尽量利用阳光传媒集团的媒介－社会资源,具体分为三块:

7. 内容版块设置

《财经十时报》节目的内容基于《财经时报》的优质财讯平台,分为三个版块,有资讯,有深评,有人物,各有侧重。

《财经时报》亦通过《财经十时报》的广域电视传播力,在媒介品牌与内容方面得到充分推介与传递。

版块一:一周金石大事解读

《财经十时报》强调金石事件的动态解读而非教条式罗列,强调选取新闻的"三贴近"原则,实现财经新闻的社会化可能。

解读模式以 TOP 榜的形态具体呈现,精确而可看性强。

版块二:一周异动公司分析

《财经十时报》充分汲取《财经时报》及其背后财经专家资源的养分,将以一周内的异动公司为主要分析对象。

重视分析过程的全盘展示,不强调分析结论的绝对统一。力求深度胜于广度,从异动中把握趋势。

版块三:一周经济人物点评

《财经十时报》将沿袭《财经时报》独有的纸媒思想厚度,对一周人物的选取不唯浮名,重视实在的行动与观念的价值。

内容版块需要节目中的"人"来串联与支撑,于是,接着就该考虑主持人嘉宾、观众等方面的问题:

8. 主持与嘉宾设置

《财经十时报》电视节目依托整个阳光媒体集团的人力资源、社会人脉资源以及《财经时报》在财经圈内的专家资源,打造华语电视圈最权威、深度的财经评论队伍。

"以人为本":主持人＋评论嘉宾。

"3＋1"模式:每期节目除了一名主持人之外,将针对三个内容版块,各设置一名主评嘉宾。

主持人要求:有财商能"深入"、会表达能"浅出"的"名嘴",如张蔚、袁岳、曾子墨、李南等。

嘉宾资源是第一资源。《财经时报》邵颖波总编辑将作为主打评论员参与《财经十时报》的录制。

阳光媒体集团以杨澜女士为首的精英力量及《财经时报》旗下的资深评论员、记者、专栏作者将成为《财经十时报》节目不定期的评论嘉宾。

多元表达向民众传达智识声音,除了阳光媒体集团与《财经时报》自产评论力量之外,嘉宾库构成还包括:公共知道分子、个性大学教授、咨询公司分析师、经济界新知人物。

公共知道分子:水皮、石述思、许知远等,确保公允与独到。

个性大学教授:邹振甫、汪丁丁、郎咸平等,麻辣中有深度。

咨询公司分析师:谢国忠、金岩石等,精准中嗅得大势。

经济界新知人物:马云、熊晓鸽、梁冬等,践行中与真知靠拢。

上述的内容,基本上把策划人之所想都囊括在其中。那么,为了更清晰、简练地示人,最后还总结如下:

9. 节目优势归总

综上各方面陈述,《财经十时报》节目的优势可归总如下:合作媒体品牌整合互惠。合作媒体内容共生互促。媒介责任关怀与财经专业主义结合。新闻时效与评论深度结合。

权威嘉宾与百姓视角结合。评论力量实力雄厚、具独家优势。

以上就是一份较为成熟的策划方案的主体部分。但是,的确是策划无定则,在这份主体方案之外,策划团队还给出了另一种以《百家讲坛》类节目为参照的可能性备案,以拓展思路:

(1)在与《财经时报》的关联性问题上,结合电视收视的特殊情况,提出一种新的定位：成为《财经时报》的"电视副刊"。

（2）结合"电视副刊"的新定位，在《财经十时报》谈话节目样态之外，提出了另一种节目可能性：以"电视讲坛"的形式进行设置。可参考《百家讲坛》的节目模式。

（3）新的可能性下，对节目的样貌和对象的大致描述是：请有财商、会表达的专业人士讲述基本的财经理念、投资心境、财富故事给有兴趣但并不太懂财经的观众听——财经版的"心灵鸡汤"。

（4）这种新的可能性更符合一家电视制作公司（而非电视台）对一年播出52期周播节目的量与质的要求（成本、精力等方面的考量）。

（5）讲坛嘉宾的对象可以是：潘石屹、周岭、茅理翔等可现身说法并有表达力的商界人士以及 MBA、EMBA 课程中那些表达极佳的"麻辣教授"。

（6）每位嘉宾每次录像可以录制多期，相对易操作，同时对于选题也事先确定（可以组织观众事先勾选出感兴趣主题）。

（7）节目合辑还可以走音像、书籍等多种渠道发行。每周节目文字内容还可以在《财经时报》相关版面连载，形成一种互动支撑。

（8）对于嘉宾的甄选，需要组织一定的"试讲"，以听众效果说事儿。

（三）实战案例：新语态全民参与性节目《拍客》

第三个案例，是来自杭州电视台新闻综合频道的新语态全民参与性节目《拍客》。我们一起来看其主体内容。先来看其第一部分：

第一部分　组织构架

该节目为全民参与性电视互动节目（见表 4-1），是传统电视媒体与新兴网络媒体的全面整合，组织构架主要由电视节目和影像网站共同组成。两种媒体，同步运行，互相渗透、互相补充、互相支持，构筑起全开放式的互动平台，形成观众做节目、观众看节目的双向沟通格局。

表 4-1　全民参与性电视互动节目

	电视节目	影像网站	
目　标	新语态全民参与性电视互动节目	杭州本土影像门户网站	
功　能	获取收视 为网站提供推广渠道	为电视节目提供交互平台	影像文件上传下载
			节目网上推广
			节目行进中互动交流
			参与者网络俱乐部
		影像在线点播	
新增成本	节目制作和推广	硬件、技术维护、运营	
营利方式	电视广告	网络广告	
	移动资费分成、视频资源再利用		
合作机构	平面媒体(都快或早报)、网络媒体(19楼、酷6)、移动运营商		

很明显,在该策划方案的第一部分中,策划人主要解释了什么是"新语态"、什么是"全民参与"的组织架构。从这其中,我们可以习得的是,在策划案中如果有比较陌生的概念,特别是技术层面较为陌生的名词与提法,一定要在开头部分尽快解释清楚——否则,整份策划方案就会让人理不清思路,从而难以进入其脉络。

接着,这份方案开始进入节目层面的主体部分:

第二部分　电视节目

一、节目名称:拍客(待定)

二、栏目时长:15分钟　每档包含新闻条数6到8条左右

三、节目性格:新语态 全民参与 新媒体

新语态:将人际传播手法基本完整地嫁接到电视这种大众传播平台上。彻底废除"播音腔"和"官方视角"。由老百姓拍摄画面,由老百姓解说画面,直接采用百姓的视角、结构方式和语言来传播新闻。

全民参与:将掌握电视工具的门槛降至最低。任何拥有带有摄像头的记录工具的人,都可以拍摄感兴趣的画面,并借助栏目展示给观众。

新媒体:全面引入新媒体的交互作用,增强电视节目的交互性。电

视节目由观众拍摄,通过网络和手机直接上传,这些内容不仅可以在网站上供点播,同时会被电视节目所选用。电视节目通过电视和网络同步直播,并利用网络和短信平台等进行实时交互。

四、栏目内容主要构成

1. 重大事件的边角料守望功能

当重大事件发生之后,当天不同的人群、不同的角落、不同的层面会发出什么与当天权威报道会稍不一样的声音? 方式应该是结合重大事件的权威报道,进行有趣的弥补与深化。

比如说,烟花大会,权威媒体都在做报道。在我们的节目里,也要进行关注,但内容也许是来自滨江某农民在他家屋顶上,通过QQ的摄像头为我们传回的现场直播。又比如说,杭州湾大桥要通车了,我们的内容先自建设工地的工人、附近的船民、来自上海的某位游客,通过手机、或者是DV,告诉我们他们看到的杭州湾大桥。

比如,第七医院婴儿被盗,我们联合警方共同开展寻找行动,来自四面八方的任何一个消息,都会引发人们的关注。

也许他们每人报道的,都是新闻事件的一个片段、一个切面。但我们在做组合时,再加进一条权威媒体的相关报道,这样就可以做到报道的准确性与完整性,又让我们的新闻与众不同。

2. 公共事件体现一座城市的和谐与人文关怀

主要事情包括:寻人、救人、捐助、情感等,在报道中体现人文关怀,吸引人的关注,扣人心弦。

比如现在一些俱乐部、车友会,常会搞一些公益性的外出、拉风行动,我们进行配合,由他们发回即时报道。如每年义工联盟都到贵州云南一带去援助当地居民,通过新媒体,我们可以在一段时间内,形成一个持续的关注流。

比如母亲节时,寻找最有创意的回报母亲方式等等,让人人都关注。

这一类以策划为主,开始时主要以紧密层市民记者来完成为主,注意事件中的人文关怀。

3. 趣事、奇人、异物,营造有趣花絮

比如实拍到杭州盛开的第一朵荷花,家里打瞌睡有意思的小狗。这一类要求信息量大,每个片段不宜太长。

以上内容中,不仅拍到的内容,包括拍摄的过程,以及他们的心得,都是我们报道的内容。

五、版块设置

作为一档亲民特色的电视节目,版块设置不易太多、太细。但是选材大体分为以下几种类型(见表4-2)。

表4-2 版块设置类型

版块	内容
时鲜性新闻	当天发生的具有一定新闻价值。 比如西湖野猪等
观察性新闻	百姓身边发现的具有一定监督价值。 比如小区卫生状况、安全隐患等
命题性新闻	以可预见的新闻事件为主。 比如说秋色、母亲节、西湖松鼠等
趣味性新闻	奇闻轶事、生活趣事。 比如宝宝的憨态等

六、素材来源及播出形态

1. 拍摄者讲述:画面＋拍摄人解说

2. 连线:画面＋主持人与拍摄者对话

3. 主持人讲述:画面＋主持人解说

七、参与者

该节目的宗旨就是为所有希望为那些希望通过视频或者图片的形式与大家分享生活的人,提供传播平台。因此,节目面向所有人敞开。但是,按照参与的程度,大体可以分为以下三类群体(见表4-3)。

表4-3 参与者群体

核心层	市民记者	供稿在每年次10次以上 人数约50人,这批人应该是有热情,对新闻事业感兴趣,同时又有较多的空闲时间,有一定的专业素养,这批人应该进过重点培训,编辑要求每周都对其保持联系。
	大学生	
	摄影爱好者	
	出租车司机	
松散层	热心人士	供稿在每年1次以上 约150人,这批人应该进行适当的技术培训。
游离层	一般观众	供稿在每年次1次以下 自发性供稿,来自全社会,甚至外地,国外人员

八、节目包装

1. 作为一档与新媒体结合紧密的电视节目，节目包装要加入网络元素。（比如采用 QQ 或者 MSN 界面的设计元素）。

2. 作为一档全民参与性电视节目，该节目的包装风格要亲民。并且要充分突出拍摄者形象。屏幕分割可以采用以下模式（见图 4-4）。

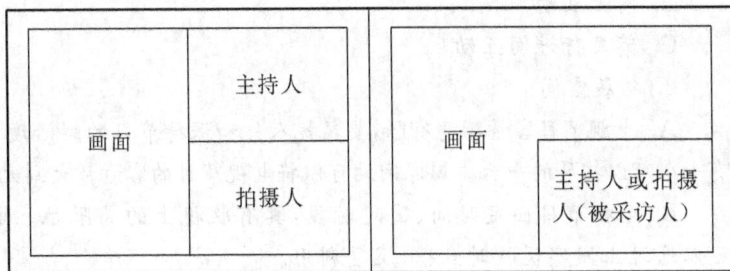

画面	主持人
	拍摄人

画面	主持人或拍摄人（被采访人）

图 4-4　屏幕分割模式

示例一适用情况：a. 主持人直播连线拍摄人时；b. 主持人与拍摄人通过对话形式讲述新闻事件时。

示例二适用情况：a. 拍摄者直接面对镜头讲话新闻事件时；b. 新闻内容中有采访时；c. 主持人为画面进行解说时。

3. 作为一档互动性电视节目。包装中要体现互动元素。屏幕中要留出充分和显著的空间，进行互动交流（见图 4-5）。

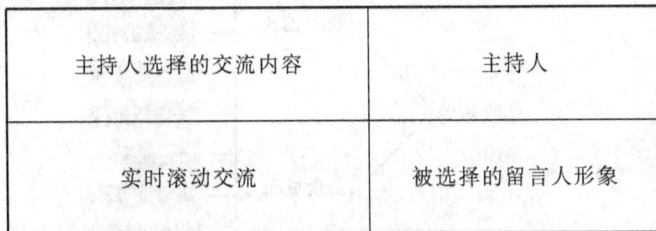

主持人选择的交流内容	主持人
实时滚动交流	被选择的留言人形象

图 4-5　屏幕空间设置

那么，从这一部分内容来看，策划方案撰写者很好地使用了图表的形态（虽然比较简单），对于节目的样式进行了较为形象的说明，这一点也是值得我们借鉴的。而在下一部分，又使用了部分网站图片来说明相应的影像网站是如何运用：

第三部分 影像网站

一、建设目的

1. 为电视节目提供交互平台

A. 节目的上传下载

B. 网上互动

C. 节目行进间互动

2. 拓展空间

A. 电视节目容量毕竟有限，要聚拢人气和保持节目的鲜活度就必须拥有一个可以拓展的平台。影像网站可以将电视节目的容量放大到无限。

B. 电视节目固定时间、固定时段，具有收视上的局限性。电视节目可以通过上网实现随时点播，反复利用。

C. 由于电视节目的容量限制，其依靠广告的营利能力受到限制。网络与电视节目整合营销可以拓展盈利空间。

D. 影像网站可以聚拢视频资源，进行再开发再利用。

二、网站构架

网站采用两路构架（见图4-6）。会员拥有管理后台，可以承担影像文件的上传，视频博客管理和收益管理功能。会员以及非会员均可浏览公众页面。

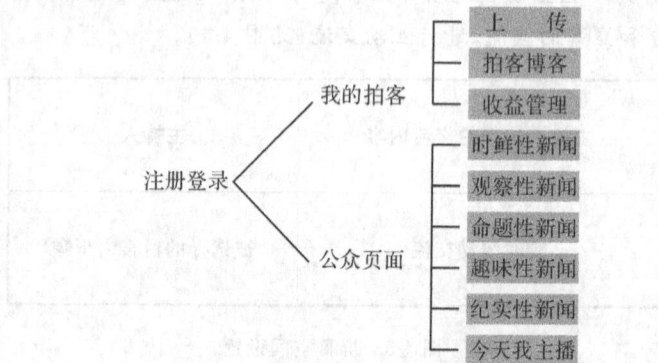

```
                          ┌─ 上   传
             ┌─ 我的拍客 ──┼─ 拍客博客
             │            └─ 收益管理
             │            ┌─ 时鲜性新闻
注册登录 ────┤            ├─ 观察性新闻
             │            ├─ 命题性新闻
             └─ 公众页面 ──┼─ 趣味性新闻
                          ├─ 纪实性新闻
                          └─ 今天我主播
```

图4-6 网站构架

公众页面主要包含多个频道（见图4-7），分别对应时鲜性新闻、观察性新闻、命题性新闻、趣味性新闻、纪实性新闻和"今天我主播"版块（各频道名称待定）。

图 4-7　公共页面

"今天我主播"版块，由观众自己录制短新闻、短评论、短笑话等发布
（见图 4-8）：

图 4-8　"今天我主播"版块

三、分享模式

1. 网站实行会员制。会员又分为认证会员和非认证会员。所有会员都可以拥有上传影像文件的权限。但是认证会员可以获得收益分成。会员上传的影像文件经过审核和加工后会在头尾加贴广告，当一段文件完整播放后广告自然被浏览两次，网站因此获得收益。这个收益由网站和会员共同分享。

2. 收益分享按照两个纬度衡量。一是作品的评级。由网站根据作品的质量和原创性给予评级。二是作者的段位。上传文件获得点击量越大会员的段位越高，段位越高分成的比例越大（见图 4-9）。

拍客收益标准

说明：酷6网根据访问量和广告展示把博客分为九段，由当月广告展示得出博客段位，段位越高分成的比例也越高

收益示意

段位	流量(播放完)	普通原创	精华一级	二级	三级
1段	1万	20	100	150	200
4段	5万	250	1250	1875	2500
9段	10万	1000	5000	7500	10000

段位规则对应表

段位	当月总广告展示	普通原创视频 每广告展示分成	精华原创视频		
			一级(不错)	二级(真棒)	三级(超赞)
1段	0-10万	0.002	0.01	0.015	0.02
2段	10-20万	0.003	0.015	0.0225	0.03
3段	20-30万	0.004	0.02	0.03	0.04
4段	30-40万	0.005	0.025	0.0375	0.05
5段	40-50万	0.006	0.03	0.045	0.06
6段	50-60万	0.007	0.035	0.0525	0.07
7段	60-70万	0.008	0.04	0.06	0.08
8段	70-80万	0.009	0.045	0.0675	0.09
9段	80万以上	0.01	0.05	0.075	0.1

图 4-9　收益分享示意

3. 所有上传文件在取得收益的同时，影像文件的版权和后期开发收益归网站所有。

综上可知，《拍客》与《财经十时报》的策划方案在风格上是迥异的。前者

更为详尽、后者则更为观念化,这与其不同节目类型、模式的复杂程度是有着密切关系的。由此,也再次说明了,电视策划方案没有一定之规,在基本信息传递到位之后,就要根据不同方案、不同对象的特征与诉求"各显身手"了。而上述三个案例,应该会在不同的方面给予新鲜策划人以启示,这种启示既是框架、格式上的,也是细节、条目上的。

第五讲
任务:电视执行力与评估指标

从资源到创意,再到方案环节,从这三个流程运作下来之后,在我们手中基本上都会持有一份撰写妥当、较为成熟的策划方案了,接下来就进入到方案的执行与评估,也就是电视策划的任务环节了——这样才算是走完了电视策划工作从 PLAN(策划)到 DO(实施),再到 SEE(检验)的一个完整流程。而具体到任务环节,其中包括两个关键的步骤(见图 5-1):策划方案的实施、执行,以及策划方案的评估、检验。

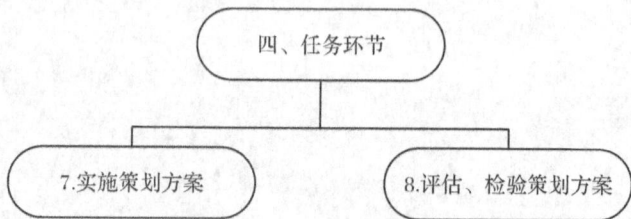

图 5-1 任务环节的两个步骤

不过,在当前的中国电视界,这两个步骤所受到的重视仍然是很不足够的。大量的电视生产活动重"策划"轻"执行",这在电视业内几乎成为一种通病。无论是重新定位频道、改版原有栏目、进行特别节目创意或者举办大型电视媒介活动,都要进行前期策划。但是,在其实际操作中,往往策划相当卖力,结果却跟预定目标相去甚远,有的甚至因缺乏执行力而草草收摊,也就更别提如何去评估与检验了。

当然,我们也要看到,随着各大电视机构逐渐开始有意识设置专门的策划研发部门、中心,策划工作与任务执行、效果评估的分离已成为一种趋势。不过,即便如此,健全的电视策划机制,还是应当赋予策划人以监督、指导实施与掌握评估、检验效果的权利和责任。毕竟,策划方案上不可能事无巨细地把所有实战中可能遇到的情况都写出来,因此需要策划人在方案执行的过程中实时参与,第一时间做出解释与指导,若遇到之前未曾设想的情势,更要及时修订策划方案,尽可能缩小预测与实际结果之间的差距。

而且,通过策划方案的检验工作,比如,评估方案中的预期分析与实际结果的差距,思考形成差异的关键原因以及挖掘实施过程中存在的问题,解决了多少,还有多少没有解决,遗留了什么隐患,今后如何改进……总之,只有通过适当的评估、检验,知道"好,好在哪里","不好,又不好在哪里",再根据系统化的反馈报告(收视情况,素材与成片比,预算与决算比等等),形成建设性的反思,才会有助于接下来相关策划工作的提升与发展。

一、从头脑到行动:电视策划工作的延续

拍拍脑袋,或许谁都能够给电视支几个"看上去很美"的招儿。但是,专业与"玩票"的区别,或许也就在接下来的态度上显现了出来:"玩票"的人,说完就罢了,刚批评完这个,兴趣点马上又转移到表扬那个了——这也是许多所谓的文化批评家、评论员虽然不怎么看、甚至完全不看电视,但却靠着电视"这棵大树",正在干着的事儿;而与此大相径庭的是,真正的、职业的电视人虽然看重头脑的能量,但更重视从头脑到行动的转化、过渡,因为行动的力量才是可以把控的,才是终极的作用力。

(一)"只有头脑"的非正面案例:赵本山与"农民自己的频道"

在与电视媒体相关的一切活动中,笔者非常看重从头脑到行动这一过程的转化与过渡,并且认为,电视策划的生命力只有靠着脚踏实地的"一线"土壤方能维系的。那么,在解析这一转化、过渡究竟是怎么延续之前,还是先来看一个"只有头脑"的非正面案例。所谓"非正面",是因为这些案例的当事人

还是对电视媒体非常关切的,没有恶意,所以不能说是负面的;但是,他们脱离实际的想法,对于电视媒体的发展却又没有实质的帮助,因此,也不能说是正面的。

赵本山对于中国电视的贡献,特别是对电视文艺("春晚")、电视剧(《刘老根》《乡村爱情》)的贡献,居然无人能出其右。本着对于电视传媒的重视以及对于农民群体的关注,他在2006年全国人大会议上,提议开设一个"农民自己的频道"①。

赵本山说,"白天扛锄头,夜晚睡炕头,抹牌打麻将,喝酒猜拳头。这是我到农村拍电视剧《刘老根》时,从农民朋友那里听到的一句顺口溜。过去农村还有文艺宣传队、电影队什么的,小时候自个带板凳走十里地赶场看戏看电影那是常有的事。虽然现在家家都有电视机,用不着去赶场看戏,但是电视里演的大多是些与农村不沾边的事,电视剧情不合农民兄弟的口味。这样一来,依然是锄头、炕头和麻将伴随他们重复着昨天的故事。我来自铁岭农村,对农村的事我最熟悉,对农民兄弟的心事我也最了解。国家号召建设社会主义新农村,我认为,文化建设不仅是新农村建设的重要内容,而且影响着新农村建设的质量。因此,我建议要以建设社会主义新农村为契机,想农民兄弟所想,急农民兄弟所急,开设一个属于农民自己的电视频道"。

赵本山关于"开设农民自己的频道"的想法、出发点无疑是好的,甚至可以说是非常真挚的,在那届人大会议期间,"不管是会上还是会下,不管是和代表们在一起,还是面对记者,赵本山总是把他带来的这方面建议挂在嘴边",他认为"这是摆在面前的一个非常紧迫的课题,希望能够引起国家有关部门的高度重视"。

但是,在笔者看来,他的这份心意,并没有选择合适的表达载体,因此仅只停留在头脑中,仅只是美好的愿望。因为,如果把他的想法在具体的频道战略策划实务中,就会发现有诸多的不可转化、不可过渡与不可落实的地方:

首先,农民群体的确应该有符合其特征、满足其需求的电视收视选择权,但一个疑问是,是否要通过建立农民频道来保障这一权利? 通俗地说,难道农民只有通过看农民频道,才能满足其作为农民的收视要求? 如果是这样,岂不是工人只能看工人频道、军人只能看军人频道、老人只能看老年频道

---

① 相关论述参考曾宪刚:《赵本山:我建议开设一个农民自己的电视频道》,《中国人大》2006年4月25日,第44页。

……再往深了说,假设这一切可行,那么,我们作为社会的成员,在电视屏幕上的交集岂不是要逐渐消失?而只剩下作为一种特定身份的收视行为。

其次,哪怕是农民兄弟,也并非只有一个统一的所谓"农民收视模式",他们还可能会去关注社会上的其他群体、其他事件以及其他现象。那么,假如要开设"农民自己的频道",马上会遇到一个大问题:什么是"农民自己的节目"?

再次,在当前的中国电视界中,要解决的不是频道太少的问题,而是太多了的问题。如果要上马农民频道,那么可能接着就会有工人频道、军人频道、老人频道——本已凸显弊端的中国电视体制的资源配置矛盾,将更加恶化。

最后,我们还要看到,在中国电视媒体中,也的确出现过作为反面教材的类似"农民频道"初衷的"特别设置":比如曾经的央视西部频道。其是为西部大开发战略构建的一个最大规模、最有影响力的信息传播平台,是中央电视台唯一以地域命名的频道。虽然,早在西部频道开播之初,就产生了不少争议,不少专业人士认为西部频道的开设是"头脑大过行动",视角过窄、覆盖面积太小、收视率难以保障;但是,中央电视台却显得很自信,认为这响应中央西部大开发战略的使命,西部频道是面向西部广大观众的,即使三年内收入难以保障,三年后也一定会赢利。可计划跟不上变化,还不到三年,刚刚两年半的时间(2002年5月到2004年12月),中央电视台便宣布西部频道停播。再比如,曾经在全国各级电视台以"公益性政策频道"为宗旨设置的公共频道,发展到今天,还有几家保持了所谓的"公益性"?而那些保持了"公益性"的公共频道,又有几家不是在惨淡经营?

当然,行文至此,还是要回过头了,赞佩赵本山能有这样的"头脑",为农民群体代言、发声。唯一需要修正的,就是从他的"头脑"到切实的"行动"之间的转化、过渡方式。或许只需要把他的提议再细化、窄化、具体化、去意识形态化一些,就可以诞生一个不错的地面频道策划思路,即回避"农民"二字,在频道内容建设上,主打一张牌——乡村题材影视剧,再加上赵本山同样熟悉且热爱的民间戏曲、戏剧内容("东北二人转"、小品、相声等),这样对于以农村观众为主体的广大民众都会有独特的吸引力。

(二)拓展"头脑"的"行动空间":以北京电视台"爱上电视"活动 为例

要从头脑向行动转移、过渡,一方面需要策划机构、策划人具有一定的

"任务"意识、责任感以及倾向于可行性的思维模式;另一方面,作为决策、执行主体的电视台(网)、频道、栏目,也要善于从另一端主动"迎接"具有可行性的策划与创意想象,令其有可以发挥、展现的"行动空间"——在西方电视界此类做法较为普遍,因此你很少会发现那些知名的电视频道诸如 NBC、FOX、AXN 等会自己研发、策划节目,而其中的创意空间就主要交给了那些专业的电视创意机构。相比之下,在国内,目前这一"行动空间"没有得到较为充分的开发与拓展,主要还是由电视机构自己进行策略规划,或者版权引进甚至直接模仿海外优质节目模式。

由上,拓展"行动空间"便成为电视策划工作的一项重要任务。而为了不至于一厢情愿地纸上谈兵,笔者将结合国内一个拓展电视策划、创意空间的典型案例,来解读在电视策划、创意活动中,"从头脑到行动"的可能性与发展趋势。

这一案例就是在 2007 年 9 月份拉开帷幕的"爱上电视"(I Show BTV)活动(见图 5-2),其主办方是北京电视台,该活动的目的在于向全民征选电视创意方案。在这里,首先一个需要的重点就是,到底什么是"全民"? 也就是说,在这一"行动空间"的主体是谁? 笔者注意到,在该活动的征集公告中是这样写道的:"参选人群:面向全体大众;面向北京电视台台内制片人、导演;面向

图 5-2 "爱上电视"(I Show BTV)活动

国内外电视节目制作个人、公司"——很明显，这一活动是既向电视圈外的人士借"头脑"，又向在电视圈内的同仁借"头脑"，还向本台的有识之士借"头脑"。从这个意义上说，"爱上电视"的亮点就不仅仅在于它比较特别的活动名称（这一名称，本身就是一个很好的策划），更在于一种策划机制与战略的与众不同。毕竟，从机制角度来看，世界范围内的电视策划活动，早已不局限于观念的创新、单个节目的创新，而是更着眼于品牌、规律与规范的创新体系的完善；而从战略角度来看，过去几十年中，"经验"在中国电视进步的旅途中曾经是强大助力，但现在会成为电视业前进的阻碍。而"爱上电视"活动本身就体现了一种抛弃旧有经验，逐渐从战术层面走向战略层面的"大策划"观念。

在该活动的具体推进中，北京电视台将其分为初选、复选、终选、样片测试四个阶段，在节目类型上涉及了新闻/时事类（征集范围只限台内）、娱乐/休闲、科教/人文、生活/资讯、奥运/体育、大型活动等几大类。这些节目类型，也基本上与北京电视台现有各频道的定位与节目需求相符合。因此，这一本身就是较为成功的媒体策划案例的活动，其功能性意义也由此彰显。

在"海选"的初选第一阶段结束之后，入围复选的有 50 份策划方案，这 50 份方案分别来自个人、电视节目制作公司以及北京电视台部分节目中心。在创意文案基础上，创意人（团队、机构）着重增加了创意核心、电视形态、投入与产出、个案文本与选题规划等文字阐述，为评审提供了详尽、直观的参考依据。最后，有 20 份方案进入终选，它们分别是：《老影新说》（北京电视台海外节目中心）；《档案揭秘》（北京电视台海外节目中心）；《首都新闻周刊》（北京电视台新闻节目中心）；《打开城市问号》（北京电视台新闻节目中心，李大功）；《淘宝》（北京电视台科教节目中心，遥远）；《搜房》（北京电视台财经节目中心，赵钰）；《儿童医院》（北京电视台青少节目中心，刘岩）；《超级房产》（北京京视传媒有限责任公司，韩乔）；《往事如歌》（蓝色沸点文化传播有限公司，贺大明）；《流行原动力——北京电视台全球华语原创音乐大型征集活动》（北京京视传媒有限责任公司，马勇）；《北京好人》（北京科影中视文化发展有限公司，周一氢）；《百姓家谱》（杨凡工作室，杨凡）；《今晚谁会来》（久和成影视机构，阿忆）；《老外那点事儿》（北京银汉文化传播公司）；《人生每日忠告》（闪秀天下，邢永亮）；《主妇俏佳人》（个人，仇亚东）；《五五平民辩论会》（个人，马俊科）；《北京密码》（个人，周陟）；《职场奇遇记》（个人，李雄杰）；《你来当法官》(个人,宋硕)①。

笔者之所以要不厌其烦地在此处列出上述 20 份方案,就是要看看在"爱上电视"活动中,电视到底会"爱上"哪些"头脑"? 简单归纳一下,可以发现,在其中:北京电视台"自家人"有 7 份(占 35%),电视节目制作公司有 8 份(40%),个人有 5 份(25%)入围——这样的比例,也就是这一"行动空间"的比例,应该是较为合理的;而在这些入围策划团队/人中,不乏像阿忆、杨凡这样的知名电视人以及像银汉、科影这样的知名电视制作机构,而入围的个人在选题的生活化与灵活性上也较有特色。

当然,哪怕这 20 份策划方案的质量再高,如果没有一个最终成型的节目出来,"爱上电视"这一活动也将失去价值,而成为一种走马观花的"秀场"行为。不过,以笔者写作该书稿时的情况来看,在这 20 份策划方案中,已经有一份从纸面走上了屏幕,那就是参赛时叫做《档案揭秘》(北京电视台海外节目中心),正式在北京卫视播出时改称为《档案》的节目(见图 5-3)。

图 5-3 《档案》节目

笔者在观看该档节目并查阅其相关资料时,发现一个很有趣的细节,就是在《档案》的栏目介绍中,特别写道:纪实性现场电视栏目《档案》,诞生自北京电视台大型电视选拔活动《爱上电视》,在当初激烈的竞争中,因立意出众、题材神秘、可视性强,而过关斩将脱颖而出,成为第一档经过"爱上电视"选拔而亮相荧屏的电视栏目……

看来,"爱上电视"已经成为《档案》的一张资质证书,甚至是一张奖状、一张名片。从这个意义上说,此类电视策划方案的选秀模式,还是较为成功。其中体现了一组互动的认同:一方面是电视机构,即北京电视台对于《档案》节目的认可,由此该节目才会出现在北京卫视周三晚间时段;另一方面是策划团队/人,即《档案》节目组对于北京电视台及其"爱上电视"活动的认可,由此它的栏目介绍会特别提到这一活动。

---

① 见《"爱上电视"复选结果出炉 20 份文案获万元基金》,新浪娱乐,http://ent.sina.com.cn/v/m/2007—11—09/14181785342.shtml.

当然,这一组互动的认同,最终还是要获得电视观众的认同之后,方能形成一个稳定的"三方认同"。但是,毋庸置疑的是,此类拓展电视策划"头脑"之"行动空间"的特别活动,对于这样的"三方认同"是有着较为显著的促进作用的。于是,这样的活动,或许也应该作为电视媒体"大策划"概念下的开发与探索,进一步地推广和普及。

二、执行:策划活动的"开放式完结篇"

笔者记得有一篇关于知名策划人叶茂中的访谈文章,是以"用脚来策划"为题的——是的,"用脚来策划",而非"用笔来策划",的确很形象地反映出策划活动的行动感与可执行性诉求。在电视传媒业界,情况也应该是如此,策划要指向执行,而不能在策划会上漫无边际地侃侃而谈、自我标榜,也不能在方案文本的写作中喃喃自语、自我陶醉。

在本章节中,笔者将从三个方面对于电视策划活动的"执行"问题进行剖析。其分别是:第一个方面,在广义上说,策划与执行的关系是什么?执行力又起到什么作用?第二个方面,电视策划方案为什么在执行方面会出现问题?如果出现问题,该如何应对?第三个方面,来谈谈有助于电视策划思路最后执行到位的两个实际操作环节,即制作流程以及节目编排的理念与实践。可以说,只有解决了这三个方面的问题,才会让到位的执行,成为电视策划活动"开放式完结篇"——这里的"开放式",指的是执行策划方案之后的实战结果可能是处于变动之中,与之前的创意不完全一致且发展了原有创意,并可为其他电视生产活动所参考;这里的"完结篇",指的是通过执行,一次策划活动、一项策划方案才可能得以结项,并可以开始进行合适的评估和反思。

(一)从策划到执行:一种执行力的视角

要谈到策划与执行的关系,可能一则来自英国的小寓言《老鼠的天堂》可以给大家启示:

在一座古老的城堡里,生活着一群快乐的老鼠。它们在这里谈情说爱,安居乐业,过着神仙一样无忧无虑的日子。一只有学问的老鼠感叹说,这里简直就是老鼠的天堂。忽然有一天,尖利的猫叫打破了老鼠天堂的宁静。一只流浪的黑猫来到这里,给老鼠们带来了朝不保夕的恐惧和灾难。

于是,老鼠们聚在一起召开动脑会议,商量怎样对付这只可恶的黑猫。

老鼠们纷纷哭诉黑猫的残暴，要找一个有效的办法来逃避猫的魔爪。那只有学问的老鼠摸了摸胡须，说："我有一个主意，只要在猫的脖子上挂一个铃铛，就万事大吉了。这样，每当猫儿走近，我们就能听到铃铛的响声，及时的逃之夭夭"。"这个主意太好了!"全体老鼠欢声雷动。"可是，"另一只老鼠疑惑地问道，"怎样才能将铃铛挂到猫的脖子上去呢?"

刹那间，所有的老鼠都闭了嘴。

以上这则寓言虽然短小，但却精悍，可以给我们电视人以很多的思考：比如，什么样的电视策划才是好的电视策划? 策划在电视媒体中应该扮演什么角色? 怎样去执行? 执行力在电视媒体的发展中应该占据什么地位? 当然，这其中最直接的一个思考可能就是：如果做一个不恰当的比方，把电视当成老鼠，把网络当成猫，电视该怎么做? 的确，现在已然有很多专家学者、资深人士在支招了，但是，这些招数是不是在本质上都类似"给猫挂铃铛"呢? 或许，在第四讲中提到的杭州电视台《拍客》节目，反而是较易执行的一种选择方案。

在笔者看来，"一流的策划，更需要一流的执行力"。谈到这儿，就很容易想到一位经常出现在电视屏幕上的 IT 界"红人"阿里巴巴董事长马云说过的，"一流的创意，三流的执行力;三流的创意，一流的执行力，我宁愿选择后者。阿里巴巴就是属于后者"。的确，在电视圈内，有很多人都会有很棒的idea，但是却不是很多人都可以成功。因为，最后会发现，一个好的 idea 最多只是成功的 10%，甚至更低，而更多的因素来自于执行力，甚至不需要很好的创意，只要按部就班的，都会有很成功的结果。这也如同台湾地区的电视制作人王伟忠所说的，"失败的节目永远比成功的节目多，玩票与专业的差别，不在才气、见识，其实是在纪律"。

那么，到底什么是执行力(execution)呢? 所谓"执行力"[①]，指的是贯彻战略意图，完成预定目标的操作能力。它是企业竞争力的核心，是把企业战略、规划转化成为效益、成果的关键。

而要提高电视媒体的执行力，不仅要提高媒体内部从上到下的每一个人的执行力，而且要提高每一个制作中心、每一个栏目组的整体执行力，只有这样，才会形成系统执行力，从而形成整个电视媒体机构的执行力、竞争力。

---

① 参考"MBA 百科"对于"执行力"条目的解释，http://wiki.mbalib.com/wiki/%E6%89%A7%E8%A1%8C%E5%8A%9B。

具体而言,赢在执行,要把握如下五个关键词:

第一,沟通。良好的沟通是执行力的前提。这其中有一个概念,既SMART原则——目标必须是具体的(specific)、可以衡量的(measurable)、可以达到的(attainable)、和其他目标具有相关性的(relevant)以及具有明确的截止期限(time-based)。好的沟通是成功的一半。通过沟通,群策群力、集思广益可以在执行中分清战略的目标,适合的才是最好的。

第二,协调。有效的协调是执行力的手段。那么,该如何协调重要的资源? 好的执行往往需要一个机构至少80%的资源投入;而那些执行效率不高的机构资源投入甚至不到20%——中间的60%就是差距。这些不仅仅只是在书面上显示的。一块石头在平地上只是一个死物,而从悬崖上掉下时,可以爆发强大的能力。这就是集势,把资源协调调动在战略上,从上到下一个方向,能达到事半功倍的效果。

第三,反馈。到位的反馈是执行力的保障。执行的好坏要经过反馈来得知,其中包括市场的被动反馈或者主动调研。而反馈得来的效用可以用具体而细致的数据来展示。同时我们又从数据形成的曲线中了解产品销售走势或者市场占有率等情况,以趋利避害。

第四,责任。明晰的责任是执行力的关键。企业的战略应该通过绩效考核来实现,而不仅仅只是从单纯的道德上来约束。从客观上形成一种"阳光下"进行的奖惩制度,从主要业绩、行为态度、能力等主客观方面来评价个体执行能力,这样才不会使执行做无用功。而用"大棒加胡萝卜"的奖惩模式,可以增强员工的敬业精神,以更好地管理执行力。

第五,决心。坚定的决心是执行力的基石。狐疑犹豫,终必有悔,顾小忘大,后必有害。专注、坚持这种人生信条同样也适用于管理执行这个方面。成功就像一扇门,如果"战略"这把合适钥匙我们已经找到,那么现在需要的只是我们把钥匙插进去并朝正确的方向旋转把门打开。

(二)电视策划方案在执行中的问题及其对策

接下来,我们进入电视媒体实务的具体语境,来分析策划方案在执行中会遇到哪些问题,以及如何做出对策[①]。

一般来说,造成电视策划方案执行力弱的主要原因主要有以下几个方

---

① 该部分内容参考俞春江:《电视策划执行要到位》,《中国记者》2008年第8期。

面：一是电视节目生产所涉及的各环节对策划案的执行打折扣；二是受外界因素制约，天气、时机、人物、场地、设备等等各方面的变化都可能影响节目效果。

那么，如何在具体执行中，应对这些问题呢？

第一，整合资源是策划方案得以顺利实施的前提。

电视是一个系统工程，除了主持人、摄像、编导、记者等主要实施者外，还包括音响、舞台美术、灯光设计、主持人造型、资料等电视制作的外延部门。整个体系的运转需要各岗位按部就班，同时又需要发挥各自的创造性。诸多因素中哪一点不足都使整体执行力受影响。这些因素与节目制作之间形成"木桶效应"，木桶能装多少水取决于最短的那块木板。

相关资源的整合包括人力、物力和财力等物质资源，以及各种信息的搜集。只有充分调动这些物质与非物质的既有资源才能把节目由设想变为现实。

当前多数电视台采取频道制运作，各栏目人员以及设备、资金相对固定。对于重大报道和大型活动来说，资源的整合需要在更大范围内进行。许多大型活动常常由电视台的高层领导主持策划和协调，理顺一些栏目组和部门等执行层面难以处理的关系。

当然，对于节目执行者来说，需要整合哪些资源，重点协调哪些关系，不同的环节有什么具体的要求，必须做到心中有数。只有当所有环节、所有执行者都熟知共同目标，并且积极参与其中，执行才能行之有效。

第二，及时调整是创造性地落实策划方案的必然选择。

在实际操作中，具体实施的编导记者常常抱怨策划不准确、不切实际、难以实施。姑且不论那些"空中楼阁"式的策划本身存在的问题，从实际情况来说，策划与现实有出入也是情有可原的。毕竟策划方案只是行动的蓝本，在策划到具体节目之间有着很大的空间。这就需要记者、编导等执行者善于应对变化，在具体节目的每一个环节中体现执行者的思想和创意。执行的过程，实际上也是对策划案不断完善的过程。

事物是在不断发展变化的，电视策划的对象总是不断变化的事件，这也正是电视媒体的魅力所在。面对新情况新矛盾，执行层除了与策划层及时沟通外，往往还需要及时研究新情况，果断做出决策。是迎难而上，还是另找新路？是寻求支援，还是等待时机，或者干脆推倒重来？这些都必须尽快依据实际情况做出选择，确保执行的及时性和延续性。

当然，创造性的执行，其前提是吃透策划方案，了解策划的初衷。只有这样才能万变不离其宗，确保拿出令观众满意的作品。

第三，关注细节是让策划案最终得以实现的关键。

电视策划是理论对实践的支撑，是创意对实践的引导。而一个个细节恰恰是在保持节目"骨架"不变的情况下，让节目的"面目"生动起来的关键。细节既是节目顺畅运行、不出差错的关键点，也是让节目最终赢得观众的得分点。

"细节决定成败。"对于电视人而言，这一点显得尤其重要。毕竟电视传播是一个个镜头的组接，也就是把一个个细节放大的过程，如果活动组织过程中不关注这些细节就会留下遗憾，甚至闹出笑话。

由于策划的前瞻性和宏观性，策划层往往更加关注创意，关注对节目的总体把握，一般不会也很难考虑到细节问题。正因为此，关注细节对于执行这个环节尤其重要。

第四，及时监控，规范操作是策划圆满实施的保证。

与建筑设计单位把图纸交给施工单位不一样，施工图与现实环境差异不大。但是电视策划不一样，从新闻事件的发展到嘉宾邀请，都是动态发生的，许多情况不可预料。因此，从本质上说电视策划与执行不应分裂开。节目策划者应具有监督、指导、实施的权利和责任，而不能策划方案一形成就大功告成。

过程监督的一个重要作用是防止走偏。由于不能充分理解策划初衷导致最终节目走偏的情况并不少见。中央电视台《东方时空》第二次改版曾经设立了一个非事件性直播版块《直播中国》，内容主要是人文地理，节目主旨在于让观众更好地了解广袤的国土和悠久的历史。应该说这样的策划无论在节目内容还是传播形态上都是非常值得称道的。但是一年后，《东方时空》第三次改版时这个栏目被撤了。被撤的原因来自多方面，但是一个重要原因出在操作层。在该栏目存在的一年多时间里，面对的最大质疑就是其"直播的必要性"。由于怕出问题，反复排演是必须的，但留有痕迹的排演使直播失去了真实性，犯了电视的大忌。

过程监督的另一个重要功能是根据策划及时解决有关问题，确保策划方案有条不紊地得以实施。面对执行过程难以解决的问题，面对新闻现场的变化，策划层应该及时给出建议。

策划层监控进度之外，最好有专人参与执行。在具体运作中，比较实际的一种的做法是,重复设置部分策划班子与执行班子成员,避免策划和执行完全由两拨不同人来实施。这个在策划与执行两个层面起桥梁作用的人往往由制片人来充当。一方面充分阐释策划意图,一方面把执行中碰到的新情况新问题反馈到策划层,及时研究对策,对于跟计划不相符的地方,进行及时反馈、修正、补充和必要的调控,对实际运作的环节给予监督,确保运行朝着预定的目标迈进。

(三)电视制作流程与节目编排

在电视策划方案推出,并通过执行之时,制作流程与节目编排这两个问题就进入了我们的关注视野。虽然,在制作与编排方面的理念也好、实践也好,与策划流程并没有直接的联络,但是,如若没有严谨、专业的制作与巧妙、有效的编排,那么再好的策划与创意思路,也是"进不了棚""出不了像"的,效果将大打折扣。

1. 简析电视制作流程及其管理

可以这样说,在电视业界竞争尚不激烈、电视业者尚处于"小作坊"生产阶段之时,对于电视活动的流程意识以及对于制作流程的管理意识,是异常淡薄的。而正是因为电视媒体及其竞争都在不断发展,电视业者的专业素养与职业意识也在不断提升。对制作流程及其管理的认识和要求也在更新。

而在一般意义上说,电视制作流程指的是一个或一系列连续有规律的电视生产活动,这些活动以确定的方式发生或执行,并导致了特定电视产品传播的实现。而电视制作流程的管理,指的是对电视生产的内部各环节进行改革,改变各职能机构重叠、中间层次多、流程不闭环等状态,使每个流程可从头至尾由一个职能机构管理,做到机构不重叠、业务不重复,达到缩短流程周期、节约运作成本的作用。

在观念上厘清之后,我们来看两个较为典型的案例。首先,在表5-1中,我们看到某个知名谈话类节目包含了五个类别、十一个步骤的制作流程图。

表 5-1　某节目制作流程

某节目制作流程		
类别	顺序	具体内容
前期准备	第一步：筛选嘉宾资料	在开策划会前，导演提前拿到筛选后的嘉宾资料及策划草案，对人物基本分析，以便第一次策划会上讨论
	第二步：策划会	在策划会结束后，导演在三天之内需要出第一稿（结构框架、具体问题）
	第三步：道具	导演在每期节目录棚前一天，检查好所需要的各种道具
	第四步：场地	看场地时需要注意装修、电梯、回音、人员走动等等
录制阶段	第五步：录像	录制现场导演负全责
	第六步：录后会	在录棚结束后，导演马上看素材，和各个部门沟通这期录棚时所发生的问题所在，在录像后的第二天要出一份技术反馈单给技术部门，导演必须签字
后期机房	第七步：编辑稿	录后一天之内出"扒词稿"，导演在收到扒词稿两天之内提交编辑稿给策划，责编收到策划最终确定稿后安排进机房
	第八步：后期	一旦预订机房请准时使用，四天之内交成片（其中粗编两天，非线两天），注：如果声音有问题（噪音、声音空）等，在租编完后直接给音频调整
	第九步：审片	每期片子交播出带给责编，责编发现错别字或整句话漏打、多打的字幕等，一个字罚编导 50 元，制版人看完发现错别字，每字罚责编 50 元，如果台里播出发现错别字，编导、责编、制片人每人罚款 50 元
编后工作	第十步：后续	编导在完成播出带后，须另剪 30 秒宣传片和 1—2 分钟左右的花絮，但是编导一定要告诉技术所要画面的时码 此外还需写 500 字以内的编导手记，发给责编
编后票据	第十一步：后勤	负责每期节目的编导在交播出带后，一周之内把所有素材带、粗编带、《机房时间表》、节目期间所需要报销票据（背面注明：费用发生的时间、人员及原因）及时交给栏目组制片

从这份节目制作流程中，如果要梳理关键词，那么，可能有这样两个："系统""细节"。在"系统"方面，我们看到从前期准备开始到编后事宜，一个流程

接着一个流程,层层递进,形成了一个有效且较为稳固的系统。这种系统性的布局,会使得参与生产、制作的相关工作人员,对于自己分内的工作有一个较为宏观的判断,明晰自己对于整个系统而言的位置与角色;而在"细节"方面,诸如"看场地时需要注意装修、电梯、回音、人员走动""录后一天之内出'扒词稿'""一个字罚编导 50 元"等事项以及"编后票据"这一看似琐碎但却重要的环节,让这份制作流程就不是那种贴在办公室墙上、形式主义的、无人注意的"注意事项"了。

接着,我们再来解读央视经济频道《对话》节目(见图 5-4)的一份流程单。这份流程单与上面这份流程单有一个很明显的区别,即这是一份针对某一特殊工种——导演的制作流程,因此其要求就更加有针对性:

第一阶段——1. 接受选题和节目录制时间;2. 确定主嘉宾人选,不真诚的人不考虑,如嘉宾是外籍人员,督请制片协调进台事宜;3. 去主嘉宾所在地向相关人员了解情况;4. 与策划一起收集资料;5. 形成最初的导演阐述文案;6. 列出节目倒计时表,并递交使用演播室报告;7. 与主持人召开第一次策划会:"说什么",会后形成方案,交制片人和主编;8. 确定大屏幕短片内容,外出采访并安排拍摄;9. 制订观众构成方案并各渠道征集观众;10. 督请制片联系特殊进车问题(递交嘉宾车型、车号和随车人数);11. 确认景样及现场需要道具,并督请制片及时制作。

第二阶段——12. 召开第二次策划会:"怎么说",话题层次不多于 2 个,每个层次尽可能多角度(并与财务联络,准备策划劳务费);13. 与主持人一起形成演播室剧本(电视化);14. 确定特殊观众人选,与特殊观众沟通(打电话或在必要时面谈)并将演播室所需观众提问落实到具体人选;15. 向观众强调着装问题(大方、整洁、有领有袖,不允许穿吊带衣、圆领衫、毛衣、短裤、拖鞋、白色或斜纹衣);16. 编辑完成大屏幕短片,并送审;17. 选定开场、结尾音乐,以利后期编辑采用;18. 再次与嘉宾、观众确认录制时间、地点及进场联系人和联系方式;19. 设计嘉宾和主持人的演播室形象(包括服装色彩、款式、坐姿、谈吐等);20. 落实贵宾车台内停放车位,包括外请嘉宾及特殊观众的接待(住宿、接站等);21. 落实景样及室内喷绘;22. 联系演播室摄像;23. 交演播室登记表;24. 通过制片与视频、音频、灯光等技术工种联系,提出具体要求;25. 务必在节目进入录制前两天结束大屏幕短片和所有策划流程。

第三阶段——26. 召开录前会,明确栏目内部各人员分工;27. 确认观众总人数;28. 根据主嘉宾的兴趣习惯,准备主嘉宾喜欢的音乐、饮料;29. 预备观众入场券和嘉宾进门条；30. 准备栏目赠送嘉宾的礼物；31. 通过制片协调并预订贵宾室；32. 通过制片与化妆师联系，到贵宾室给嘉宾化妆；33. 通过制片与音频人员联系，到贵宾室给嘉宾别话筒并调试音响效果；34. 联系同声传译公司，同传翻译需专业人士（不少于两人）；35. 与主持人就演播室剧本进行充分沟通；36. 提醒音频人员主嘉宾的无线话筒与同传机不能同边；37. 安排主持人熟悉大屏幕短片内容；38. 同声传译公司进场并安装和调试同声传译设备；39. 演播室进景及布置；40. 到演播室确认主嘉宾位置（主嘉宾位置不能同边，避免 U 形排列，嘉宾人数不超过 4 人）、调试灯光；41. 准备录制所用道具；42. 擦拭桌椅及镜片；43. 督请有关人员准备嘉宾演播室和贵宾室的饮用水，消毒嘉宾所用水杯；44. 督请有关人员准备工作人员饮用水；45. 特殊的场上设计要彩排，如音乐的配合、道具的使用；46. 督请有关人员调试主持人无线耳麦；47. 安排主持人彩排走台；48. 安排主持人化妆；49. 安排有关人员在中央电视台西门集合观众进场（带上准备好的"对话"牌子）；50. 安排有关人员在圆楼门口接应观众，指挥观众存放衣物和包裹；51. 安排有关人员在演播室门口接应嘉宾及观众；52. 安排有关人员在演播室内为观众领位；53. 安排有关人员为贵宾车领位；54. 督请相关人员在贵宾室欢迎嘉宾，并与嘉宾简单交流节目意图；55. 督请相关人员在贵宾室给嘉宾化妆和别话筒；56. 分配现场导演及领掌；57. 导播室切换导演及调机、录制过程中指挥各技术工种；58. 携带节目录制所需的空白带（90 分钟 5 盘）、大屏幕 logo、短片；59. 确定现场摄影人员（普通相机、胶卷和数码相机）；60. 确定大屏幕放带人员；61. 写出分镜头本；62. 确定游机拍摄的对象；63. 召集摄像会，并与摄像沟通导演意图确定机位和切换流程；64. 确定嘉宾进场方式和指定摄像拍摄主嘉宾的进场，落实到人；65. 试放大屏幕；66. 播放《对话》logo 的抓帧带和进场音乐（录制前半小时开始）；67. 主持人热场（不宜让观众群起站立）；68. 确定专人负责带领嘉宾从贵宾室进场并就座；69. 确定专人负责导播室与现场的上下联通，道具上场避免凌乱和穿帮，控制录制时间不超过 2 小时；70. 确定专人负责嘉宾签名留念；71. 确定人员负责疏散观众；72. 确定专人负责送主嘉宾返回住地；73. 召开录后会，总结录制成败和各工种完成情况；74. 关于外请嘉宾及特殊观众的接待（住宿、接机等）。

第四阶段——75. 收集栏目内部人员和观众的反馈意见；76. 跟踪节目涉及嘉宾的动态，挖掘与他相关的人物，寻找进一步开掘的机会；77. 录制结束后一天内完成场记；78. 场记结束后三天内完成粗编并送审；79. 粗编改正为一天,并再次校对字幕;80. 录制结束后第五天完成包装,并送审;81. 交责编播出带。

图 5-4 《对话》节目

基本上,看完这份《对话》节目导演制作流程单,你就会明白,它是在"用事实说话",从一个侧面生动说明了为什么《对话》节目自 2000 年创立以来,能够成为中国泛经济类谈话节目中的翘楚。其系统性与对于细节的关照,值得我们去学习、借鉴——毕竟,一档节目的成功正是来自于这方方面面的专业与严谨。

2. 电视节目编排的理念与实例

电视节目编排(television programming, or scheduling)是指在每天、每周乃至每季的电视播出活动中,对于所播出的节目进行的组合、排序等组织性工作。在现代电视发展大潮中,电视业者通常会改变传统的简单串联方式,以保留新观众、吸引新观众并与其他电视机构进行竞争。最直白地说,电视节目编排,就是要把某一电视节目安排在观众最想要并最可能会看到它的时段当中;同时,还要通过这一编排,把相关的观众最有效地"售卖"给广告投放客户。

在很多情况下,优质的电视节目编排策略都是一些"四两拨千斤"的好点子。比如,在午间新闻收视时段,面对大量的同时段、同质化节目,或许仅仅是简单地提早开始 10 分钟,就能够吸引到本来可能收看其他频道节目的那些观众——毕竟,一般来说,没有观众会掐着时间,完全准点收看的,这里的小小 10 分钟,其能量是非常之大。而央视经济频道午间新闻档《全球资讯榜》(见图 5-5),就曾通过这样的手法,达到了扩大收视的预期。

图 5-5 《全球资讯榜》

如果综合且具体地来看,电视节目的编排策略,有如下几种:

一、时段区隔,即把一天播出时间划分为不同的段落,每一时段都有不同的节目安排,以针对不同的目标观众群体;二、确定主题,这个很好理解,为某一播出时段"贴上标签",设置较为明显的主题;三、带状安排,即一般在一周的节目时间里,从周一到周五都连续播出某档节目(周末两天除外),比如,在黄金时段日播的电视剧集;四、块状安排,即一般在一周乃至更长时段中,每一时段单元仅只播出一次,比如,大量的周播节目;五、"反弹琵琶",即播出与在同一时段的其他节目风格、类型、模式完全不同的节目,以出奇兵,得奇效;六、"暗度陈仓",这一方法主要防止某一频道的观众在节目与节目之间的承接点转台,通常的方式有:对进行中的节目在承接点设置特别吸引力的情节,让观众保持"回味";把节目的结束时间设置得比竞争者晚,这样一来,观众就自然错过来自竞争频道其他节目的开始部分,也就难以顺接下去;还有就是在进行中的节目里,预告下面节目的精彩内容,先调起观众的胃口;七、"搭帐篷法",即节目编排者在一档热播节目的前后各设置一档尚不知名的节目,通过中间的这档热播节目来带动其"两头"的节目收视。这种"中间高、两头低"的收视曲线,就很像一个"帐篷",故而如此命名;八、"扎吊床法",这种策略也很形象,与"搭帐篷法"正好相反,在两个高收视节目当中设置一个相对接受度低的节目,力图用"两头"的节目来拉高中间的节目;九、"你中有我",这是一种较为特殊、高明且难度较大的编排方式,就在先后播出的两档节目中暗设同一条故事、情节线索。因为"你中有我"这一策略较为复杂,笔者在此用一个来自美国电视业的实际案例来说明。

试看在 2007 年 11 月 5 日到 11 日的美国一周电视收视排行榜上,排名第一的节目是电视剧《寻人密探组》(Without a trace),排名第二的是《犯罪现场调查》(CSI)。非常有意思的是,这两个剧集都来自于 CBS(见图 5-6),且都在11 月 8 日周四晚间播出,前者十点档、后者九点档,后者是前者的"导入节目"

(lead In)。而令这两档剧集能够携手胜出的,就是 CBS 在当晚的高明编排。

图 5-6 美国 CBS

在周四当晚,CSB 电视台 9 点档、10 点档本来分属两部不同连续剧《犯罪现场调查》《寻人密探组》的播出时段,但却史无前例地来了一次通天合作,两个剧目交叉叙述,并且有了一个交点。

故事从《犯罪现场调查》开始,Jack Malone(《寻人密探组》的男一号)乘坐直升机,空降拉斯维加斯。Grissom 和 Jack Malone 开始的合作并不愉快,双方之间频频发生摩擦。双方也因为一次跨州的谋杀以及人口失踪案件,展开了第一次合作。随后,Grisoom 又“飞到”《寻人密探组》的大本营纽约,展开了一系列的调查——由于两部剧集的时间加起来超过 80 分钟,因此,电视观众当晚就等于欣赏到了一部侦破电影。两部戏里的主要人物的同时出现,如同“蝙蝠侠”与“蜘蛛侠”两个孤胆英雄的联手,轰动效应当然了得。作为播出已到了第 8 季的《犯罪现场调查》和第 6 季的《寻人密探组》,两者之间的剧情以及格调相似度颇高,合作之声也由来已久。在同门六年后,终于迎来了这个关键时刻。两个部戏的主题也是如出一辙,《犯罪现场调查》的主标语为“who and what”,《寻人密探组》的则是“where and why”,四个疑问词,表明了两部剧集“你中有我”的亲密关系。

交叉剧集取得了相当优异的收视率。周四晚 10 点档的《寻人密探组》瓜分到了 13.8％的超高收视率,观众人数达到了 21685000,排名第一。这也是该剧开播六年来取得的最好收视率,也第一次坐上了美国一周电视收视排行榜的首位。排名第二的《犯罪现场调查》同样生猛,赚到了 13.7％的收视率,观众人数上升到 21943000,成为该周观看人数最多的节目。

三、评估与反思:电视策划可持续发展的可能性指标

电视策划工作,要想获得一个可持续发展的空间,那么,必须做好后期的评估工作。并且,在评估工作的基础上,进行多角度的反思。笔者在本讲内

容的最后部分,就将分若干章节,对电视策划通过执行之后的评估与反思环节,进行结合实战案例的解析,并得出若干可能性指标——其实,这一过程本身,也就是对于评估与反思环节的"再评估"与"再反思"。

(一)可能性指标一:媒介整体传播效果评估

由于电视策划工作,在当前并非仅仅针对于单一节目层面在进行。而在某些时候,针对电视台、频道而进行的策划活动,对其进行评估的可能性指标,就可能需要从整体上去把握。

当然,这种整体上的把握与思考,是随着电视媒介的发展而变动着的。在此将要列举的四种传播效果指标[①],是递进但非取代性的(即随时间顺序出现,出现之后并存,在倚重程度上有所调整)。

1. 电视媒介的覆盖率指标

在中国电视业很长一段发展时期中,由于电视媒体环境相对简单、媒体品质同质化以及传播内容的单一,使得对媒体价值更深入的评估失去了意义,因此,覆盖率是一种最主要的甚至是唯一的传播效果指标,并足以成为电视媒体品质差异的标志:最有优势的央视覆盖面最大,能够覆盖全国;省级台覆盖全省;城市台覆盖全市。层次分明,简单清晰。

虽然,在中国电视业态趋于白热化的今天,覆盖率指标依然是一个重要的评估要素(比如,还是会有很多虽然上星了的频道,因为落地的困难,在覆盖上出状况,进而影响传播效果与运营业绩)。不过,这一指标的局限性也在当下强调观众意识的电视发展期越来越凸现。这是因为,覆盖率是以电视台为核心的,它没有任何观众因素参与其中,所以无法考虑观众对媒体及其传播内容的反馈。

2. 电视媒介的收视率指标

收视率,是最常见也是最典型的电视传播效果评估指标。在量化的数据分析之外,其实,收视率在本质上,主要判断并试图解决这样三个问题:其一,什么样的人在看?(被调查者的资料资料);其二,以什么样的行为在看?(具体收视数据);其三,看了什么样的节目?(节目播出数据)。

当然,虽然收视率看上在用非常客观的数据"说话",但是其局限还是较

---

① 该部分内容参考郭振玺 丁俊杰:《影响力营销》,中国传媒大学出版社 2005 年版,第 42－53 页。

为明显的:一方面,被抽样的样本户在质与量上面都可能有误差,而且信息收集过程也可能产生误差;另一方面,哪怕调查环节的误差减到最小,单纯的收视率指标还是难以评判电视媒介以及播出节目的品质。

3. 电视媒介的满意度指标

如果说,收视率指标反映了"收视行为如何";那么,满意度指标就反映了"收视行为为何"。一般而言,满意度指标的内涵被认为是测量观众对于电视媒介的评价以及对收看过的频道或节目满意的程度,是在收视率这一量化的指标之外的另一个"品质导向"。

在大中华区,把满意度指标(欣赏指数)评估做得较好的,是香港地区。从1998年至今,香港"电视节目欣赏指数调查"(见图5-7)已经做了十多年了,其问卷调查由香港大学民意研究中心设计并执行。当然,满意度这一指标也是有着自己的局限的,比如概念模糊、操作周期长以及主观因素参与过多。

图 5-7 香港"电视节目欣赏指数调查"

4. 电视媒介的影响力指标

电视媒介影响力指标之评估,包括两个方面的内容:其一,量化指标与质化指标的平衡,既测量收视率、覆盖率、到达率,又体现媒介可信度、权威性以及重视度;其二,媒介因素与观众因素的平衡,不仅从媒介角度进行评价,而且还加入了对收视点所承载人群的质化特征分析。此外,电视媒介影响力之发生作用,又包括三个环节:其一,媒介接触环节,这是媒介价值实现的最初阶段;其二,收视保持环节,观众往往是不断流动的,只有将观众接触继续下去,才能将媒介影响力深化,从而更加全面地体现媒介价值;其三,影响环节,也就是媒介影响力发生作用的深层阶段,在这一阶段,媒介传达的信息内容引起了观众心理的变化,并最终体现在行为之中。

不过,虽然影响力指标看上去非常完善,但其在操作层面的局限也是很明显的,比如,调研周期长、数据处理复杂以及体系建立尚未成型。

(二)可能性指标二:具体节目传播效果评估

以上一组指标,反映了电视媒介整体的传播效果。而如果具体到单个节目的传播效果评估,将有基于三个不同出发点的评估体系[①]。

1. 基于观众收视行为的评估指标

基于观众收视行为的评估指标包括:其一,到达率以及平均到达率,其体现了节目观众量的大小、接触观众的广度,是评估节目观众规模的关键;其二,人均收视时间长度和段数,其反映了实际收视观众的平均收视特征;其三,观众忠实度以及平均忠实度,其反映了节目观众与节目建立的联系以及节目本身收视表现的稳定与成熟度;其四,收视率,其反映了观众看什么和看多长时间,不直接给出观众对于节目的态度;其五,市场份额,其反映了收看某一节目在当时所有收看电视的人数中所占的比例;其六,观众特征指标,包括观众构成与观众集中度,其可以用来考察节目实际表现与节目观众定位的吻合程度;其七,观众重叠和观众流动指标,一个节目与其他节目的观众重叠率越小,则反映其特色越突出。而一个节目在播出过程中,从其他频道流入的观众越多,流出到其他频道的观众越少,则反映其吸引力和竞争力越强;其八,时段贡献指标,其反映了某一节目对本频道总收视时间的贡献;其九,播出比重与收视比重,其两者之间的平衡关系,可以反映各类节目的供需平衡状况以及节目的资源利用效率。

2. 基于观众态度和社会影响的评估指标

基于观众态度和社会影响的评估指标包括:其一,专家领导评分,其反映了一个较为专业和高端的人群对于节目的评价;其二,节目知名度,其是反映节目的社会影响力的基础指标,是观众产生满意、期待等态度的基础;其三,节目满意度,其是反映节目品质的最核心指标,可以细分为对于节目名称、内

---

① 该部分内容参考王兰柱:《中国电视节目评估:理论与实践》,中国传媒大学出版社 2007 年版,第 41—57 页。

容、形式、播出时间、主持人的满意度,以便更具体、全面评估节目;其四,节目美誉度,其通过一些描述语句,衡量了观众对节目品质高低的认知和喜好程度;其五,节目期待度,其反映了某个节目被观众主动选择的程度。

3. 基于广告投放的评估指标

基于广告投放的评估指标包括:其一,到达率和频次,其反映了接触到的观众规模,不但受到广告投放所选择的节目收视率高低的影响,也同时受到节目之间观众重叠的影响;其二,总收视点,其反映了接触到不重复的人数比例与平均每人重复接触到的次数的乘积,是衡量广告媒介计划效果最主要的量化指标之一;其三,节目广告成本指标,其反映了广告成本效益,节目广告成本越低,说明节目对广告投放的吸引力相对越大;其四,节目广告播出时长,通常那些前后节目质量好、观众价值高、节目和广告收视高、成本效益好的广告段,更容易获得广告商青睐;其五,品牌广告比例,其指知名品牌广告量占节目所有广告量的比例,这一比例越高,则节目在质化和量化两方面都得到了认可;其六,节目广告附着力以及收视比,前者体现了节目吸引广告的能力,后者反映了节目的广告收视效果。

(三)可能性指标三:技术与新媒体反思

关于技术层面的思考,历来是电视策划活动中所缺失的,究其原因,也跟之前电视传媒的发展水平、技术要求相对不高一级电视策划人的人文社会科学背景有着密切的关系。可是,在当下乃至未来,对于电视生产流程的技术层面的多角度思考,将有助于电视频道、节目视听效果、传播影响力以及收益模式的更新、升级。而特别是随着新媒体的快速发展,在科技方面的若干反思,就更加需要融入对于电视策划活动的理解中去。

比如,随着高清电视及高清信号在中国的普及,越来越多的从业者在为"高清"的未来厉兵秣马,大家从各种渠道体会着高清新技术带来的震撼和技术革新。那么,电视策划人/团队,作为电视行业的"头脑",就不能仅仅跟风、一味地说好。毕竟,高清数字信号的入户虽然给广大电视观众带来更完美的视听享受,但同时更给电视业者提出了更高的要求。影像清晰度的提高,直接使得原来在模拟或标清信号状态下显现不出来的一些细节、瑕疵清晰地展现在我们面前。甚至,在观众心目中青春常驻的明星,现在也面临着巨大的"容颜危机";在比普通电视清晰五倍的高清晰电视,让他们脸上的一点点瑕疵都像火山爆发一样吓人,甚至能够看清他们脸上的每一条皱纹。那么,电视策划人此时就必须在电视人物化妆造型这一制作环节投入足够的重视,当然,这并不是说让策划人自己去研究怎样在"高清"标准下进行化妆造型,而是可以对专业造型师提出特殊的要求。

比如,在现在的公交车、出租车、商务车、私家车、火车、地铁、轮渡、机场及各类流动人群中,移动电视的出现已然越来越频繁且逐渐为民众所习惯、接受。那么,电视业者面对这块独特的市场,该如何策划、怎样创意? 或许此时,就不能按照传统电视节目的老规则去行事了;同时,也不要因为似乎在技术显得比较先进,就一定要播映比较"先进"的节目内容———一切,还是要回到特定的观众群,拿捏其移动收视心理、熟悉其移动收视情境,而且更要看到:传统电视观众可以自选频道,而移动电视的收视则具有一定的强制性,这一点在长途车、公交车上尤其明显。于是,新闻资讯、生活服务以及综艺体育这三类,或许就成了较为普适的节目内容。

再比如,当前几乎所有稍微像样一点的电视机构,都创立了自己的网站。但是,在这些网站中,充斥着大量形式主义的功能以及"看上去很美"的设计,其中真正起到"视—网融合""视—网互动""视—网互助"作用的,为数寥寥。不过,凤凰网,特别是其中的凤凰宽频版块(见图5-8)却把凤凰卫视的电视传媒优势非常好地延续到了网络世界当中,是一个成功的案例。而且,凤凰宽频在策划、运作时,其形式并不复杂,主要也就是把在凤凰卫视极具核心竞争力乃至"独此一家"的优质节目放到宽频网页中,让那些暂时收看不到、但又很想看凤凰卫视的朋友,能够通过网络顺畅收看节目——从这里,也可以清

图 5-8　凤凰宽频

晰看出，虽然面对网络这一最新的媒体形态，但应有的态度依旧是观念重于技术，或者起码是观念与技术相平衡，切不可唯技术至上、"为了技术而技术"。

最后，笔者要说的是，以上三个可能性指标，并不是我们投诸电视策划活动评估与反思的全部内容。毕竟，在中国转型社会政治、经济、文化、社会等多种声音形成"复调"的今天，电视媒体面临的大环境是较为复杂的。正是因为这种复杂，让电视业的游戏规则时明时暗、若即若离，也让电视策划、创意活动常常就处于了一个个的"陷阱"边缘，比如最近的卡拉 OK 类节目"撞车"（《我爱记歌词》《挑战麦克风》《谁敢来唱歌》等）、魔术类节目"撞车"（《星光魔范生》《金牌魔术团》）、热门电视剧集"乱播"（《我的团长我的团》《杀虎口》）——这些现象的出现，已经不能仅仅用"拙劣的模仿""死拼收视率的钩心斗角"等简单的标签来说明了，其背后体现出我们这个行业的若干深层次问题——电视策划活动往往就直接面对着这些问题。因此，我们的准确评估与及时反思，就更加有必要了，这将不会是"一次性"的过程，而需要不断地反复，不断地深思，不断地拓展。

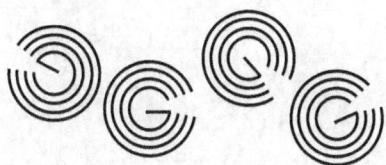

下　编

电视写作

第六讲
一切与电视有关：写作类型、要求与准备

一、电视写作的类型与发展

（一）丰富的电视写作类型

从"创意的文本"到"文本的创意"。从第六讲开始，本书进入电视写作的探讨。首先，不谈论电视写作所谓的意义、价值、内涵等等形而上的要素，针对一个问题，即：电视写作，究竟写什么？

这个问题的答案，在不同时代，对于电视业者而言，是不同的：在 20 世纪 50 年代末、60 年代初中国电视发轫期，可能只是给《党救活了他》等少数几部"电视报道剧"写剧本，给《科学常识》《生活知识》等少数几个电视节目写串联词；而从 1978 年元旦开始，《新闻联播》样式的稿件写作，开始让电视工作者有了更具电视特性的新闻写作探索。①

那么，与改革开放几乎同步的新时期中国电视业的发展，让电视写作在

---

① 参考郭镇之：《中外广播电视史》，复旦大学出版社 2005 版，第 240、251 页。

今天,有了异常丰富的内容构成,在最常规的电视新闻稿、电视纪录片写作之外,还包括了电视演播室台本、主持人串词、节目导视、电视策划案、电视选题报告、拍摄采访提纲、文字脚本、节目/栏目标题、宣传标语、频道呼号乃至电视节目出现的题板、题库、提示词的写作……

以上罗列种类的多元呈现,显示出:要对于电视写作下一个严格的定义,是意义不大的。

并且,如果认为只有那种连篇累牍的、后期配音的文字稿才是电视写作——这种理解就太表面了。电视写作,所处的媒介语言环境较为复杂,有时可能是一大段文字,有时可能只是一句话,甚至一个词。一个几十分钟的节目,写作量可能是满满当当,也可能只是寥寥数语、点到为止。它不是以量的多少来评定的,而是以其作用的独特(电视其他手段难以替代)为标准来衡量的。而随着电视业的继续发展,以及进一步受到以网络为主的其他媒介形态的影响,电视写作的类型将进一步丰富并更新。

面对电视写作的丰富类型,真正使用好、处理得当,能够符合电视创作的特点和规律,也并不那么简单和容易。就像现在的 KTV,谁拿起话筒都能吼两嗓子,但要成为歌手或达到歌唱家的水平,并不那么简单。而笔者将避开定义的困扰,直接面对电视业者可能遇到的任何写作工作,采用"类型化"的分析体例,并争取用相关案例,来帮助理解各种类别的写作要点与注意事项。

(二)解说词的历史沿革

电视写作,在今日虽然有多重变体,但最传统的一种形态,即为电视解说词的写作。因此,关注不仅仅是电视领域的"解说词"发展,可以帮助我们在更广阔的背景下,厘清电视写作的发展脉络。

"解说词"一词的广泛使用,首先来自电影纪录片,也就是我们所说的非虚构电影。而比电影更早的原始雏形,应该是民间皮影艺人或"拉洋片"艺人,那些配合影像的伴随唱词。这种配合影像演出的伴随唱词,已经很接近今天的"解说词"了。

任何艺术形式或表现手段,实际上都是一个渐进的、相互借鉴和融合的过程。电影、电视技术始创于西方,而作为艺术创作,中国的电影、电视又借鉴融入了许多本民族的技巧因素。因此,对于"解说词"而言,不能说完全来自西方。

由于画面的不确定性和指向的含混而歧见迭出。为了对自己的创作意图作必要的解释,不得不借助大量的字幕和演出场的喇叭做辅助说明。就像我们今天欣赏国外的原版片一样,通常需要借助字幕的方式来理解剧情。所以,电影的"旁白"的呼之欲出也就是必然的了。

"旁白"一词,源出中国戏剧,一般指剧中人物暂时脱离剧情发展,以旁观的身份评点剧情或表述人物心理活动的内心独白。是帮助观众理解剧情的一种辅助性说明。所以,电影、电视中的解说词,最早也有人称之为"旁白",以区别于剧中人物说话或对话的"念白"与"对白"。

录音技术的发展,有声电影的问世,使声音与画面的同步播映得以实现,极大地扩展了电影的表现领域。尤其是同期录音技术的发展,使电影纪录片中的大量声音都以声画同步的"同期声"方式出现,而其中的"旁白"部分,则演化为今天所说的电影纪录片的解说词。电视解说词基本上沿袭了电影纪录片解说词的用法,在创作上也受到它的深远影响(特别是在发展初期)。

这种影响,一方面滋养和培育了电视解说词的创作;另一方面也局限和制约了电视解说词的创作。因为,电视自身不是一种独立的艺术形式,而是一种传播媒介。它虽然受到电影的重大影响,但却脱胎于一个更为强大的母体——广播媒体。电视独特的产制方式、技术手段以及传播模式,都是电影无法替代、也包容不下的。而在中国电视发展早期,那些受"新闻电影"影响过大的电视片,就是一种典型的负面案例。

诚然,任何写作的过程,都是对于文字文本的一种排列与组合、一种创造与更新。而电视写作,更是融入了电视媒体的特殊属性,那么,这种对于文字的创新更有了独具电视媒体属性的情境与意蕴。同时,面对着电视观众越来越挑剔的口味需求,面对着特别是年青一代观众因为"审美疲劳"而借助电视文本进行"自我创意"的尴尬局面——电视文本的创意,写作环节的强化,需要进一步做好"看图说话"的工作。否则,就会出现如下戏谑却流传广泛的网络段子"新闻联播经典辞典":会议没有不隆重的;闭幕没有不胜利的;讲话没有不重要的;鼓掌没有不热烈的;领导没有不重视的;看望没有不亲切的;接见没有不亲自的;进展没有不顺利的;完成没有不圆满的……

(三)有关电视写作的争议

文字,长期作为人类文化传播的主要载体,其在丰富的电视语言体系中,到底处于什么样的地位?这是电视理论界争议最多的话题之一。这种争论纷纷扰扰几十年,概括起来无非是两种意见:

一种是"重视派",强调语言文字在电视传播中的重要作用。在西方的电视实践活动中,被称为"一句好的解说词,抵得上一千个画面镜头"(A good sentence is worth 1000 pictures)。

另一种是"排斥派",基本否认或轻视语言文字在电视传播中独立的价值和意义。这西方,也被称为"一个好的画面镜头,抵得上写一千个字"(One picture is worth 1000 words)。

中外电视业界、学界共有的这种争论,必然会影响到人们对电视写作的认识。

正常的、严肃的学术争论本来是一件好事,有利于理论的发展,也同时有利于业务的提升。但是,关于电视写作的争议,其问题的关键在于:由于大家不能平心静气认真研究对方意见的合理成分,仔细辨析不同研究方法对结论的影响,致使理论界拿不出足以服人的合理解释,影响到了具体电视实践评价标准的莫衷一是——

在"重视派"的影响下,某些电视业者强调文字的独立作用、独特魅力,总是在意能不能把解说词写得如同锦绣文章,而忽视了同电视语言体系中其他手段的协调配合,忽视了形象化传播的特质。

在"排斥派"的影响下,某些电视业者又一味排斥解说词的作用,甚至根本拒绝在节目中使用解说词。该传达的信息没有传达,该说明的没有说明,可以压缩的拖得冗长,让观众接受起来费解困惑。

如此相左的意见分歧,争来争去,很难达成共识。问题的症结究竟在哪里呢?其实,争论双方都没有意识到,他们采用了完全不同的研究方法,而在作结论时,都拒绝向对方的研究领域跨出一步,画地为牢、以邻为壑,偏见自然难以避免。

如果平心静气仔细辨析,双方的意见都有合理之处,只不过"排斥派"使用了"综合性"的研究方法,而"重视派"用的是"解剖式"的研究方法。之所以要强调这一点,是因为在电视媒体各个不同的发展阶段,为了纠正一种偏向,理论界的学术论点可能会出现某种"合理的片面",借以提倡或贬抑一种倾向。而当一种倾向发展到极端,就会引发新的问题。

所以,在当前面对关于电视写作的各种争议时,一定要全面、平衡把握,从实际工作需要出发,吸收各种意见的合理成分。

二、成为"电视写手"的若干要求

(一)理解文字在电视语言体系中的地位

成为"电视写手",从事电视写作工作,你手中的工具,最主要的就是文字。因此,首先必须明白文字在电视语言体系中的地位。

就语言文字在电视语言体系中的位置和作用来讲,它无法脱离电视特定的语言环境,并和电视其他手段如摄影、照明、音乐、音响、录音、美术、特技等有着千丝万缕的联系,甚至是"你中有我,我中有你",互相包容、互为条件,这种对立统一的辩证关系,在我们认识和学习电视写作时,尤其需要注意。

电视语言体系中的任何一种因素,节目制作过程中的任何一种手段,都可以根据其特性,分门别类单独进行研究、学习,在实际工作中也有着十分细致的专业分工。所以,声音、画面的分别研究不仅必要,而且必须,甚至要做更详细的分科研究。但在对各种电视手段的分别研究、学习中,一定要注意各手段之间的相互联系,甚至应该着重强调这种联系,把电视语言体系的综合性作为所有分类研究的前提。在电视写作的学习中,我们要充分注意这一点。

并且,我们还要认识到:在电视写作过程中处理文字,并无一定之规。只能说,怎样处理比较合适、怎样处理还需要斟酌。不能绝对地说,必须这样写、不能那样写——一切要根据具体环境来确定创作方案。

再者,电视写作也不完全是个人创作,对文字的处理必然受到方方面面因素的影响和制约。别的不说,单是它的媒介角色和官方色彩,就使得它拥有的话语权受到严格限制。哪些该说、哪些不该说、说到什么分寸……这些都不是理论层面能够解决的问题,但在实际操作中又经常遇到。所以也希望大家注意这方面的把握,避免生硬机械地套用规则。

(二)重视最基础的语言文字能力

从事电视写作工作,需要掌握比较丰富的语汇、修辞方法,比较多元的文体格式,比较充分的表述方式,但是,这里面最基础的还是电视业者的语言文字能力。

1. 与文字能力相关的三个事例

强调电视写作的基础语言文字能力，最直接、最现实的体现就是：在字幕上错一个字，扣五十块钱。中央电视台、北京电视台等多家电视机构基本上"都是这个价钱"。而举三个笔者身边经历或了解到的事例，也体现出基础文字能力在电视写作中的重要性——

事例一：某经济题材电视片在提及 GDP 这个概念时，因为字幕的要求是不能用英文直接出（比如 WTO，就要写成"世界贸易组织"），编导第一稿打上了"国民生产总值"。在后来审片时，怎么看怎么都觉得有问题，因为还有一个经济类词汇是"国内生产总值"。后来经过核对，发现"国民生产总值"对应 GNP，而"国内生产总值"对应 GDP，于是及时进行了修改，否则电视片中关于 GDP 数据的表述将有概念性的出入——由此得出的经验是，对于"电视写手"而言，熟悉每一个英文缩写的准确中文对应词（特别是容易混淆的一些词汇），非常重要。此类词汇包括 CPI、PPI、APEC、OPEC 等等。

事例二：北京奥运会期间，网球女单决赛是在两位俄罗斯选手德门蒂耶娃与萨芬娜之间进行。于是，跑网球报道的电视记者就在相关稿件中写下"俄罗斯德比德门蒂耶娃、萨芬娜之战，最后德门蒂耶娃战胜同胞萨芬娜夺得女单金牌……"但当她将稿件传回后方编辑之后，居然被问到，"你前面不是写到三个人，德比、德门蒂耶娃与萨芬娜吗？后来怎么就剩下两个人了？"此处的问题其实很明显，这位编辑不熟悉专业体育报道中常用的一些特定词汇，比如这里的"德比"在体育报道中通常指的是"同一城市、同一国家选手、代表队之间的比赛"，而决非是指一名叫做"德比"的运动员——由此得出的经验是，不论是体育、财经，还是气象、文卫乃至娱乐等各类专业电视报道中，都常常会出现一定数量的专业词汇，在进行相关稿件编写时，要特别注重准确运用。

事例三：2008 年"春晚"播出之后，《咬文嚼字》杂志社给中央电视台台长写了一封名为《话说今年"春晚"》的公开信，其中特别提到一些基础字词的错误：《街头卫士》中演员说的是"你等我挂上挡"，字幕"挡"误为"档"；演员章子怡出场时，字幕误为"张子怡"；有一段串联词"浓浓的乡音、轻轻的乡情"，这里的"轻轻的"明显不妥，似应为"亲亲的"；《火炬手》中一处"传递圣火的时候",字幕"候"误为"侯",另一处"这也太狠了",字幕"狠"误为"恨"①——由此得出的经验是,大量的形近、音近词,在电视写作中,特别是时间要求紧、强度高、压力紧的电视写作过程中,非常容易弄错。而这种"低级失误",对于电视机前的观众而言,又是特别容易发现的。所以,一定要重视再重视。

2. 电视基本功的三种学习资源

可以说,电视写作文字基本功的打造,不是一蹴而就的,需要在平日里多多积累。笔者根据自身经验,与电视同业分享以下三种学习资源:

资源一:字典。从上小学第一天就必备的那本《新华字典》,把它找出来,平日没事多翻阅,同时不要过于依赖电脑写稿的字词提示功能。

资源二:期刊。《咬文嚼字》,这是一本专门针对、纠正字词错误使用的刊物,每月一期,每年一合订本,建议同业们可以选择看看。

资源三:网站。比如"西祠胡同"网站中"记者的家"版块,常常会有媒体写作相关的帖子贴出,其中有不少资料非常实用。

最后,在这一部分中,转摘权威的《新华社禁用词汇—新闻报道中的禁用词》,其规范性会有助于电视业者更好地给自己的写作把关(附在本讲之后)。

(三)了解电视产制与节目形态

1. 了解如何"做节目"

电视写作者,应该尽可能了解电视节目各个环节的运作情况。毕竟是"出海不问风浪事。如何捕得大鱼回?"——电视行业是"社会系统工程",不知行情深浅,不了解产制中的各个环节、程序,很难处理得恰当和贴切,枝节繁复。

于是,最好、最直接的方式,就是参加节目制作的全过程,同时,参加的节目类型也尽可能要多一些,层次要拉开一定的差距(比如中央台、地方台、制作公司等)。

而在节目流程上,从最初的选题确定,到策划方案、经费运作、人员组成、路线/场点/时间、采访拍摄提纲、素材阅览、镜头地址、编辑提纲、音乐音响、字幕特技、配音合成、粗编精编,一直到送审入库、收视效果等都要有所了解——虽然不一定直接操作,但是应该具体接触。在接触的过程中,了解各

---

① 《话说今年"春晚"——〈咬文嚼字〉致中央电视台台长的一封公开信》,《咬文嚼字》博客,http://blog.sina.com.cn/s/blog_4c0596f601008duf.html。

个环节的创作思路,调整彼此的感觉,以利于写作环节与其他手段的默契配合,相得益彰;不了解电视制作的各个环节程序,文字工作也很难处理得恰当和贴切。

除了直接进入产制流水线,电视业者对中外电视的发展进程,那些阶段性的优秀成果,代表性的栏目、节目,也一定要进行认真观摩和学习。更要密切关注当代电视的最新潮流和发展动向,要知道不同的台(网)、频道、栏目、节目在干些什么?关心什么?思考什么?这是因为一切学习创作都是从模仿开始的。模仿的过程,实际上是借鉴吸收的过程。前人留下的优秀成果,前人探索的经验教训,都是后人可资利用的宝贵财富。感性材料积累得多了,模仿的东西就会逐渐转化为自己的创作体验,运用起来就会融会贯通、举一反三,在处理类似情况时就能够得心应手,游刃有余,可以少走一些弯路。

2. 学会"看节目"

这也就是说,要会"做节目"(电视写作,就是"做节目"中的一道工序),首先要学会"看节目"。此处的"看节目",并不是像普通观众那样,日常化收看,而是带着电视专业眼光去看:

电视产制过程的终端产品是节目;节目,一般来说可以从类型(genre)与模式(format)两个层次去认识;节目类型,一般来说可以划分为新闻资讯、谈话节目、文艺节目、娱乐节目、电视剧、纪录片、电视电影、特别节目等几大类①,每一类各有不同的产制规则与节目特征;节目模式,是在某一类型下某一节目的具体呈现,比如时段、版块、内容、形态以及主持人等等。

3.《看东方》:"看节目"之案例

那么,"看节目"如何落实?在此,以东方卫视《看东方》作为案例,从类型、模式两个层次进行分析②,业者可以以此为范本,对其他电视节目进行解读。

节目类型——《看东方》,在类型划分上,是典型的晨间新闻资讯节目,晨间节目,这一概念源自西方,若从 breakfast television 直译过来,则为早餐电视——从其构词法则中,不难看出电视节目与社会生活的互动、互为建构:"吃早餐",这一简单的日常行为,与"看电视",这一基本的媒介使用在语词本

---

① 具体可参考徐舫州 徐帆:《电视节目类型学》,浙江大学出版社 2006 年版。
② 关于《看东方》分析,参考徐帆:《找到"看"点:关于晨间节目的模式分析——以东方卫视〈看东方〉为例》,中华传媒网,http://academic.mediachina.net/article.php? id=5939。

身融为一体。而对该语词的进一步说明，也呈现出"看电视"的社会属性：晨间节目，是人们生活的既定内容，并通常是开始一天生活的常规起点，在国内的同类节目还有《朝闻天下》(央视新闻频道)、《第一时间》(CCTV－2)、《北京您早》(北京卫视)、《凤凰早班车》(凤凰卫视)等等。

节目模式——《看东方》，在模式设置上，围绕"晨间"理念进行打造：

时段。时长为两个小时，每天早间七点到九点播出。根据分时收视人群的分析，节目安排基本上以七点到八点、八点到九点分时段来进行。前半段内容主要针对"上班族"，传递的信息较"硬"；后半段内容主要针对"居家族"，因此内容偏重"软"性题材。

版块。既有阶段性、事件性的版块呈现，如"中国节"(清明、端午、中秋等)民俗直播、"香港回归十周年"专题版等，也有较为常态化、固定化的《语录》《人在东方》《菜里乾坤》《生活看板》等。

内容。《看东方》节目也较为丰富，新闻、气象、路况、人物、美食、民俗、休闲、服务等内容一应俱全。

形态。消息、直播、短纪录片、访谈、演播室评论、现场播报、互动平台等形态均有涉及，并突出直播(live)，这一具难度的节目形态的常态化操作，如在汶川地震时期。

主持人。拥有一支较为优质的主持人团队，包括两位总主持人、一位新闻主播、一位资讯播报员、一位访谈主持人以及各个版块的主持人，他们在不同的播报现场互动，创造出符合早间特质的节目风格。

(四)成为具备新闻敏感的创新性"杂家"

电视节目涉及的题材极其广泛，三百六十行中，各类形形色色的人或事，随时都可能进入电视的视野。写手不可能是各行各业的专家里手，但涉及的题材却可能是自己完全陌生的领域。面对广大观众，"以其昏昏，使人昭昭"是不行的。因此要求创作者不一定是专家，但必须是"杂家"，应该具有相当广博的知识——知道分子，让观众听起来头头是道，内行人听起来像那么回事儿。

这就需要业者对于各种信息尽可能地随时留心，"处处留心皆学问"，这些都可以成为以后创作的财富，尤其是其中的历史知识，创作者对电视反映的社会生活现实要想准确把握，必须借助历史这面镜子。

除了历史的镜鉴，网络的镜鉴也能很好地丰富"电视写手"的资料库，而且面对全球媒体竞争,海外资讯、常识的查阅、积累也很重要。因此,在此也列出一中一外,两个典型的资料库网站,供业者参考:"百度知道"(见图 6-1),是中文网络世界中较全面的一个互动性的常识平台,五花八门、三教九流的问题,在上面可能都有答案;而"Answer.com"这个站点,也是一个非常全面的英文知识、资讯平台,其准确度与全面性值得推荐(见图 6-2)。

图 6-1 "百度知道"网页

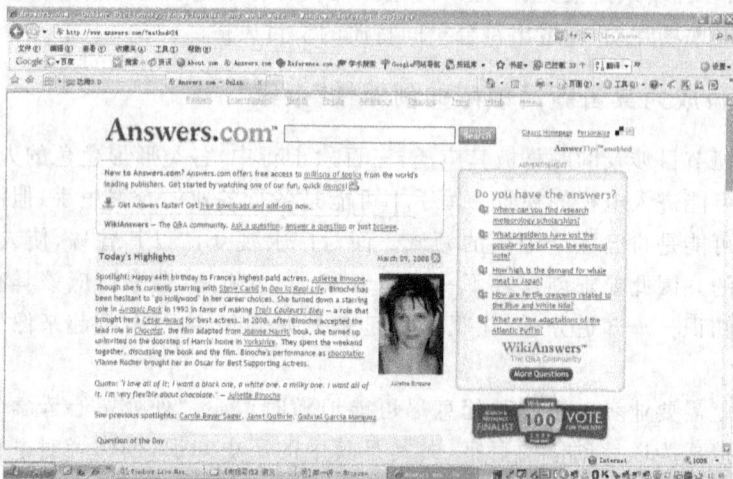

图 6-2 "Answer.com"网页

而且,电视节目每日每时不间断播出,要求创作人员必须始终保持清醒的新闻敏感。电视写手,应该始终保持对新闻事件的密切关注。持续不断的对新闻现象的感性积累,是今后创作的宝贵财富,是不可替代也难以追踪的真切感受。试图依靠事后查阅资料的方法补救,和彼时彼地的现实感觉会出现较大出入误差,已经是经过沉淀、过滤甚至修饰过的材料。

不断创新,就是维持电视发展蓬勃生机的不尽源泉。如果说,创新还比较容易,那么保持创新的精神和意识则非常不容易。长年连续不断地制作播出工作,特别容易使从业者机械麻木、不思进取,固守既成模式。而时代在变,社会生活在变,观众的要求更不断变化。

所以,学习电视写作,要求养成一种习惯:每次创作之前,都要毅然抛弃原先的思路,首先考虑能否创新出奇,在那些方面能够有所突破,然后再分析其实际操作的可能性。甚至一句话,一层意思,都要琢磨能不能换一种说法,有没有更巧妙更新鲜的表达方式。追求创新,是不断提高创作水平的根本动力。

三、"电视写手"的构思准备

无论是哪一类型的电视写作工作,在其创作准备过程中,有些法则与思路是共通的。而这类法则与思路,往往是对电视节目从内容到形式的全面把控,并不可以离开节目的整体创意构想,离开电视体系中其他因素的影响而单独考量。

当然,"电视写手"的构思过程,没有什么一成不变的固定模式,它需要因地制宜、因时制宜,根据不同节目的实际需要而灵活处理。外部条件和环境的任何一点变化,都会引起思路的相应变动。电视写作不同于个人的文学创作,不能以不变应万变。其中最重要的是处理的准确与安排的适当。

那么,谈到"电视写手"共通的构思准备,关键是要把握以下四个环节:占有材料;选择角度;安排结构;捕捉细节。下面,我们分别讲述。

(一)充分占有材料

1. 占有材料的必要性

电视节目所反映的社会生活内容极其丰富多彩,涉及的题材也是五花八门、千差万别。三百六十行,乃至七百二十行,都有可能进入我们报道的视野,成为制作节目的选题。每位电视记者或编导,虽然个人的阅历经验、知识准备有所不同,但任何人也不可能成为所有领域的专家和各个方面的"达人"。

各种类型的电视写作工作,承担着向观众传达信息的主要任务,如果"电视写手"对于所要报道的问题还一知半解,甚至稀里糊涂,那么,怎么能使屏幕前的观众有所收获呢?特别是有些业者"一瓶子不满,半瓶子晃荡",不去深入地调查研究、学习,对所报道的问题没能真正的把握,硬充内行,强不知以为知。结果犯下了许多令人哭笑不得的错误,在屏幕上丢人现眼不说,还会误导观众,产生难以挽回的后果。所以,撰写电视解说词不能"以其昏昏,使人昭昭",而必须在创作之前充分占有材料。

毕竟"巧妇难为无米之炊",你的能力再强,技巧再高明,也不能无中生有,必须对所要报道的对象、所要反映的问题有尽可能深入的了解与尽可能全面的把握。在占有材料时候,一定要抱着"韩信点兵,多多益善"的态度,把有关的材料尽可能收集起来,把相关的问题尽可能考虑周全,不至于因为重要材料的缺失而遗憾,也不至于考虑不周而失误。

占有材料主要通过搜集整理、调查采访、座谈讨论、思考分析来解决,其中包括:

相关的文字材料,如背景资料、个人回忆录、经验事迹总结,其他媒介的相关报道,有关的文件法规等;

相关的图片资料、影像资料、录音资料和具体的实物资料等;

所拍摄的全部画面素材、采访素材等。

在浏览这些材料的过程中,一定要善于发现和捕捉有用的材料。一方面,根据节目设定的主题和方向进行选择和取舍;另一方面,要善于发现素材中那些更为鲜活、更有意义的信息,也许一次偶然的发现和挖掘,会改变整个节目的思路和侧重点。

2."想"材料:二度占有与发挥

一般说来,搜集相关材料是节目创作的必由之路,创作者大体都能做到,只不过投入的力量和发现的眼光有所区别而已。对于"死"材料,只要肯花工夫,大部分都能搜集到手(特别是现在又有网络这个便捷且海量的资料库来帮忙),而对编导和撰稿人最大的考验,是围绕你的节目选题能够"想"到的材料。

"想"是节目创作一个极其重要的过程,既是一个占有材料的过程,同时也是一个思考、分析、联想的过程。这个过程,对之后的创作环节都会产生某种潜在的影响。因此,在创作之前围绕选题进行反复的"想",联翩的"想",是一个不可或缺的过程,应当引起每一个电视创作者的高度重视。不少节目,原本是一个不错的选题,由于作者想得不够或考虑不周,结果不是做"浅"了,就是做"偏"了,把很好的题材白白浪费掉,非常可惜。

比如,有一部电视片报道山东沂蒙山区的支前模范、当年沂蒙"红嫂"六姐妹进京的故事。本来是一个很好的报道题材,但是由于编导考虑不周,几乎用了五分之四的篇幅表现这些贫困山区的老大娘,到了北京这样一个现代化的大都市,住豪华的宾馆,吃豪华的宴席,享受贵宾般的待遇时,表现出的种种狼狈、尴尬和不适,出尽了洋相,就好像一群刘姥姥进了大观园,目迷五色、手足无措,成了被戏谑、取笑的对象,也就成了屏幕前观众的笑柄。创作者没有进行换位思考,一不留神,把潜意识中那点儿贵族化、城市主体的倾向带了出来。

类似的例子还有不少。比如张艺谋电影《一个都不能少》的女主角魏敏芝,原本是一个普通的非职业演员,电影的播映使她一夜成名。她的个人理想也随之改变,不情愿只做一名山村教师,而希望成为一个电影演员。这种想法原属正常,无可厚非。而我们的各种媒介却大加挞伐,某位主持人在某档节目中把魏敏芝的愿望大大嘲笑一番,认为其好高骛远、不知天高地厚。殊不知这种贵族化、城市主体的态度,不知刺伤了屏幕前多少农村少女的心,粉碎了她们憧憬中的梦想。"电影明星宁有种乎?"难道只允许城市的女孩做明星梦吗?创作者只想到了问题的一个侧面,却忽略了可能产生的负面效应。

而此类倾向,在宣传"希望工程"捐助贫困失学农村孩子,在资助特困大学生的一些电视节目中,或多或少都不自觉地流露出来。"同在蓝天下",却摆出"救世主""施舍者"的态度,对许多贫困学生的心灵都是极大的伤害。

所以,理清思路、进行写作时,应该想到的问题必须尽可能想到。围绕题材"想"材料,说起来复杂,其实也很简单。可以随手拿一张纸片,想到一点,记下一点;想出一条,记下一条——凡是和这个题材有点关系的问题,无论将来是否有用、是否合适,只要沾点儿边的问题,先把它记下来。一个题材,起码要想出几十条甚至上百条的相关问题。

然后,再回过头来,把这些随意想到的材料进行归纳整理、分析鉴别,看哪些是可用的、哪些是备用的、哪些是需要合并同类项的、哪些是最具典型意义的、哪些是可以顺便交代的。当然,可能大部分的材料将会被淘汰、废弃不用。但正因为有了这样的选择过程,你在节目中使用的材料可能是最有价值的，"千淘万漉虽辛苦，吹尽黄沙始见金"。并且有些材料或许比较游离于主题要求，但由于语言关系的丰富性和多义性，有时在写作、行文中顺笔带出，会使语言妙趣横生，产生"韵外之致"和多侧面的观照效果。"想"到的材料越多、越丰富，在写作的过程中，才能左右逢源、游刃有余，而不至于捉襟见肘、无话可说。

3. 很会"想"材料的伊文思：启发与锻炼

其实，世界上那些著名的纪录片大师，在创作之前，都要经过这样一个充分的"想"材料的过程。像荷兰的伊文思，他创作的《桥》和《风》是举世公认的纪录片名篇。我们来看他在创作《风》之前想到的部分材料：（法国南部海岸凛冽的北风）它沉睡了；它醒了；它刮起来；它在音乐声中上路；它把人、动物和自然界唤醒；它改变着他们；它使一切都运动起来；它激怒了人们；它改变了颜色；它使人们的精神受到刺激；它寒冷；它带来了健康；它被期待着；它被渴望着；它受过欢迎；它变得使人恼怒；它是被诅咒的；人们可以看到它的消失；它使万物变得干燥；它使人感到不舒服；它发出声响；它是虚弱的；它是强健的；它发出刺耳的尖叫；它安静下来；它脱去衣服；它摆动着；它发火了；它影响了语言风格；它使渔民们感到恐惧；它掀起了连天的海浪；它阻止了工业的飞跃发展；它引起了火灾；它扰乱了运输；它嘲笑着；它嬉戏着……

之所以不厌其烦地把这些内容摘引下来，主要使大家看清楚"想"的思路——无影无踪的"风"，看不见、摸不着，怎么拍？凡是和"风"有关的材料先尽可能想到、随手记下，想到哪里、记到哪里，也可能没有逻辑联系，也可能重复雷同，也可能根本没用，这都无关紧要。回过头来，再对这些散乱的材料进行甄别分析，选择其中最有价值的材料使用。伊文思之所以能够成为世界级的纪录片大师，能够把看不见、摸不着的"风"拍得有生命、有个性，和他创作之前的精心准备材料有着直接的关系。我们的一些创作之所以感到贫乏、空洞，与创作之前缺少这种准备，"想"得不够，有直接的关系。

为了锻炼培养自己的构想能力，平时我们可以自己做一些联系。比如，围绕一个字，像"床"、"门"、"井"、"网"等，看你自己究竟能想到多少相关的材料，是否可以选择出新鲜的切入角度和灵活的表述方式。譬如，关于"药"这个字，可以是中药、西药、草药、汤药、丸药、膏药，甚至是假药、毒药、农药等。但也可以从其他角度切入，"世界上的药有千百万种，大都是治病救命的，但是使用量最大的药是什么药呢？——是'炸药'"。

(二)选择合适的切入角度

许多电视业者都有一个深切的体会:节目若能选择一个好的角度,那么就成功了一半。的确,在日复一日的创作过程中,真正全鲜为人知的题材、别人没有做过的题材,其实很难遇到,甚至是可遇而不可求的。电视业者平常接触到的,多数是常规的题材、相似的题材、别人做过或正在做的题材。题材的雷同、"撞车"在所难免。譬如,我们报道先进人物,介绍英雄模范,表彰见义勇为等,是一个多年不衰的题材类型。不少这类节目的写作内容也大同小异,无非是"勤勤恳恳,踏踏实实,埋头苦干,任劳任怨,几十年如一日,不求名、不图利,不迟到,不早退,顾不上吃饭睡觉,没工夫照顾家人……"类似的八股腔,观众们早已耳熟能详,很难产生真正感人的效果。

面对大体相近乃至雷同的题材,怎样做才能避免步人后尘,给观众耳目一新的感受,产生良好的收视效果? 关键就是,选择一个新颖、恰当的角度。新的角度从何而来? 怎样发现? 这也如同我们走进一间装满了东西的房间,猛一眼看,好像房间的各个角落都被各种家具堆得满满的,再也没有可以放置东西的余地了。但是,如果你回过头去,就会发现,在你的身后,还有一块可以放置东西的角落。

其实,任何一个司空见惯的题材,都会有多方面的对应关系。比如社会的、功利的、审美的、心理的、历史的、道德的……我们接到一个选题,一定要像看一个魔方一样,把它的六个侧面都反反复复看上几遍,经过对照、比较,选择一个最佳的色块开始转动。如果你选择得好、选择得对,就转动得快,成功的可能性就大。否则,就转动得慢,成功的几率就低。

选择合适的切入角度,一般应该遵循以下思路:

1. 排除第一反应,不用第一选择

就是要打破传统、惯常的角度。接到题材后产生的直接反映,往往是一种定势思维与"套板反应"。在这种反应下做出的决定,往往是大家最熟悉且习惯的大路货。你能够这样想,别人也会这样想,你选择的切入角度,是一般人都会想到的角度。所以,对直接反映出来的第一选择,一定要暂时搁置起来不要使用。想方设法、上下求索,看看有没有可能寻找出更新的角度进行表现。如果经过反复比较,还是认为第一次的选择比较合适,又重新回到原先的思路上,那恐怕就是可以认定的最佳选择了。但这一次不是简单的复归,而是一次螺旋式的提升,这是一个必须经历的选择过程。

特别是一些重大社会活动的报道,我们的电视媒体以往常常有一种惯用的宏大且古板的报道模式。像当年香港回归这样的报道,总感到内地电视媒体缺乏新的报道思路,而那时才新生一年的凤凰卫视同样在进行报道,但却选择了一种独特的切入方式:一个小男孩在北京天安门广场的红墙前放飞一只红色的气球;一个小女孩在香港放飞一只黄色的气球;两个孩子仰望天空,目光充满期盼;两只气球飘飘荡荡、越升越高;在香港会展中心上空汇聚在一起;一架飞机飞过来,上面书写着关于香港回归的报道字样——切入自然,寓意深刻,值得借鉴。

2. 要善于"以小见大"

越是小、越是具体,越能够接近观众。所以,最好通过具体的人物、具体的事件、具体的故事、具体的细节入手展开叙述;越是小,越是具体,越不容易雷同。再重大的题材,再宏观的事件,也可以通过很小的切入点逐步展开,以小见大,由实入虚。

比如,2008 年是改革开放三十年,全国各地新闻媒体都在组织一批反映党的十一届三中全会以来,我国社会生活发生翻天覆地变化的报道。题材相同、过程相似、评价一致,那么怎样发挥电视的优势吸引观众,有所突破,关键就是选择一个恰当的切入角度。而那些给人留下深刻印象的节目,切入的角度往往很具体、甚至很细小。比如通过老百姓购买商品时,手中那一张张小小的票证的历史变迁,生动反映出三十年来人民生活的巨大变化。还有一部电视片切入的角度更为独特,它从一位普通老百姓保存近三十年工资单据切入,关注工资条上的金额数量、条目种类等细节变化,并让这位市民亲身来谈近三十年来他的收入的变化,由此形象、生动地反映了三十年来中国社会的巨大变革。

的确,越是重大的题材,越需要寻找和普通观众的心理接近性。《普通法西斯》是反映第二次世界大战这一重大题材的纪录片,但是,创作者从一组小小的儿童画切入:一面普通的墙壁上,孩子用稚嫩的笔画自己母亲的形象。每一个母亲都认为自己的孩子是世界上最好最可爱的孩子,每一个孩子都认为自己的母亲是世界上最漂亮、最美丽的母亲。然而,在希特勒的蛊惑宣传下,德国这样一个极富理性的民族,却被训练成一个个普通的法西斯匪徒,去屠杀其他国家的母亲和孩子——这种切入点,看起来很小,但却产生了巨大的艺术震撼力。

3. 要学会"多向思维"

这就要求我们在电视实践中,尽量站在不同的立场、从各种不同的角度、以不同的角色身份观察事物、思考问题。看一看其他人会怎样看待、怎样报道、怎样书写同一事件。从中国的、外国的,正面的、反面的,政府的、百姓的,宏观的、微观的,赞成的、反对的,媒介的、个人的,客观的、主观的等等多种可能性的比较,可以使我们避免片面性和单一性,使我们在多种价值取向的矛盾冲突中,作出更加冷静与正确的选择。

4. 要经常"反向切入"

要学会通过转换立场、转换角色,从完全不同的面向观察和思考问题,摆脱惯常的思路,往往能够发现新的切入点。正面攻不上,反面攻或侧面攻,或许能够找到最佳的突破口。反向切入,不一定是从反面去表现。主要是要不断通过对惯常的思路提出疑问、提出挑战,多问一些为什么。在质疑的过程中发现新的表述方式。

一个不善于提出问题的"电视写手",一个不善于打破常规的"电视写手",一个不敢否定自己的"电视写手",不可能是一个出色的"电视写手"。对电视写作工作来说,面对同样一层意思,你能不能有新的说法?同样一个故事,你能不能找到新的叙述角度?创作的过程,就是一个不断向传统思维方式发起挑战的过程。艺术创作的规律要求在"情理之中,意料之外",既合情合理,但又能出奇制胜。我们的一些节目制作却老是违背这个规律,常常把节目做成"情理之外,意料之中"。许多获奖的节目,都是通过"反向切入",转换思路和切入角度,找到通向成功的道路。

西藏电视台的记者,有一次要拍摄一条农村开始春耕的新闻,提前一天通知一个村里的干部,第二天记者要去他们那里,拍摄一段春耕犁地的镜头。不料,记者第二天扛着摄像机到了现场,一下子傻眼了——原来这个村子听说要拍电视,把全乡所有的拖拉机都集中起来一块开动,又把全乡的所有的汽车都集中在这个村里,车上装满了农药、化肥。最可气的是,藏族村民一个个穿着节日的盛装,载歌载舞,完全是在弄虚作假。怎么办?记者把这些场面原封不动拍了下来。但是,在报道的时候,却换了一个全新的角度——这条新闻的标题是"泽当农民想上电视",成了反映藏族村民好不容易有一次上电视的机会,不惜弄虚作假,把最好的东西摆出来拍摄的一种愿望、心情的报道。这样一个思路的转换,使得这条新闻获得当年全国电视好新闻的一等奖。

（三）合理安排结构

电视写作选择的叙述方式，对节目的组织结构会产生重要的影响。同一般文字叙述不同的是，电视叙事的特点在于它的间断性，同时需要通过和其他电视手段的相互配合，才能形成完整的表述体系。因此，电视写作工作首先需要看电视画面提供了哪些信息，其他手段可能提供哪些信息，还有哪些信息是需要文字传达的，在画面的什么位置传达这些信息。解说就像草蛇灰线一样，时断时连、若隐若现，充分利用语言准确、清晰、变化灵活的特点，对画面和其他信息进行整合。

1. 两种结构原则

电视节目的结构方式有许多类型，比如，按时间的顺序、事件的发展演进以及事物矛盾的不同侧面等来安排结构；其他的结构形式都是以上三种基本形式的组合、变形、易位或交叉。但是，无论结构怎样变化，一定要注意两个基本原则：

单一化和明晰化的原则——电视节目是具体生活形象的再现或表现，必须有具体的形象载体作依托。不仅是事件性的报道，任何人物、话题或现象的报道，都必须注意其叙事结构的过程性、情节性，尽量找到一个具有承载力、牵动力的主干事件，把你所要叙述话题的各个环节，通过这个主干事件串联起来，使整个叙事结构线索清楚、脉络明晰。电视叙事最忌讳杂乱无章、面目模糊。我们在组织结构的时候尽量做到"眉清目秀"、线索清晰，使观众有章可循；同时，每一个段落又要相对单一，使观众明确把握这一段落的表达意图。

不可预测性的原则——电视写作，也一定要注意突出事件过程的层递感，使事件的进程层层递进、一波三折、卒章显志。要善于通过语气，设置未知因素，即便已经调查得非常充分，自己对事情前因后果了解得一清二楚，也要注意对"未知感""预知感"的设计，不能直来直去、一览无余，刚看了开头，就知道结尾。节目的结构尽量保持三个过程的一致：即事件的发展过程、记者的调查过程和观众的感受过程的一致。事件的发展过程，也就是记者的调查过程，同时也是观众的感受过程。比如说，一般最好不要把节目最后的落点作为起点，尽量保持落点与起点的"非同性"，尽可能提供比较充分的"反辩"内容，通过充分的矛盾对立面的展现，使事件的过程悬念迭出、跌宕有致、引人入胜。

2. 两种常见方法

此外,还有以下两种常见、常用的结构方法:

第一种是"瓜藤法",以藤带瓜。比如《话说长江》一类的人文风光电视片,大体按照地理走向(或由西至东,或由北至南),采用"长藤结瓜"的结构方式,走一处、说一处,江河如线,沿岸景点似散落的珍珠,金线串珠,牵藤引瓜。下面一段解说词,就是这种结构的形象说明,"如果说长江是一条长长的藤,那么长江沿岸就是结出一个一个的瓜,由西往东数,这是第一个大瓜——洞庭湖",接下来展开对洞庭湖的介绍。

第二种是"以点带面法"。从具有延伸价值和发展空间的一个小点切入,采用"滚雪球"或"扯棉絮"的方法,越滚越大、越扯越长,把需要反映的问题都带动起来。比如,你要反映王震将军一生的主要经历,就可以从王震将军的家乡浏阳谈起;一提起浏阳,大家自然会想到一首脍炙人口的民歌《浏阳河》,"浏阳河弯过几道弯,几十里水路到湘江……";然后就可以通过这条江,把王震同毛泽东、刘少奇、彭德怀、贺龙等人的关系渊源联系起来,又可以同湖南近代史上的著名人物曾国藩、左宗棠联系起来;由此,再可以推出佩服曾国藩的蒋介石,左宗棠平定新疆叛乱和王震的农垦事业等等,以及浏阳的特产鞭炮爆竹与王震性格的相似——而最关键的是,把材料整理归纳之后,选出一个最适宜展开延伸的"生长点",找出其中的关联,有机地组织起逻辑合理的叙事结构。

电视写作在这样的结构中,可以发挥其他手段难以替代的作用,它可以通过联想、拈连、双关、谐音、取譬、对比等语言技巧,把表面似乎毫不相关的材料整合起来,形成比较统一的语感,借助语言形式上的关联,把内容材料结构得条理分明。

(四)善于捕捉与表现细节

细节的捕捉与表现,是电视节目创作中最重要的因素之一,许多相关的著作都从不同的侧面强调过这个问题。对电视写作而言,细节的捕捉与表现不仅仅使节目表现更加具象化,在一定意义上,它也是电视写作工作的基础、起点。

电视业者经常强调:细节最有真实感、最有信息量,细节最能表现特征。这些当然都对。然而,对电视节目来说,细节最重要的一个特点,在于它的不可替代性——只能是此时此地特有的,只能在特定场合、环境下出现,不是随时随地都能够发生,不是可以出现在许多人身上的,是不可复制、不可复现,甚至不可模仿的。

1. 细节作为"信息支点"

捕捉细节,首先需要有善于观察和发现的眼光,通过对画面细节的仔细观察和认真分析,可能发现一般人不容易看出的形象特征,或构成新的意象组合。在为《话说运河》撰写解说词时,作者反复观察运河在中国版图上的位置,观察运河的航拍画面,经过长时间的观察,突然发现——中国的长城和运河,一个由西向东,一个由北至南,恰好构成了一个大写的"人"字,于是欣喜地找到了写作的切入口,并由此写下了片子的第一集《一撇一捺》,这就是通过观察获得创作灵感的典型例子。

而在一部表现上海浦东开发的电视片中,为了准确说明浦东特有的地理位置,作者认真观察浦东的航拍画面,写下了这样一段解说:"如果说月牙形的海岸像一张弯弓,长江就犹如一支待发之箭,浦东这块金三角,正是射向未来与希望的箭头"。这种观察中的精彩发现,确实为解说的展开提供了坚实的基础。

画面细节为解说的展开提供了一处处声画结合的最佳支点,只要我们细心观察,根据主题和内容的需要,巧妙利用这些"信息支点"展开解说,也就很好地解决了如何根据完成的画面撰写解说的问题。

2. 细节作为生活的状态

更多的细节是生活中自然的状态、流程,如果不去注意它、强调它,可能就一闪而过。电视写作的重要作用之一,就是放大画面细节,通过文字的提示和强调,使观众感觉到其中深邃的内涵。

比如在电视纪录片创作中,为了保持生活的原生态,经常使用不加剪辑的长镜头,虽然编导不去刻意突出什么,但其中蕴含的信息无比丰富,需要认真观察、敏锐捕捉——在一段摇摇晃晃的镜头中,有几个放学的小姑娘无意之中闯进了画面。本来作品是反映老年人生活的,跟孩子没有什么关系,但是既然这些孩子偶然进来了,能不能利用一下呢?我们来看解说:"胡同里的孩子们放学了,蹦蹦跳跳的,也是一个小女孩,她忘记跟同学打招呼了。当然,她不会特别关注对门院里的这对老人,更不会想到老人也曾蹦跳着走过他们的童年。"这里面的潜台词是:总有一天,这些孩子也要变成老人。这里巧妙地利用无意之中闯进画面的孩子,把生命的交替、轮回的人生哲理体现得十分生动,又极其自然——由画面细节带出需要传达的信息,是电视写作切入画面的重要技巧。

当然,有些细节不一定处于画面构图的中心,可能处于画面中一个不被人注意的角落。如果这个细节能够与主题巧妙地联系起来,展开叙事或传递信息,就可以通过文字把它强调出来、加以放大,引起观众的注意。捕捉画面细节的能力,是电视写作非常重要的基本功,要在人所共见的画面中发现独到的信息支点,要根据主题和内容的要求寻找展开文字的恰当契机——通过存在的信息去发展需要的信息,细节就是最好的支撑点。

3. 全方位感知细节

在观察画面的时候,不要只用眼睛去看。所谓观察,实际上是一种全方位的感受,视觉、听觉、味觉、嗅觉、触觉都要去感受画面。人的感官会在一定条件下产生暂时的联系,产生一种感觉上的沟通,在艺术表现中我们称为"通感作用"。比如,人为什么能够望梅止渴呢?就是视觉和味觉产生了暂时的联系。

画面,虽然最大程度再现了事物的感性存在状态,但还并不是完全的,像气味、手感、冷暖等等无法传递给观众,而观众又希望全方位地感受影像世界。因此,就需要借助文字的力量,调动观众的经验、想象,使味觉、嗅觉、触觉都要发挥作用。看到冰要感觉到冷,看到火要感觉到热;花香果熟、风轻夜寒;茶杯中水温尚存,空气中糊焦或腐烂的味道……凡是需要传递的信息都应该传达到位。比如,在高空中走钢索的表演、定点跳伞的表演以及田径比赛确定破记录的成绩等等,在此类报道中,风速是一个非常重要的信息,而准确的风速观众仅仅通过画面是无法了解的,需要文字给以全面的传达。同理,火灾现场的温度、风速、焦糊气味、呛鼻的烟尘,都应该让观众充分感受。

由此,电视记者在现场报道时,也要求做到"全感采访",把自己在现场的各种感受全方位地进行报道,尤其是那些通过画面无法直接体验的现场感受。电视写作也需要通过进行时的切身体验,通过相关的背景材料,在语言的调动下,使观众的感受更加丰富而全面。在《竹》这部电视片中,有一个画面是洁白的雪花落在淡黄色的梅花上,解说不去表现其色彩及形状,而是写道:"雪花沾染上了梅花的芳香,梅花也感觉到了雪花的清凉。"这里的"芳香"和"清凉"虽然都是看不出来的,却是应该尽量让观众感受到的。

画面细节是展开电视写作创作的支点和契机:电视写作应该来自画面,又回到画面。"电视写手"应该具有敏锐的眼光,善于观察画面,仔细捕捉那些适合展开的画面细节。画面与文字互为支撑,又相互借力。而不能彼此割裂——出色的观察力、准确的判断力和恰当的着力点,是电视写作必须具备的基本功。

附 《新华社禁用词汇——新闻报道中的禁用词》①

(一)社会生活类的禁用词

对有身体伤疾的人士不使用"残废人""独眼龙""瞎子""聋子""傻子""呆子""弱智"等蔑称,而应使用"残疾人""盲人""聋人""智力障碍者"等词语。

报道各种事实特别是产品、商品时不使用"最佳""最好""最著名"等具有强烈评价色彩的词语。

医药报道中不得含有"疗效最佳""根治""安全预防""安全无副作用"等词语,药品报道中不得含有"药到病除""无效退款""保险公司保险""最新技术""最高技术""最先进制法""药之王""国家级新药"等词语。

对文艺界人士,不使用"影帝""影后""巨星""天王"等词语,一般可使用"文艺界人士"或"著名演员""著名艺术家"等。

对各级领导同志的各种活动报道,不使用"亲自"等形容词。

作为国家通讯社,新华社通稿中不应使用"哇噻""妈的"等俚语、脏话、黑话等。如果在引语中不能不使用这类词语,均应用括号加注,表明其内涵。近年来网络用语中对脏语进行缩略后新造的"SB""TMD""NB"等,也不得在报道中使用。

(二)法律类的禁用词

在新闻稿件中涉及如下对象时不宜公开报道其真实姓名:(1)犯罪嫌疑人家属;(2)涉及案件的未成年人;(3)涉及案件的妇女和儿童;(4)采用人工授精等辅助生育手段的孕、产妇;(5)严重传染病患者;(6)精神病患者;(7)被暴力胁迫卖淫的妇女;(8)艾滋病患者;(9)有吸毒史或被强制戒毒的人员。涉及这些人时,稿件可使用其真实姓氏加"某"字的指代,如"张某""李某",不宜使用化名。

对刑事案件当事人,在法院宣判有罪之前,不使用"罪犯",而应使用

---

① 《新华社禁用词汇—新闻报道中的禁用词》,中国编辑网,http://www.zgbjweb.com/view.php? tid=2797&cid=23。

"犯罪嫌疑人"。

在民事和行政案件中,原告和被告法律地位是平等的,原告可以起诉,被告也可以反诉。不要使用原告"将某某推上被告席"这样带有主观色彩的句子。

不得使用"决定给某国家干部行政上撤职、开除等处分",可使用"建议给予某某撤职、开除等处分"。

不要将"全国人大常委会副委员长"称作"全国人大副委员长",也不要将"省人大常委会副主任"称作"省人大副主任"。各级人大常委会的委员,不要称作"人大常委"。

"村民委员会主任"简称"村主任",不得称"村长"。村干部不要称作"村官"。

在案件报道中指称"小偷""强奸犯"等时,不要使用其社会身份作前缀。如:一个曾经是工人的小偷,不要写成"工人小偷";一名教授作了案,不要写成"教授罪犯"。

国务院机构中的审计署的正副行政首长称"审计长""副审计长",不要称作"署长""副署长"。

各级检察院的"检察长"不要写成"检察院院长"。

(三)民族宗教类的禁用词

对各民族,不得使用旧社会流传的带有污辱性的称呼。不能使用"回回""蛮子"等,而应使用"回族"等。也不能随意简称,如"蒙古族"不能简称为"蒙族","维吾尔族"不能简称为"维族","哈萨克族"不能简称为"哈萨"等。

禁用口头语言或专业用语中含有民族名称的污辱性说法,不得使用"蒙古大夫"来指代"庸医",不得使用"蒙古人"来指代"先天愚型"等。

少数民族支系、部落不能称为民族,只能称为"XX人"。如"摩梭人""撒尼人""穿(川)青人""偐人",不能称为"摩梭族""撒尼族""穿(川)青族""偐族"等。

不要把古代民族名称与后世民族名称混淆,如不能将"高句丽"称为"高丽",不能将"哈萨克族""乌兹别克族"等泛称为"突厥族"或"突厥人"。

"穆斯林"是伊斯兰教信徒的通称,不能把宗教和民族混为一谈。不能说"回族就是伊斯兰教""伊斯兰教就是回族"。报道中遇到"阿拉伯人"等提法,不要改称"穆斯林"。

涉及信仰伊斯兰教的民族的报道,不要提"猪肉"。

穆斯林宰牛羊及家禽,只说"宰",不能写作"杀"。

(四)涉及我领土、主权和港台澳的禁用词

香港、澳门是中国的特别行政区,台湾是中国的一个省。在任何文字、地图、图表中都要特别注意不要将其称作"国家"。尤其是多个国家和地区名称连用时,应格外注意不要漏写"(国家)和地区"字样。

对台湾当局"政权"系统和其他机构的名称,无法回避时应加引号,如台湾"立法院""行政院""监察院""选委会""行政院主计处"等。不得出现"中央""国立""中华台北"等字样,如不得不出现时应加引号,如台湾"中央银行"等。台湾"行政院长""立法委员"等均应加引号表述。台湾"清华大学""故宫博物院"等也应加引号。严禁用"中华民国总统(副总统)"称呼台湾地区领导人,即使加注引号也不得使用。

对台湾地区施行的所谓"法律",应表述为"台湾地区的有关规定"。涉及对台法律事务,一律不使用"文书验证"、"司法协助"、"引渡"等国际法上的用语。

不得将海峡两岸和香港并称为"两岸三地"。

不得说"港澳台游客来华旅游",而应称"港澳台游客来大陆(或:内地)旅游"。

"台湾"与"祖国大陆(或'大陆')"为对应概念,"香港、澳门"与"内地"为对应概念,不得弄混。

不得将台湾、香港、澳门与中国并列提及,如"中港""中台""中澳"等。可以使用"内地与香港""大陆与台湾"或"京港""沪港""闽台"等。

"台湾独立"或"台独"必须加引号使用。

台湾的一些社会团体如"中华道教文化团体联合会""中华两岸婚姻协调促进会"等有"中国""中华"字样者,应加引号表述。

不得将台湾称为"福摩萨"。如报道中需要转述时,一定要加引号。"福摩萨"源于葡萄牙文,"美丽之岛",西方殖民者给台湾起的名字。

南沙群岛不得称为"斯普拉特利群岛"。

钓鱼岛不得称为"尖阁群岛"。

严禁将新疆称为"东突厥斯坦"。

(五)国际关系类禁用词

不得使用"北朝鲜(英文 North Korea)"来称呼"朝鲜民主主义人民

共和国",可直接使用简称"朝鲜"。英文应使用"the Democratic People's Republic of Korea"或使用缩写"DPRK"。

有的国际组织的成员中,既包括一些既有国家,也包括一些地区。在涉及此类国际组织时,不得使用"成员国",而应使用"成员"或"成员方",如不能使用"世界贸易组织成员国""亚太经合组织成员国",而应使用"世界贸易组织成员""世界贸易组织成员方""亚太经合组织成员""亚太经合组织成员方"(英文用 members)。

不使用"穆斯林国家"或"穆斯林世界",而要用"伊斯兰国家"或"伊斯兰世界"。

在达尔富尔报道中不使用"阿拉伯民兵",而应使用"武装民兵"或"部族武装"。

在报道社会犯罪和武装冲突时,一般不要刻意突出犯罪嫌疑人和冲突参与者的肤色、种族和性别特征。比如,在报道中应回避"黑人歹徒"的提法,可直接使用"歹徒"。

公开报道不要使用"伊斯兰原教旨主义""伊斯兰原教旨主义者"等说法。可用"宗教激进主义(激进派、激进组织)"替代。如回避不了而必须使用时,可使用"伊斯兰激进组织(分子)",但不要用"激进伊斯兰组织(分子)"。

不要使用"十字军"等说法。

人质报道中不使用"斩首",可用中性词语为"人质被砍头杀害"。

对国际战争中双方的战斗人员死亡的报道,不要使用"击毙"等词语,可使用"打死"等词语。

不要将撒哈拉沙漠以南的地区称"黑非洲",而应称为"撒哈拉沙漠以南的非洲"。

第七讲
电视新闻写作:消息与时事评论

一、电视新闻写作:"简"不等于"易"

电视写作,所涉及的电视节目类型与模式非常之多。但与许多电视机构所秉持的"新闻立台"理念一致的是,在电视写作工作中,电视新闻的写作工作也有"新闻立本"的高度所在。

从大的方向来说,电视新闻节目出现最早、播出数量和播出频率最高,是电视传媒最日常化的支撑点。可能,写作电视新闻稿的工作,看似最日常化;一般的电视消息稿甚至字数只有三五百,更看似是"小儿科"——但是,这种"简单化"背后,却蕴涵着最丰富、复杂的媒体"功力",一如法国作者 Anatole France 所言,"极简写作风格,一如白光;白光是最丰富的光源,虽然它的丰富无法用肉眼看到"(Simple style is like white light. It is complex but its complexity is not obvious)①,这就是电视新闻写作中的规则:"简"不等于"易"。

因此,电视新闻稿写作与一般的写作工作有相通之处,但是也有一些自

---

① 转引译自[美]John H. Noonan ,Gene Mustain;《英语新闻写作》,复旦大学出版社 2007 年版,第 245 页。

身的特殊要求,一般来说,电视节目应当先编好画面部分,然后根据画面的表述情况、画面的需要再考虑写作内容的处理和安排,避免"声画两张皮"现象的出现——这是一般规律;但是,对于电视新闻来说,就不一定完全按照这样的程序进行操作。电视新闻可以事先写好新闻的文字稿,然后根据文字稿再来编辑画面。为什么可以这样做? 我们先来看电视消息的写作,再来分析电视时事评论的写作。

二、电视消息写作:理念与要求

(一)电视消息的文字与画面

为什么电视消息的制作可以先写好新闻文稿,然后再根据新闻稿来编辑画面呢? 这样不会造成"声画两张皮"的问题吗? 这种现状的合理性与局限在哪里?

1. 时长"短",内容"熟"

电视消息一般报道的内容比较单一,没有复杂的旁枝末节;而且消息报道的时间比较短,平常一条消息也就是几十秒钟,或一两分钟而已。记者一般都是自采、自写、自编(甚至在很多境外的中文电视机构中,如凤凰卫视、TVBS 等,很多时候都是自己配音,成为自己的 News Reader)——记者在写稿件的时候,对将要编辑的画面可以做到心中有数,对有限的镜头和组接顺序基本上是"成竹在胸";特别是在记者所跑"条线"内中比较熟悉的常规性报道,画面镜头的基本框架、路数早已是"驾轻就熟"。所以,在撰写消息稿件的时候,脑海中已经对未来的画面有了形象的储存。可以根据脑海中的画面处理和安排消息稿件的文字。当然,这样做的前提是"短"和"熟",便于记忆、容易把握。如果时间较长,画面镜头量和剪辑点太多,题材又比较陌生,把握起来就比较困难。

2."通稿"内容统一安排

有些电视消息的报道没有充分"电视化",同报纸、广播新闻消息的报道没有明显的区别。比如,我们国家有些消息的报道要求必须使用"新华社通稿"。无论报纸、广播、电视,所有的传播媒介必须使用统一的稿件、统一的口径向外发布消息,不容许进行任何增删、改动,也不需要考虑不同媒介的传播特性,所以,出现各类媒体一起吃"信息大锅饭"的情况,就只能根据事先确定的、统一的文字稿再来编辑画面,用相关的画面对文字稿进行辅助的图解。除此之外,各地还有当地行政主管部门和宣传部门规定的"通稿",也要求统一口径,统一文字。比如,对逝世领导人的履历、评价,重要会议的公报等,都不允许媒体各行其是地进行报道,像类似这样的情况,只能根据文字稿编辑画面。

3. 充分"电视化"

有些学者认为,电视消息写作同其他媒介的新闻消息的写法并无二致,无非是有无画面的辅助图解而已。因此,在写作上不需要做任何特别要求。他们认为,电视新闻的文字是完整的新闻,它与人们熟知的广播消息与报纸消息的形态、结构大同小异,怎么能说它是画面的解释与补充呢?

其实,电视消息文字稿同报纸、广播没有明显区别,除了我们上面谈到的原因之外,更重要的原因,是我们现在的电视新闻尚未充分的"电视化",没有能够真正发挥电视自身的优势,没有按照电视独特的方式进行新闻报道。传统平面媒体新闻报道的叙事方式顽固地左右着我们的写法,使我们过多地依赖文字、依赖解说进行报道,要求新闻消息的文字稿必须形成完整的表述体系,否则就觉得新闻报道必备要素出现种种的欠缺,就觉得对不起观众,就觉得观众看不明白。拿报纸、广播新闻的写法去要求电视新闻,在规定的圈子中衡量,自然找不到区别,看不出特性了。

不少电视新闻报道还没能充分发挥"看"的优势,文字稿叙事与画面报道未能有机配合,还不大善于用镜头"说话",对新闻事实作形象的报道。文字稿与画面"两张皮"、不搭界,各行其是、彼此割裂的现象仍然比较普遍。

而且,这种制作现状还与我们的一些电视记者、编辑不习惯用镜头叙述,不大会运用电视思维有关。画面感觉、镜头语言需要一定的专业训练,只靠对新闻消息传统报道方式的理解,去从事电视新闻报道显然不够,需要一个转换思路、转换叙述方式的过程。

目前,这一状况已经引起许多电视新闻工作者的重视,报道的专业水平正在逐步提高,报道方式也日益多样化。其实,文字稿是否完整、是否独立,是否和报纸广播雷同,不是衡量电视新闻报道的主要指标。电视消息报道的基本原则,应当是根据报道内容和选题不同,选择不同的报道方式。倚重文字,还是偏重画面,都不是绝对的;二者的完美结合,当然是最佳选择,但在具体实施的过程中,会受到各方面条件但限制或干扰。只要在我们主观努力范围内能够做到的,我们尽可能做好——这应当成为我们的共识。

（二）电视消息写作的基本要求

一般而言，在新闻（news）的文体中，可以根据时间性特质，分为硬新闻（hard news）和软新闻（soft news），而软新闻又可以区分为简明软新闻（brief soft news）和特写（feature story）①（见图 7-1）。本书所提及的电视消息，主要指的是属于硬新闻的动态消息，简明软新闻也会有所涉及，但数量较少、重要性较低。

```
                    ┌──────────────┐
                    │     新闻      │
                    │   （news）    │
                    └──────┬───────┘
              ┌────────────┴────────────┐
      ┌───────────────┐         ┌───────────────┐
      │    硬新闻      │         │    软新闻      │
      │ （hard news） │         │ （soft news） │
      └───────────────┘         └───────┬───────┘
                      ┌─────────────────┴────────┐
              ┌────────────────────┐   ┌───────────────┐
              │     简明软新闻      │   │     特写      │
              │ （brief soft news）│   │（feature story）│
              └────────────────────┘   └───────────────┘
```

图 7-1 新闻文体分类示意图

那么，消息写作的一般要求是什么？电视消息写作的要求是什么？我们还是从两组文本的对比，来看出其中的不同。需要说明的是，在此选用的文本案例虽然是英文内容②，但同样可以直截了当地揭示要义所在。

1. 消息与非消息写作的区别

先来看关于某地机场飞机失事的两组文本案例。

其一，There was a plane that crashed at the Shantou airport on Tuesday that killed all of the 143 people on it. The plane crash was because of bad weather conditions, the Shantou local safety officials said.

其二，A plane crashed at Shantou Airport Tuesday, killing all 143 passengers aboard. Bad weather caused the accident, officials said.

---

① 参考张威：《比较新闻学：方法与考证》，南方日报出版社 2003 年版，第 318 页。
② 案例选自［美］John H. Noonan，Gene Mustain：《英语新闻写作》，复旦大学出版社 2007 年版，第 46—47 页、第 238 页。

两组文本说的都是同一事件,也都把事实交代清晰。但是,从新闻的角度而言,第二组更符合消息写作的要求。这是为什么?

首先,也是最直观的,第二组文字更短;其次,第二组文字用词更简明、易理解;最后,第二组文字的叙述结构更清晰、日常化。因此,第二组文字更符合消息写作的风格与模式。

2. 电视消息与非电视消息写作的区别

再来看关于日本外务大臣访华的两组文本案例。

其一,The Japanese foreign minister today traveled to Beijing in an effort to repair and, he hopes, improve relations with the Chinese after the Japanese prime minister's fifth consecutive recent visit to the Yasukuni shrine caused angry outbursts from the many Chinese who recall the history of Japanese atrocities on the mainland during the Sino—Japanese war.

其二,The Japanese foreign minister today traveled to China to repair relations between the two countries. The journey comes after Japanese prime minister Junichiro Koizumi's fifth visit to the Yasukuni shrine, and more angry outbursts from the Chinese.

两组文本说的都是同一事件,也都来自不同形态的媒体。但是很明显,第一组文本使用了更长、更复杂的复合句,较为正式,篇幅较长,用词较考究,是为阅读而写,为眼和脑而写——因此,在报纸和杂志上见到的更多。

而第二组文本就较为符合电视媒体的消息写作要求,在风格上更口语化、随意,较为非正式,篇幅更短,用词更日常化、简单化,是为听而写,为耳和眼而写,就好像以亲朋好友的口吻说道,"让我来告诉你一件事……"——显然,此处的对话/对象感更为强烈。

3. 电视消息写作基本理念

以上两组对比文本案例,很清晰地展示出消息以及电视消息的风格与要求。但是,毕竟一个人从小到大,从小学、中学到大学,基本上都在学习着、并体验着写作。但是,一般而言,这种写作都是以印刷媒体为预设载体的。人们很少学习如何为电子媒体写作,比如广播、电视以及网络。因此,接续,笔者将对于电视消息写作的基本要求做一个理念上的整理——

首先,就是上文提到,很形象的"为耳朵和眼睛而写作",这是一个总括性的理念。而且,在当下的媒体接受环境中,一定要明白这里的"耳朵和眼睛"绝非聚精会神的;同时也要明白这里的"耳朵和眼睛"的主人往往是普通民众。

其次,为电视写作,特别是写作消息稿件,因为时间的限制(电视媒体的时间特质异常突出),必须注意简洁易懂,要多用现代时态、主动语气,少用形容词,多用动词,少用新词、自造词,多用熟词、常用词,且要包含足够信息量。

再次,既然为"耳朵和眼睛而写作",那么口语化的风格就很重要了,那些深奥、华丽的词汇可能会让观众因为停下来考虑前面的内容而错过后面的节目——或许,盯着你写的消息稿,大声把它读出来,看看通不通顺,会是一种很好的自我检验方式。

第四,具体且准确的表达,是电视观众所欢迎的。多义、模棱两可的语言可能在报章杂志上激发起人们阅读且思考的兴趣,但在广电媒体中却显得枯燥乏味。如果表达含糊,那么基本上就等于逼迫观众换台。

第五,要有对话/对象感。虽然电视是一种典型的大众媒体,但是其实,这里的大众也是一个个面对电视屏幕的个体汇集在一起罢了。所以,电视的写作是针对着一个个分别的个体而言的,因此,要把这一个个的个体当作是对象,要建构起与他们对话的意识:就好像一对一地、假想地与他们在说话。

最后,特别也要注意不同的电视消息也有不同的个性。比如,不同时段的新闻消息可能有不同的个性:早间新闻是轻松、有趣的,晚间新闻是深刻、思辨的;比如,你为不同的电视机构、栏目写消息稿,个性也有差异,比如凤凰卫视是一种风格、中央电视台经济频道是一种风格、中央电视台国际频道又是一种风格;或者同一事件出现在《凤凰早班车》《新闻 30 分》或者《南京零距离》中,其稿件的处理又有不同。形象地说,就是"在什么山头,唱什么歌"。

(三)电视消息写作的注意事项

除了一般新闻稿件所要求的准确、客观、真实、简明等具有共性的方面之外,电视消息的文字稿写作应当特别注意以下几个问题。

1. 突出画面内容的时间特性

电视画面在反映事件发生的空间环境、现场氛围、细节强调方面,具有独特的优势,比如奥运会开幕式的电视直播,就无需文字稿画蛇添足、重复介绍。然而,在反映新闻消息的时效性方面,画面镜头却有一定的含混性——之所以会出现用过去的资料画面顶替今天的新闻,把发生在不同时空的同类新闻消息张冠李戴,"错点鸳鸯谱"蒙混观众的现象,弊端正在于此。某些虚假报道,大多是钻了画面传达信息在时间表现上具有含混性的空子。

电视新闻报道要求准确、及时,所以要求文字稿一定要准确交代时间要素,突出强调新闻消息的时效性。一些含糊其辞的字眼,像什么"最近""近来""近日""一个时期以来""自某某以来"等等,尽量从新闻稿中清除出去。还有一些所谓的新闻,不仅画面上的人物服饰同环境季节不符、同报道地点的服饰特点不符,夏天报道的新闻竟然还穿着冬天的服装,在时间的传达上故意模棱两可,就根本谈不到新闻的时效性了。电视新闻不像报纸广播,在时间上还可能"装神弄鬼";电视画面对时间表述有一定的制约性,撰写消息稿的时候必须加以注意。

2. 交代新闻事件的背景因素

一则电视消息,时长虽短,但如果缺乏必要的背景交代,其新闻价值很难完全体现出来。一般的背景因素往往是比较抽象的间接信息,电视新闻报道也不可能用大量的资料画面去重现背景过程。因此,电视消息的文字稿应该用简洁概括的语言,直接交代新闻事件发生的时代、社会、历史背景、主要的因果关系以及新闻人物的基本情况。比如姓甚名谁,担任什么职务,从事何种职业,这些背景信息,画面很难清楚准确地传达,而这些新闻要素又是必不可少的。文字语言的概括力、简洁性和涵盖量都是画面语言难以比拟的,特别在传达抽象信息方面,有着得天独厚的优势。通过消息稿交代复杂的背景因素,显然比较合适。

3. 突出主要的角度、方向

同样的新闻事件,同样的一组电视画面,在不同的记者笔下,会写出角度不同、立场迥异、侧重有偏的报道来,甚至由于视点和判断力的差别,电视新闻报道的方向和主题也会大相径庭。这里有各种各样的原因,有些是因为政治立场问题,有意进行的"利我"选择或恶意歪曲。比如,对伊朗"铀浓缩"事件,各国新闻媒体的报道立场和角度就截然不同。有些是因为新闻事件的暴露程度,或当事人的有意隐瞒和误导所致;也有些是记者认识水平和把握能力形成的差异。同时,还有宣传政策要求的报道分寸、报道口径的限制。应当说,除了虚假新闻或恶意歪曲之外,新闻报道上这种差异和不同都是正常的,有其存在的合理性,无可厚非。

比如,对一场重大火灾事故的新闻报道,各家电视媒体使用的画面镜头并无太大的差别,然而有的记者侧重反映事故发生的原因、责任及损失情况,有的记者却着重报道事故中组织英勇救灾和英雄先进事迹的情况。需要指出的是,这种差异除了画面的选择之外,主要通过新闻的文字稿体现出来,从具体的画面形象中提炼出来。记者受到各种主客观条件的制约,报道侧重点不同，毫不足怪。

同时，由于画面共时态地呈现出多种信息，到底哪些是最主要的新闻信息，也需要文字解说给予必要的强调突出，排除那些选择性信息因素的干扰——这种导向把握能力，基本依靠文字稿的语言体现出来。

4. 帮助画面突出现场感

现场活动和现场氛围，是电视新闻报道最具特色的地方。其文字解说虽然不能直接呈现现场的气氛，但可以配合画面形象、突出画面特征，可以对现场气氛起到一种强化与渲染的作用。尤其是对现场同期声和现场采访的使用，更需要文字的牵线搭桥，作为积极的策应。

而画面之外其他因素的影响，记者在现场的切身感受和直接体验，特别是"全感式"报道现场的冷暖、气味、风速、触感等，都可以运用语言的独特魅力，唤起观众参与意识，调动他们的经验感受，强化身临其境的现场感觉。

比如，在火灾现场的报道，观众只能看到熊熊燃烧的火光，听到噼里啪啦的爆裂声，却无法直接感受现场的温度，而附近的油库随着温度的上升即将爆炸，文字内容对现场温度的及时报告，会大大强化现场的紧张气氛。比如，1998 年，东方航空公司 MU586 客机紧急迫降（见图 7-2）的报道，通过解说不断介绍飞机起落架的情况、跑道洒阻火泡沫的情况、指挥塔台同飞机乘务员联系的情况以及地面上各种抢救应急的准备情况——电视画面原有的紧张气氛，由于这些解说的介入，得到了有力的强化和渲染。

图 7-2　东方航空公司 MU586 客机紧急迫降

5. 根据不同的播出时段,相应调整不同手段的使用程度和比重

电视传播必须充分考虑其传播环境、传播时段、接受心理和传播效果。在不同的播出时段,针对不同的对象,应该相应调整不同手段的使用程度和比重,有所侧重、有所偏移。

比如,在早间播出的新闻节目中,就应该着重突出其"听觉信息",以"说"和"听"为主,而"看"的成分和画面效果,不必刻意强调。因为,观众早间活动匆匆忙忙,梳洗打扮、用餐准备,没有时间安安稳稳地坐在电视机前观看节目,往往是边听边干着其他的事情。所以,早间新闻播报,听觉信息不仅需要突出,而且要求相对完整,不能依赖画面的支撑。

而晚间节目就应该突出画面信息,强调画面的冲击力,要有不可替代的画面细节,充分满足观众全方位感受新闻现场的需求。如果是针对不同对象的新闻节目,如对儿童、老人,在语言应用和语速上都应有所区别。

消息类电视新闻稿件主要是客观报道新闻事实,文字稿的作用虽然重要,但应尽量避免个人主观倾向的过分显露、个人情感好恶的外在宣泄。倾向性的流露在文字上一定要把握好分寸,尽可能把主观倾向置于客观事件背后,稍一过度,就会愈益反损,影响观众对新闻真实性的信任。要学会"用事实说话",主观倾向往往隐蔽在对事实的选择、排列、侧重和强调之中。同样的新闻事实,主观倾向完全通过叙述方式、叙事角度,在叙述过程中体现出来。

6. 案例解读:《首次实现人工消雨 保证开幕式顺利进行》

《首次实现人工消雨 保证开幕式顺利进行》这篇电视消息稿,是北京卫视在奥运期间(2008 年 8 月 9 日)制作播出的获奖新闻作品。我们以这条消息为例,做一个案例解读。先来看文稿:

> (导语)男播:昨天晚上,降雨云团几次逼近鸟巢地区,市气象局的专家们成功实施人工消减雨作业击退降雨云团,保证了开幕式上空的一片晴天。
>
> 女播:据介绍,这也是奥运史上首次在开幕式阶段实现人工消雨。
>
> (解说)8 月 8 日下午 4 点,开幕式的准备工作进入到最后 4 个小时,观众们开始持票接受安检。在闷热的天气里,人们沉浸在迎接开幕式的喜庆气氛中,没有人知道,此时此刻一股暖湿气流正在从北京的西南方向快速袭来,北京城区的空气湿度已达到 90%。如果不采取措施,到奥运会开幕式时,空气湿度将达到 100%,也就是下雨。

北京市气象局的指挥中心里一片忙碌,指挥长张蔷不断发出指令,两架飞机起飞探测,在北京周边地区发射拦截火箭。人工消雨的一场仗已打响。

(字幕)2008 年 8 月 8 日晚 8 点

(同期声)北京市人工影响天气办公室常务副主任 张蔷

各作业点,这次准备的火箭是 15 枚,这次准备的火箭是 15 枚。

(解说)晚上 8 点,礼花绽放在鸟巢上空,北京奥运会开幕式隆重开幕,而就在此时,监测点数据显示:北京西南、东北双方向出现强对流降水云团,并且不断向城区"合围",指挥中心当即决定:在西南的房山区实施大规模人工消减雨作业。

(字幕)2008 年 8 月 8 日晚 8 点 40 分

(同期声)北京市人工影响天气办公室常务副主任 张蔷

可以打 15 枚就打 15 枚

能打几枚打几枚

最高 15 枚 5 分钟

现在开始

(字幕)北京房山区火箭作业点

(同期声)火箭发射同期

(解说)与此情景截然不同的是,鸟巢上空一片晴朗,开幕式蕴含高科技的国画画轴徐徐拉开,观众席间叫好声不断。然而,气象局的气氛又紧张了起来,8 点 45 分,北京西南部的降雨云团逼近鸟巢,离奥林匹克中心区仅 19 公里的五棵松,降雨量已达到了 0.9 毫米

(同期声)北京市人工影响天气办公室常务副主任 张蔷

现在是风雨交加

而且电闪雷鸣

就在这个位置

我们就两个作业点在打(火箭)

(解说)接下去,降雨会出现在鸟巢上空吗?

(同期声)本台记者出镜 应悦

现在是 10 点 20 分,就在 10 分钟前,丰台地区又出现了降雨。北京市气象局的专家们连同外国专家,正在积极指挥人工消减雨的作业,力保鸟巢上空不出现降雨。

(解说)关键时刻,北京市气象局的专家再次下达实施人工消减雨作业的指令,让雨提前落在房山、门头沟等地。8月8日晚,21个火箭作业点发射的1104枚火箭弹,让当晚屡次逼近鸟巢的降雨云团在五棵松停下了脚步。8月9日零时,在滴雨未下的鸟巢区域,奥运火炬成功点燃,宣告了此次持续7个小时、20余轮次的人工消减雨作业顺利完成。

(同期声)随着点火仪式,全体气象人员的欢呼的同期

(解说)"最担心的是天气",自2001年北京申奥成功以来,这句话在不同场合被人屡屡提到。开幕式期间,北京的天气形势极为复杂。

(同期声)北京市气象局局长 谢璞

我们西边有冷空气

东边有副热带高压影响

南边还有台风

每一个系统稍微有点变化

就会出现一些不好(降雨)的天气

(解说)为保证开幕式达到最好的效果,从2002年开始,气象部门就在北京、天津、河北等地开展人工消雨试验研究,力求使降水减弱或提前降落。2008年8月8日奥运开幕式当晚,气象部门会同多部门通力协作,成功完成奥运开幕式的气象保障任务。

(同期声)北京市人工影响天气办公室常务副主任 张蔷

大规模、有科学设计的进行保障任务,可以说今天实现了零的突破。

(同期声)俄罗斯水文气象与环境监测局大气技术处处长 柯拉涅夫

中国的气象学者7年来的努力在今天看到了显著的效果,他们做得很好。

(解说)据了解,这是人类在重大庆典活动中第二次大规模运用人工消雨技术,此前,只有俄罗斯在纪念反法西斯战争胜利50周年的阅兵仪式上如此大规模应用过。北京台报道。

首先,记者在写作《首次实现人工消雨 保证开幕式顺利进行》的稿件时,首当其冲强调的就是信息量。在导语部分,"人工消减雨作业击退降雨云团""奥运史上首次在开幕式阶段实现人工消雨"——干净利落地传达出最主要的两条信息。

其次,电视新闻消息,除了让观众知道发生了什么,还要让他们尽量准确

地获取新闻的时间特征以及事件随着时间的演进细节。以上文稿中提到的"8月8日下午4点""晚上8点、8点45分""10点20分""8月9日零时"这些关键时间节点，让观众清晰地顺着时间线，看到了人工消雨作业的逐渐展开与获得成功——过程的历历在目，让结果更加真切而生动。

而且，为了让观众更全面地了解到人工消雨作业的背景，记者又通过若干对比的方式，展现同时态发生的不同事件。比如"人们沉浸在迎接开幕式的喜庆气氛中，没有人知道，此时此刻一股暖湿气流正在从北京的西南方向快速袭来"，再比如"鸟巢上空一片晴朗，开幕式蕴含高科技的国画画轴徐徐拉开，观众席间叫好声不断。然而，气象局的气氛又紧张了起来，8点45分，北京西南部的降雨云团逼近鸟巢"——分别的两条线索并进，新闻消息中信息的丰富性得到渲染。而除了进行时态的背景交代之外，记者在文稿最后两段解说中，对于开幕式人工消雨的历史准备也做了铺垫——一条简单消息的厚度，因纵横时间、空间的背景支撑而得以强化。

最后，还值得一提的是，记者在前期所做的多组采访准备，让文稿中的同期声与采访桥段，发挥了重要的作用。多处现场的声音、画面以及记者出镜，让整条消息的"电视化"程度很高，也具有十足的现场感与可看性。而且，这些现场的选取，看得出也是费了思量的——试想如果运用大量的奥运开幕式现场镜头来交代消雨过程的成功，可能也行，但是传播效果差强人意。在这条消息中，记者选取的角度是很特别的，气象局指挥中心和火箭作业点成为"主要战场"，一动一静，再通过与开幕式现场的对比，展现出新闻的节奏与质感。

（四）"四少四多"：消息报道中现存的问题

纵观当前电视媒体中出现的新闻消息，存在许多不符合电视新闻报道规律、特点的做法。以下"四少四多"的情况，更应该引起我们的注意：

1. 现场直播报道太少，后期转播、录制完成太多

"现场感"是电视报道的主要优势和重要特征。在第一时间进行报道，现场完成全部的报道任务，使观众如见其人、如闻其声，一切历历在目、仿佛置身其间。随着事件的进展、变化切身感受，其真实感和亲历性是其他任何媒体难以比拟、更无法替代的（哪怕是以网络为代表的新媒体形态）。尤其是新闻事件发展的不可预测性，是任何后期编辑、录制报道都无法实现的。

但是目前，除了少数电视机构，大量电视台的现场直播报道局限于大型社会活动、体育比赛、庭审纪实以及综艺晚会上面,真正最具活力、最能体现电视优势的新闻消息,反而很少直播报道,甚至连现场报道也只占很少的比例。在这一方面,国外的同行比我们要进步得多。除了体制和政策上的原因之外,观念的滞后是重要的制约因素——这不是电视新闻报道同报纸、广播报道有没有区别的问题,而是我们能不能正视这种区别,能不能充分发挥电视报道的媒介优势,去主动做那些自己该做,而且能够做好的事情的问题。不能人云亦云,一味跟在网络、报纸、广播屁股后面爬行,按照它们的样式进行报道,这样当然看不出区别、体现不出优势了。

试想,电视记者或主持人在事发现场,第一时间同步向观众报道事件的进程,现场的环境、氛围、活动、反应,现场的采访、评述、追踪,具体细节的及时捕捉……这些报道方式、叙述角度,同后期完成的新闻稿自然形成完全不同的样式,观众的感受、体验也截然不同。所以,问题的关键是能否根据电视报道的特点,充分发挥媒介的优势。比如在 2008 年汶川地震期间央视新闻频道的直播、央视新闻频道之后直播制度化(如"大直播:焦点新闻播报"版块)、常态化的改革以及山东齐鲁电视台"森骥小组",即 SNG 小组(见图 7-3)打破编排的即时性插播等媒体实例中,,电视现场报道的优势、特点是显而易见的,应该倡导"新闻是有体温的,做新闻的最佳位置,就是离他最近的地方"。与此同时,还是有不少电视机构把高价购买的 SNG 电视直播车仅仅当作电视台宣传片的"背景",显示本台的实力,平时却很少使用。

图 7-3 齐鲁电视台"森骥小组"直播车

2. 主动采访报道太少，被动采访报道太多

目前的电视消息报道，之所以特点不突出，其中一个重要的原因是：垄断地位形成的盲目优越感，使我们的电视记者敏锐发现新闻线索、主动出击采访、率先进行独家报道的能力逐渐弱化。这些原本应该就是新闻记者的基本功，但在垄断体制下长期抱"铁饭碗"养成的惰性，使部分电视记者缺乏竞争意识、没有生存危机感（或者有危机感，却已然不知道从哪里去提升，如何去竞争），主动出击采访的能力较差。许多人满足于抄报纸、抄广播、抄文件、抄会议简报；坐等别人来请、根据会议请柬安排采访，然后用画面、镜头进行图解说明。许多媒体同行看不起电视记者，认为他们身上只有电视媒体赋予他们的天然优势，自身的素质却不能"达标"——这种情况应当引起我们的高度警觉，电视新闻报道不仅体现在它的媒介优势与影响力上，不仅体现在它先进的技术手段和传播能力上，更应该体现在记者的新闻素质上。

电视消息的采写报道需要有设备技术的保障，行动起来相对较麻烦、较迟缓。这就更需要记者有敏锐的眼光，善于发现和捕捉有价值的新闻线索，尤其是发现那些更适合镜头表现、画面感较强的新闻事件，进行独家的报道或专访。在当前信息来源十分丰富、信息传递极其迅速，受众获得信息的渠道非常多元的多媒体时代，虽然我们的新闻不可能都是第一时间的独家报道，但至少有一部分新闻是自己发现、主动出击采访得来的——成为重大事件的"第一消息源"，是现今新闻媒体写作消息性报道的"制胜法宝"。如果仅仅满足于"炒别人的冷饭"，在今后日趋激烈的媒介竞争中，尤其是面对网络海量信息以及境外媒体的挑战，目前的垄断优势就会逐渐丧失，占据的市场份额会日益萎缩，观众也会因为看不到新鲜独特的信息而离去。因此，只有加强主动采访的力度、多一些自己的发现、多一些独家的报道，才能避免同其他媒体的报道"撞车"。

3. 突发性事件报道太少，常规性报道太多

对突发性事件的及时报道，是电视新闻的主要优势之一。而新闻信息的价值不仅仅体现在于它的"快"，即及时迅速的"时效性"；更在于它的"新"，即其新鲜感、突发性和不可预测性。如果每天都是常规的报道，如会议报道、外交往来、经济形势、生产状况、名人专访，无论多么及时、迅速，其报道格式、报道角度、报道深度，都处于观众的预料之中：使用的镜头、画面，观众早已经司空见惯；使用的报道、语言，观众早已经耳熟能详。过多过滥、过于频繁的常规报道，很难引起观众的兴趣；他们在耐心等待那种使他们眼睛一亮的新闻

消息,那种他们未曾预料到的、突发事件的报道。

比如,我们在电视新闻中经常报道交通事故、宣传交通安全。报道次数多了,大家也就见多不怪了。但是,早在 1990 年代初,就有在京通快速路上,行人翻越护栏穿越高速路时,被高速行驶的汽车撞翻高高掀起甩下的画面镜头,这种对突发事件的及时报道,强烈地震撼了每一个电视机前的观众,成为他们连续几天谈论的话题。如果说常规性报道是"一条平静流淌的河",突发性事件报道,就是"河中翻腾的浪花",只有"浪花的不断激荡","河才会充满活力、才能奔腾向前",如果一味的常规报道,只能是"一潭死水"。

当然,突发性事件具有"可遇而不可求"的特点,其难以预测性正是它的魅力所在。电视报道的及时性、同步性和现场感,是报道突发事件的最佳媒介。把突发事件的及时报道,作为电视消息报道的重要部分去努力抓好,是电视媒介义不容辞的任务。所以,电视新闻记者迅速反应、迅速行动的能力就显得十分重要。在通讯、交通、线索网点的分布、"线人"的素质方面都要建立快速反应、行动的机制,一旦出现具有新闻价值的突发事件,电视记者就能迅速出现在现场。因此在电视突发性报道做得比较好的美国,当突发事件发生时,人们立刻打开电视机了解最新情况;而在目前的中国,非常遗憾的是,最普遍的选择还是上互联网查看信息。

突发事件的报道往往是画面感极强的报道,如四川汶川地震、"9·11"事件、伦敦地铁爆炸案、北约轰炸中国驻南联盟大使馆等,画面镜头极具冲击力,有了这样的画面叙述力和表现力,电视消息的文字表述同报纸、广播的报道是迥然不同的。

4. 有针对性的画面太少,万能"空镜头"画面太多

电视消息报道,因为时长短,要在较短的时间里,更好地吸引观众,所以所用画面、镜头需要有足够的针对性与表现力。而我们许多的电视消息,往往是根据写好的新闻文字稿,然后从拍摄的素材中找到一些相关的镜头,进行编辑,根据文字稿的时间长度选取画面;文稿念完,画面随之截断。许多电视新闻画面既没有针对性,也没有表现力,只是一些可有可无、可此可彼、可替可换"万能画面"的简单堆砌。

有些学者之所以认为"电视新闻报道只需要听声音就行,同报纸、广播没有什么两样",就是因为我们一些电视消息缺乏镜头的表现力,缺乏画面的"必看性"。如果都是"万能画面""过场画面""万金油式"的什么新闻都可以"抹一把",观众闭上眼睛也知道是哪些画面,当然不会聚精会神地盯住画面

看了！今天的会议和明天的会议画面一模一样，山东的小麦同河南的小麦没有区别，鞍钢的转炉与宝钢的转炉差不多少，更不要说那千篇一律的生产线、厂房车间与高楼大厦了。

电视消息要求画面有不可替代的细节，有不可替代的镜头。通过这些画面反映个性，反映特征。一条好的电视消息，如果没有几个独特的细节画面是"唯我独有"、不可替代的，算不上一条合格的电视消息。什么是不可替代的画面？是1998年抗洪救灾，武警战士从汽艇上把小女孩江珊一把抱下来的镜头；是309国道的交警以罚代法，向汽车驾驶室一次次扔罚单的镜头；是驻港部队第一次上岗执勤升国旗的镜头；是解救被拐卖的妇女儿童时公安干警被围攻的镜头……这样的电视消息，谁还能闭上眼睛只听声音、不看画面呢？问题在于：这样的镜头在电视新闻的报道中不是很多，而是太少了。如果只是用"万能画面"敷衍观众，必然败坏了观众看电视的胃口。

三、电视时事评论写作：观念、方法与形态

（一）时评"世界观"：回到李普曼

时事评论，是报纸、广播、电视乃至网络等各类媒体的旗帜和灵魂，所谓"一言而兴邦""一言而丧邦"。优质的时评，在涤荡世风的同时，更令民众对社会看得更清晰，从而做出正确的社会判断。

1980年7月12日，中央电视台创办了第一个评论性栏目《观察与思考》，这是中国电视新闻史上第一个以栏目形式固定下来的电视时事评论节目[1]。自此，对于电视媒体的发展而言，时事评论的重要性也一目了然。比如中央电视台的新闻评论部（虽然其在2008年被取消建制、改编重组）成就了该台近十多年来几乎全部的新闻荣耀，先后几任领导以及知名主持人也成为整个中央电视台乃至整个中国电视界的灵魂人物与"狠角色"。再比如，凤凰卫视打造的资深时事评论员团队，也当仁不让地成为该台最核心且宝贵的人力资源。

不过，与此同时，哪怕各类、各级电视机构都非常了解时事评论的重要性，想要模仿却也非易事。电视时事评论，不像其他可以通过买卖模式（format）版权来复制引进的综艺节目，模式（format）本身，对于该类节目而言，并

---

[1]　徐舫州　徐帆：《电视节目类型学》，浙江大学出版社2006年版，第20页。

非最重要的因素——其关键,还是评论的"内容为王"。这就好比自凤凰卫视 2003 年初开播结合报评与时评,"天下事尽收,春秋笔攻罚"的节目《有报天天读》,其在"不经意间"获得观众美誉之后,内地多家电视机构对此模式都进行了不同地域的版本复制,但是,至今可能能够留存给广大电视观众一点儿印象的,也就只有中央电视台经济频道早间节目《第一时间》中的《马斌读报》了。

这是为什么?一言以蔽之,对于时事评论、对于电视时事评论而言——"世界观"的意义远远大过"方法论"。正是因为"世界观"对了,杨锦麟、曹景行、阮次山等一群其实不太懂得电视传播技巧的评论员,以及凤凰卫视这样一个在节目运营中其实很"小气"的电视机构,也能够打造出优质且有深度的电视时评节目——也因此,为了写好电视时评,首当其冲的就是把握"世界观",而其中的要义,我们回到五十年前,让美国著名新闻人李普曼(他可能是世界上有史以来最好的媒体评论员,见图 7-4)讲述给你听。

图 7-4 李普曼

李普曼于 1959 年 9 月 23 日在全美新闻工作者俱乐部发表演讲,对记者工作方法以及时事评论写作的"世界观"进行了归总。他说:

"我们阐述新闻的方法不是以事实去迁就教条。我们靠提出理论和假设,而这些理论和假设还要受到反复的检验。我们提出我们所能想到的最能言之成理的图景,然后我们坐观后来的新闻是否能同我们的阐述相吻合。如果后来的新闻与之相吻合,而仅仅在阐述方面有些小小的变化,那就算我们干得很好;如果后来的新闻与之不符,如果后来的新闻推翻了早先的报道,就有两件事可以做:一是废弃我们的理论和阐述,这是自由的、诚实的人的作为;另一种是歪曲或隐瞒那些难以处理的新闻。"

而当有人贬低新闻记者尤其是时事评论工作的意义,说这些记者或评论家,作为"局外人",对国内事务的了解也远不及当局者,却还到处对美国的外交政策或者公共政策大加评论、横加指责……针对这样看似有理的批评,李普曼回应道:

"这些批评事实上否定了民主原则本身。因为人民也是知之甚少的'局外人',但是他们仍然有权对当局者的作为做出评论","如果国家是在人民的赞同下,得以管理的,那么人民对于当局者要求人民赞同的事情必须形成见解。人民是怎样做到这一点呢?","他们是靠收听广播和阅读报纸,看看记者们对于在华盛顿、在全国乃至全世界发生的事情是如何报道,然后形成他们的见解的。所以,记者的作用举足轻重!在兴趣所及的某些领域,记者们以由表及里、由近及远的探求为己任,去推敲、去归纳、去想象和推测内部发生什么事情,它在昨天意味着什么,明天又可能意味着什么……记者所做的只是每个主权公民应该做的事情,只不过他们自己没有时间和兴趣去做罢了。这就是我们的职业,一个不简单的职业!我们有权为之感到高兴,因为这是我们的工作。"

李普曼的言论告诉我们,时事评论的"世界观"在于:提出"言之成理"且"经得起检验"的图景,这一图景能够帮助民众"形成见解"。若要再细化分析,可能有以下三个面向:首先,"言之成理",强调了时评写作过程中思路逻辑要清晰,理论框架要明确;其次,"经得起检验",强调了时评写作要贴近"事实以及发展中的事实";第三,"形成见解",强调了时评写作要有受众意识,有对象感并担负一定的公共责任。

(二)方法论:时事评论写作的三层面通则

时评写作,在方法论上,有三层面的通则需要认真理解。

1. 基本事实层面

首先要明确所评的是什么?因此,在方法论上,第一层面的通则就是:把握评论的基本事实对象(人、事、物)。

这一通则，看上去似乎很简单。但是，在信息爆炸、虚假新闻横行的今天，要把握某件事情的基本事实，也并非易事。时事评论，如果时事就不准确甚至是杜撰的，那由此生成的评论则更是没有意义。比如在 2007 年 10 月 8 日，有媒体报道说，当年安徽专科（高职）以上的上线率，每 100 个学生中有 85 个女生、15 个男生，这一数据创下了国内此类统计中，女生所占比例的新纪录。但是当天，教育部与安徽省相关网站就进行了辟谣：安徽省今年专科（高职）以上的上线男女考生比例为 56.76％、43.24％，专科（高职）以上的录取男女生比例为 55.71％、44.29％——但是，还是有一些时评作者"中招了"，就这一消息洋洋洒洒进行了评论，后来证明新闻由头错了，贻笑大方。

由此可见，每一个时评作者，对于新闻由头（特别是社会新闻）要谨慎，对于比较耸人听闻的消息内容进行评论时，要多问几个"为什么"，首先对新闻本身的真实进行适当分析。

2. 选题处理层面

古语说，"入门须正，立志须高"。如果说"入门须正"对应基本事实的真切准确，那么，"立志须高"就对应着时评写作中选题处理的要义所在。直言之，就是两个 P，Problem（问题）与 Prospective（角度）。

Problem（问题），首先，要强调从大处着眼，在社会－历史情境中去找问题、看问题、分析问题并提出假设。比如，很多关于腐败案例的评论都习惯于谴责"落马"官员的人情人性、认为其道德层出了问题，其实更该分析的是国家、政府、制度乃至传统文化因素对于贪官的"塑造"；其次，就是要经世致用。在紧跟新闻事态发展的同时，须慎之又慎，应当在直面事实、把话说透的前提下保持"热运转"中的"冷思考"。比如在 2008 年汶川地震事件中，《人民日报》5 月 12 日，5 月 13 日评论员文章《灾难中凝聚沉着的力量》、5 月 14 日社论《紧急行动起来》、5 月 15 日社论《人民生命高于一切》等系列评论文章就做得相当到位，均快速、冷静、务实，特别强调了"以人为本"的主题，与时代精神相契合。

Prospective（角度），时评写作的角度要新颖独到，"出新意于法度之中，寄妙理于豪放之外"，这一点对于新闻评论来说尤为关键。人云亦云，只能使媒体失去受众——特别是在当下这个信息过载时代，各种各样的宏评、点评、快评、短评乃至回帖、流言泛滥于互联网世界的内外，角度的卓尔不群就更加关键，因此为了做好时评写作工作，平日需要有意识地去锻炼自己的一种能力，就是：当面对一个问题的时候，要尝试想出至少五种角度，去进行分析。比如,全球变暖,可以由哪五种视角切入分析？再比如,金融危机、油价上涨、丁克家庭、网络暴民等等。

3. 篇章结构层面

时评的写作,其实没有定法;但是,灵动、跌宕、清晰的篇章结构却是赢得受众的关键一环。

首先,开篇观点要明确,这是最基本的要求。受众的注意力资源是最宝贵的,尽量要在第一段让他们明白到底在说什么,否则他们可能就没有兴趣与信心继续读、看下去——对于此,在平日里,新闻业者也要有意识地锻炼自己的"一句话能力",即是否能用一句话把自己文章的主旨说清楚、道明白。

其次,论证流畅。行文起伏、层次分明、节奏合理,同时因传播之用,更要注意音韵铿锵、朗朗上口。这一点,其实倒是可以跟诸子百家、唐宋名家、明清散文多学习学习。比如欧阳修的名篇《朋党论》,开头即提出"大凡君子与君子以同道为朋,小人与小人以同利为朋"的观点,一句话就把文章要义讲了明白。

最后,收尾利落,"篇中无闲句,句中无闲字"。这是一个速变与速朽的时代,没有人喜欢拖泥带水的文字。博士买驴,书卷三纸还不见"驴"字,这种章法放到今天是注定要淘汰的。

(三)电视时事评论的构成与特质

电视时事评论,是进行舆论监督和舆论引导的重要阵地,它敏锐地抓住现实社会生活中带有普遍意义和典型意义的新闻事件,透过屏幕,做出深入、尖锐的剖析,提出带有启发性的见解——由于借助了电视较为强大的传播功能,往往会在民众中产生巨大的影响,甚至直接影响社会潮流的动向和政府决策。

世界各国对电视时评评论的作用历来十分重视。一个有影响的电视时评节目,一个著名的时事评论主持人,不仅在观众中有广泛的影响和极高的威望,而且能通过这种影响和威望,影响甚至改变一个国家的大政方针。美国著名的电视评论主持人克朗·凯特对当时政府越战政策的批评,就引发了全国性的反战示威活动,直接导致了越南战争的结束。

1. "观察"与"思考"

我国中央电视台最早的时评节目《观察与思考》,这个节目的名称就非常形象、准确地说明了电视时评节目的特点,即"形象化的政论"——

"观察"，就是对新闻事件的客观报道；"思考"，就是对新闻事件的分析评论。

"观察"，侧重于画面镜头的记录展示；"思考"，侧重于文字解说的理性评述。二者互为依托、互相引导、交替前进。

"观察"与"思考"，也体现了电视时事评论具有的"一事一议"特质，由具体的新闻事件出发，引发出对某一普遍问题、某一社会现象的评论。比如，对我国可可西里地区盗猎藏羚羊事件的报道，引发对保护珍惜野生动物、保护自然生态环境的评论。

2. 以点带面，以实带虚

"以点带面、以小见大""从具体到抽象"是电视时事评论所擅长的。在撰写评论稿时，要注意：首先，要有目的地陈述新闻事实、夹叙夹议；其次，尽可能从画面形象出发，自然而然地提炼出所要评述的问题；此外，由于画面所具有的现场实感，所呈现的细节特征有很强的针对性，评论部分切不可任意夸大、无限上纲；还有就是，倾向性和分析评述一般通过报道的进程自然显现出来；最后，在作结论时，更要慎重把握语言的分寸，推敲斟酌表述的方式，尽量避免直接做主观的结论和是非的评判，而是要水到渠成地引导观众去思考，自己去下结论。

在"以实带虚"的电视时事评论中，实的部分主要由画面叙述传达；虚的部分，即分析评述，主要依靠文字解说。这就要求虚实之间的关系一定要处理得当、相互配合、相得益彰。在新闻事实的部分时，语言尽量带有一定的"潜台词"和暗示性；在分析评论时，要兼顾到事件的针对性，使观众对新闻事件本身和由此引发的思考，都能留下深刻的印象。

3. 时空画面里的电视特性

电视时事评论，必须选择新近发生的典型的新闻事件做出评论。如果不是新闻，而是旧闻，事件再典型、再深刻，意义再重大，时过境迁，也缺少进行评论的现实针对性。因为这类事件早已在社会上流传、沉淀，观众已经有了相应的认识和分析判断，"马后炮"式的"雨后送伞"，不会引起观众的关注，而且会造成观众对新闻媒体的不信任感。滞后的报道和评论，往往会引发观众对其他因素介入、干扰的怀疑。特别是比较尖锐的揭露性报道，其信息量和影响力是随着时间的推移而递减的。

电视时评，应该具有一定的超前性和预见性。尤其是评论部分，不能拾人牙慧，人云亦云，必须有自己独特的分析和见解，这样才可能给观众有益的启示和适当的引导。"智者见与未萌，愚者谙于成事"，在事物刚刚萌芽之际，就能够看出其潜在的影响，就能够及时准确地有所发现、有所预见，通过鞭辟入里的深入分析，指出其必然的发展趋势和影响后果。那么，这个萌芽状态的事物，就是时事评论节目抓住的新闻事件。报道对象的准确选择和及时报道，是电视时事评论得以生存的关键，事件本身是否具有可以分析讨论的价值，往往起着决定性的作用。

超前性，还体现在对那些人人有所感觉、而尚未清晰认识、准确把握的现象，能够率先做出科学的、富有见地的说明。通过突发的、偶然的新闻事件，深入地、合乎逻辑地揭示现象背后的本质——这就需要评论者纵横捭阖地调动经验积累，发现事物之间的内在联系，从复杂的表面现象中进行剥茧抽丝的辨析，做出令人信服的评说。

电视时事评论同报纸的社论、评论和广播的新闻述评不同，后者基本上是以语言文字构成完整的论述系统，说理充分、论证严密、逻辑规范，侧重理性语言的分析和推论，可以脱离具体的事件做抽象的评论，所举的事实例证不过是作为论题的论据而已。电视时事评论则以新闻事件的报道作为基本线索和主要脉络，一切分析评述都在报道事件的进程中进行，评论的针对性较强，一般不做空对空的泛泛评论——电视时事评论，分析多于评论，解剖多于判断。所以，在电视时事评论中，主观与客观、画面与解说、感性与理性、过程与分析、事实与评论之间的关系一定要处理得当。特别是记者身份、媒介角色、观众代言人、喉舌意识中各种分寸的把握要适当，避免角色错位或话语权力的失度。切记记者不是律师、不是法官，更不是行政主管，不能"为民请命"，也不能充当"救世主"，耳提面命地摆出教训人的姿态。调查与展示，才是电视时事评论最重要的评论手段。

（四）电视时事评论写作的三种形态

在我国，电视时事评论节目一般有以下三种形态：

1. 新闻事件的深度报道与调查

这是我国电视时事评论的一种主要形态，自 1990 年代中期开始流行，比如中央电视台新闻频道具有广泛影响的《焦点访谈》《新闻调查》，以及各地电视台曾经很流行的类似"焦点""透视""话题""纵横"之类的节目（此类节目，在当前基本已成为明日黄花）。

该形态的时事评论节目，以新闻事件的追踪报道和深入调查为基本构成。记者的分析评论,大都体现在调查过程的安排上、采访对象的选择中、采访问题的提问方式上、对事件来龙去脉的介绍展示中。基本是以客观调查、具体分析的态度进行报道,一般不跳出来做直接的评论,做是非曲直的判断。记者的态度和倾向,完全可以通过事实的披露反映出来。

需要指出的是,任何调查方式和叙述方式都是有倾向性的。这种倾向是通过观众的感受得出的,而不是自己直白说出来的。比如《焦点访谈》当年有一期"雄县追车记"的报道,记者非常冷静、客观地调查被盗车辆的来龙去脉、收缴之后的处理结果和真实的发动机号码。采访调查的过程中没有做一个字褒贬评论,却在事件的调查过程中,把雄县刑警大队部分干警以权谋私、擅自使用扣押赃车、勒索高额赎金,并千方百计掩盖事情真相的丑恶嘴脸暴露无遗。

在此类节目的制作中,应当尽量保持事件调查的客观性和过程性,过程本身往往比结果和结论更重要。要使事件的展示过程、记者的调查过程、观众的感受过程尽可能保持一致。过程是主线、是脉络,是一条长长的藤,调查的问题是藤上结出的瓜,以藤带瓜,至于结出的是苦瓜还是歪瓜,观众自然会看得一清二楚。

对事件的剖析评论,主要体现在结构的安排上。事件的调查过程,也是悬念产生的契机,要善于设置悬念,不断地提出问题,逐一地解决问题。形成一波三折、层层剥笋、步步递进、一追到底、卒章显志的效果。这种结构方式,往往体现出记者的倾向和用心。而为了保持调查的客观公正,记者的主观意图不要过早显现,尽量不要把节目的落点作为节目的起点,使落点和起点形成某种"非同性"或"不一致性",在调查的开始不要过早公布结果,要先放水、再开渠,评论时水到渠成、瓜熟蒂落。

电视时事评论不同于其他评论,它在调查的过程中可以提供充分的"反辩":让矛盾的各方都有机会"讲话",有机会发表意见,有活动和表现的空间。即便是准备批评、揭露的对象,也应该以客观的态度进行调查询问,不要轻易暴露主观意图,更不要压制对方。矛盾的充分展开,对象的充分表现,才能够真正从比较中明辨是非,从现象中看出本质。

在深度报道的调查类评论节目中,事件的发展和真相主要通过记者的调查采访获得,记者的调查轨迹往往是事件真相的披露过程。画外解说,在此类节目中,一般不承担主要的叙事功能。解说大多在下面这些地方发挥作用:

引出故事;交代时空背景;压缩调查过程;厘清因果关系和人物关系;对

抽象信息、相关资料的介绍（如数字）；提请观众注意关键细节；做必要的点评。

其中最重要的是：通过问题的提出，结构全片，整合散乱的信息，评论的色彩隐含其中。对事实的说明要客观、冷静，避免主观色彩的过度渗入；对过程的叙述要简洁、准确，突出关键信息，既不能在关键问题上含糊不清，又不能画蛇添足地节外生枝。特别在分析评论的时候，如果事实已经充分体现出问题的实质，观众自然会得出明确的结论，就无需解说再添油加醋。分析，切忌浮在表面上；评论，最忌人云亦云的老生常谈，新闻评论必须有深度、有新意、有独到见解，才能得到观众的认可和好评。

2. 夹叙夹议的时事评论节目

该形态节目的特征是夹叙夹议、边叙边议。

其形式上的明显特点是：记者或主持人随时中断新闻事件的叙述过程，在事件的某一阶段或某一环节上，独立出来进行分析和评点，发表一定的议论。叙事和评论有明显的段落界线，整个事件的展示过程是分段进行的，如草蛇灰线、时断时续。事件的介绍一般作为评论的对象，或作为发表评论的论据说明。观众关注的不仅是事件本身，而是事件背后蕴含的意义，以及可以由此引发的思考。

比如，中央电视台新闻频道于 2008 年新近开播的《新闻 1＋1》（见图 7-5），就是这类节目的典型代表——外景的采访拍摄承担事件的叙述任务，通过大屏幕现场回放的方式，片片断断地介绍事件的过程，在事件进程中随时中断叙述，回到演播室进行阶段式的评点分析。

图 7-5 《新闻 1＋1》

在采用这种评论方式时，事件的选择尤其重要。事件本身不一定具有强烈的刺激性和震撼力，但一定要具备较强的可析性，具有值得分析、值得评论的新闻价值。而且事件应有一定的代表性和普遍意义，最好是反映出某种趋势或苗头。所选择的事件应同其他相关的事件有观照、比较、辐射、引申的可能。在分析评论时可以做到由此及彼，举一反三。

事件本身既是评论的对象,也是评论的话由和引子。它既要作为评论的重要论据,也要通过它引发相关的议论。

此种形态的评论节目,在语言的使用上一定要有交流感,避免使用那些生僻、艰涩、过于专业的词汇;语气尽量生活化,要亲切自然,要有强烈的参与意识,不能像置身事外的局外人一样,做冷眼旁观式的评判。在可能的情况下,评论者最好能置身事发的现场,在进行现场报道的同时,边叙边议,发表自己的直观感受和独到见解。

如果受到条件的限制,必须回到演播室进行回放。那么,最关键的问题,是处理好现场部分和演播室部分的衔接。转场的时机一定要准确把握,思考在事件叙述的什么环节,才是发表评论的最佳时机。由叙述转入评论,由外景回到演播室,环境、氛围在视觉上都发生了明显的变化,怎样从容过渡、自然流畅,调整观众的收视情绪,都需要精心地设计。许多此形态的节目都因为处理不当而感到别扭生硬。

需要注意的是,在策划节目时,一定要把现场部分和演播室部分统一设计、整体安排,甚至转换的环节都要考虑妥当。不能操作时各行其是,后期再生拉硬拽地拼凑起来。

3. 不以事件为依托,直接就某一话题/现象做评论的节目

应该说,这是时事评论的基本形态,也是其他媒体常用的形式。

在国外的电视时事评论中,这种形态的节目较多,新闻评论员或节目主持人就当前某一热门话题或社会现象,滔滔不绝地发表一番看法和评论。我国电视发展早期,也出现过此种类型的节目,如乔冠英主持的《周末热门话题》。但是,由于众所周知的原因,这种节目形态一直没有得到充分的发展。

而随着电视改革的进程,这种类型的节目也逐渐成熟,比如《时事开讲》《锵锵三人行》《听我非常道》都带有直接评论的性质。

此种评论节目的新闻性质,主要体现在它所评论的话题和现象,必须是当前引起广泛关注的热门话题,是具有普遍社会关切度的热点现象,是万众瞩目的焦点,不能冷僻、不能褊狭。比如城市交通、乐活生活、股市风云等等问题,都能引发观众强烈的参与意识。

这种评论的模式,一般是以主持人独白或邀请嘉宾共同讨论的方式进行。这种直接的评论对稿件的要求非常高:

首先,要有新意,不能是老生常谈、人云亦云的陈词滥调。

其次,要有见地,不能停留在一般认识的水平上;最好有独特的见解,给

人以新的启发,让人心服口服。即便不能完全做到这一点,起码也要做到准确到位,合情合理,说到点子上,评在要害处。

还有就是,评论要精彩,要具有语言的魅力和气势,尽管不能完全做到字字珠玑、妙语连珠,让人拍案叫绝、赞叹不已,起码也要在表述形式上求新求变,令人耳目一新。

而在稿件中,最难处理的是主持人语言的个性化要求同媒介角色和喉舌身份的矛盾。在这里,语言分寸感的把握十分重要,说什么话?怎样说?什么时候说?说到什么分寸?在什么环境和条件下说?都要仔细斟酌、拿捏。胆大妄为,不计后果,会造成负面的影响;唯唯诺诺,诚惶诚恐,又得不到观众的认可。其实,语言技巧的灵活运用,有很大的营造空间,这正是语言艺术的魅力所在。只要心中坦荡、精心处理、匠心独运,偶尔出点纰漏和差错,任谁都在所难免,不必过于紧张。毕竟,我们的社会环境是越来越宽松了。

这种评论的语言,其生活化、口语化的要求相当严格——一句文绉绉的书面语、一个生僻的文言词、一句冠冕堂皇的训诫语气——都会遭到观众的强烈反感。甚至主持人的形体动作、面部表情、服装道具、色彩景别,同要议论的话题、同使用的语言之间,都会产生一定的影响——这些同其他媒体的评论方式有着许多不尽相同之处,甚至语言的听觉美感、抑扬顿挫,都同一般的文字评论有所区别。

综上,电视时事评论,往往能引起广泛的社会反响,是影响社会舆论的重要平台,也是沟通政府和群众的桥梁。搞好电视时事评论,我们还有许多工作要做,还有不少亟待解决的课题需要研究,应该有更多的有识之士为之努力。

我国的电视新闻节目正面临着重要改革的关键时期,许多新的形式不断涌现并逐渐蔚然成风。比如,从传统的播报方式改进到"说新闻""讲新闻",要求新闻节目各条新闻之间形成统一的语感,要寻找适当的过渡和连接方式,更重视对新闻信息来源的收集、整理和选择,强调新闻消息的组合报道和综合报道,新媒体的语态影响乃至冲击,等等——这些变化,对电视新闻稿件的写作,提出了许多新的课题。传统的手法和理论,已经不能完全适应新的形式要求。敢于面对任何新的挑战,不断在实践中摸索和总结,应该成为我们致力的目标。

第八讲
电视片写作：以专题型为主

一、专题型 vs. 纪实型：电视片的主题建构与写作要求

若要对电视片进行细分，则按照主题在产制过程中建构、形成的先后顺序，可分为专题型和纪实型两大类别——之所以将电视片分为这两大类别，主要是考虑到传统意义上纪录片与专题片的关系问题。

主题先行且鲜明的专题型电视片与排斥"主题先行"、强调对现实生活的"纪实"的纪实型电视片，在生产流程中对于写作工作的要求也大相径庭。一般而言，专题型电视片对于写作工作的要求较高，强调文字的张力与深度；没有文字，则难以形成主题。近年来，中央电视台大型纪录片《大国崛起》《复兴之路》《伟大的历程》等都是其中的典型代表；而纪实型电视片对于写作工作的要求较低，强调在摄制环节中去发现，用镜头和情节本身去"书写"；有些纪实型电视片佳作很少使用解说文字，有时甚至完全不使用，比如获得 2007 年第 79 届奥斯卡最佳纪录短片奖的《颖州的孩子》等，就是其中的典型代表。

正是由于不同类型对于写作的要求不同，本书在电视片写作环节，就抓住重点——以更加重视文字功底的专题型电视片为解读的文本,而其中的文献纪录片、政论片等片种又成为"重中之重"。不过,当然,无论是什么样的电视片,都需要把四方面的话讲明白:首先,必须要讲的话。该传达的信息不讲不行,不讲观众就弄不清楚、看不明白;其次,令人信服的话。情合理,不虚饰、空洞;再次,令人感兴趣的话。语言要有感染力和吸引力,使观众感兴趣;最后,讲令人赞叹的话。你的说法能让观众啧啧不绝乃至拍案叫绝——归纳起来,就是:叙事清楚、说话在理、感人动情、出奇制胜、有趣有味、气势逼人。

二、专题型电视片的社会—历史意义及要求

(一)电视影像的社会—历史意义

在我国电视发展史上,专题型电视片这一类节目曾经产生过重要的影响。其观众收视之众、社会影响之深远、历史价值之特别,都是空前的。或许是因为中国特殊的历史、国情,使得中国民众对此类题材有着浓厚的兴趣——他们关心政治、关心历史、关心国家的命运。而电视媒体借助其巨大的传播魅力,把民众的关注凝聚在这一类节目中。像《百年中国》《大国崛起》《复兴之路》《幼童》《故宫》等大型电视片,都以其生动的画面、珍贵的资料、精辟的解说,深深吸引了亿万观众,给他们以强烈的震撼。电视的社会教育和引导功能,在这类节目中得到了突出的体现,不亚于许多社会—历史教科书,或者就成为社会—历史领域的"电视教科书",比如《大国崛起》(见图 8-1)——按照该片总编导任学安的说法,这部体现了"中国人的世界观照与自我认同"的文献纪录片除了有巨大的市场能量(1100 多万的投资,获得了将近1 个亿的直接经济收入)之外,修订后的《大国崛起》会作为我国中学、大学(包括党校)世界史的电视教材;此外,修订后的《复兴之路》(见图 8-2)也将会作为中国近现代史的电视教材,进入课堂使用。①

---

① 参考"中国纪录片 20 年论坛暨展映活动"文字资料,2007 年 12 月。

图 8-1 《大国崛起》

图 8-2 《复兴之路》

（二）特殊的写作前提与要求

专题型电视片这一类节目对我国电视节目的创作，产生过深刻的影响。应该说，这些电视产品大都是集中了优秀电视业者智慧的精心之作，其中许多宝贵的创作经验，至今依然是值得借鉴的典范。这种节目类型，在今后相当长的时期内，仍然会有自己独特的地位和影响。所以，认真研究这种类型电视片的创作经验，是非常必要的。特别是在这一类节目的产制中，写作的作用显得格外突出，因此具有若干特殊的前提条件与要求。

1. 专题型电视片写作的三个前提

总体说来，此类节目一般都是比较重大的社会－历史题材，需要认真组织方方面面的力量，精心策划、统筹安排。这一类节目的创作，绝对不能仓促上马，必须具备一些基本的前提条件：

第一，要认真领会上级机构的创作意图和基本要求。

这类节目的创制，大多是政府行为，是主管部门根据形势需要确定的选题，即我们通常所说的"任务片"。要顺利完成任务，必须很好地领会任务的精神和上级的意图。创作的基本方向、定位一定要把握准确，不能自行其是、另起炉灶，或南辕北辙、偏离了方向。特别是对相关政策、选题对象、采访人物、论述口径、评价分寸，都要细心地征求意见，取得首肯、认可。比如，林彪这样一个人物，历史上有过功劳，产生过影响，能不能出现形象画面？怎样介绍？如何评价？在什么情况下可以出现？——这些比较重大的问题，都不是编导、撰稿人能够自己决定的，必须要征求权威部门的意见。凡是重大历史问题、重要人物评价、重大理论观点，都要慎重处理。

第二，加强前期策划，统筹安排、合理规划、精心组织操作。

此类节目都是"大兵团"集体创作，投入的人力、物力巨大，一旦行动起来就是"大动作""大手笔"。因此，需要在前期策划上细致规划，思考如何组织各方面力量的分工、合作，思考如何处理分头承担与总体把握的关系、拍摄制作的进度周期、临时调整的应急准备等。特别是此类节目的播出时机早已确定，容不得一时的失误而延期，必须准备充分。

第三、要有尽可能完备的资料来源、通畅的采访渠道，充分占有资料。

充分的资料保证和通畅的采访渠道，是创作这一类节目的前提保证。相关的文字材料、图片资料、影像资料、采访记录，以及有关的文件、物品，尽可能收集到手——这一点，对政论片和文献性纪录片的创作尤为重要。因为创作此类节目要想取得成功，起码要具备两个基本条件：独家的资料与独家的观点。独家资料带来的新鲜感、吸引力，往往超过千百字的论述；而独家的观点，则进入到社会－历史情境中，对某些问题做出全新的阐释、再解读——这也是该类节目的根本意义所在。

2. 专题型电视片对写作工作的六点要求

专题型电视片，特别是政论片和文献性纪录片，可以事先写好一套相对完整的解说词文稿，然后根据解说词的叙述结构、意义表达，去拍摄、寻找相关的画面作形象的说明。文字解说，作为基本的表述手段，是电视的其他表现手段所围绕的中心。所以，这类节目定位特点是"文字为主""解说先行"，并有具体的六点要求：

第一，文字解说的语言要有比较完整的表述形式。

这类电视片主要是说理明道，有很强的论述色彩。因此，要求文字解说的语言形式比较完整、逻辑结构比较严密、语言论述比较连贯、思维方式不能过于跳跃;要求语气贯通、一气呵成。文字解说的量一般比较大,有时连篇累牍、铺满画面,最多时可以达到200字/分钟的解说词量。所以,其行文的因果关系、指代关系、承接关系要比较清楚,语言的比例分布要比较匀称。特别是政论片,其说理论述必须严密、周全,虽然不一定面面俱到,但是必须论述充分,不能出现过多的空白、余缺,以免产生歧义、疑点。也正因为此,政论片的解说词文本形态相对比较完整,一般可以独立成章,甚至可以印刷发行,作为很好的文学作品供读者欣赏。比如,在纪念改革开放三十年的大型政论片《伟大的历程》(见图 8-3)第七集《复兴伟业》解说的最后部分,就是很具文采但又不失严谨的一段论述:

图 8-3 《伟大的历程》

春风秋雨,共同经历;春华秋实,一起收获。

两百年的探索奋斗,有太多的期待。三十载的改革开放,写下辉煌的承诺。

真理的长河,将不歇地奔流;复兴的歌谣,将永恒地传唱。

在中国共产党的领导下,中华民族的如椽之笔,将谱写出更绚烂、更动人的华彩乐章!

第二,要以具体的细节、情节支撑论述。

"形象化政论"的一个主要特点,就是以典型细节或故事情节的叙述,支撑所要论述的观点。叙述的成分要多,纯粹议论的成分相对较少。细节、故事本身就是观点,或是论述的逻辑起点与落点。

在《世纪行》这部政论片中,谈到"延安像一块磁石,吸引了千千万万寻求真理的青年,他们后来成为解放全国的后备军"时,有这样一段细节:

> 毛泽东在延安的一次舞会上,问一位女青年:"你叫什么名字?""何理良。""唔,就是如何如何的何,道理的理,良好的良吗?也就是什么道理好的意思喽?"毛泽东的一席笑谈,历史作了结论,共产党的大道理最好!

在《世纪行》中还有这样呼应的两段细节:

> 建国之初,傅作义先生曾向接管北平的中共代表有感而发:"我们国民党30多年就垮台了。你们共产党当然不会那么快就重蹈覆辙,但40年、50年以后,会不会呢?"遗训在耳,三年困难时期,周总理这样告诫全党:"我们国家的干部是人民的公仆,应该和群众同甘苦、共命运,如果不这样,那是会引起群众公愤的。"

这些细节,把创作意图的议论成分自然融入其中,无需更多的语言去重复论述了。

其实,每一件具体事例的选择、使用,都有着明确的目的、指向,既具有一定的感染力,又具有较强的说服力——用生动形象的故事进行论证,是政论片解说词的重要特色。

第三,要善于上下勾连、纵横观照。

文字解说要能够引申出比较充分的相关材料、论证,提供可以进行多方位参照、比较的系数。论述最忌讳的是"孤证""个例",因为这往往容易给人以偏概全的感觉,不足以服人。成功的论述,要能够旁征博引、纵横捭阖,才能得心应手、游刃有余。

论述问题,首先要具备一定的历史观感,在历史的坐标系中确定其真正的价值,政论片、文献性纪录片尤其如此。同时,只有通过比较,才能有所鉴别,才能判定是非真伪。所以,提供各种横向的观照十分必要:中国的、外国的;正面的、负面的;成功的、失败的;不同领域、不同性质的。视野广阔,立意才高;就事论事,会削弱此类节目的价值。

比如,我们如果论及以色列入侵加沙地区,就要同历史、现当代一些类似的现象,做出纵向、横向的观照;可以联系南联盟和巴尔干地区的历史,为什么成为两次世界大战的爆发点;可以联系朝鲜战争、越南战争;还可以联系美国出兵巴拿马、干涉索马里;甚至可以联系前苏联军队出兵阿富汗、俄罗斯攻打车臣的战争,以及两伊战争、美国对伊拉克的战争等等。鉴古知今、观人察己,丰富的参照资料,也是"用事实说话"的主要方式。

这里有一个较典型的案例,来自CCTV-2经济频道为改革开放三十年制作的《中国故事》之《陈哲》。撰稿人将国内外政治、社会格局作为大背景,描述了1986年在文艺界发生的一件事,形成了大历史与小进程之间的一种关联:

> 1986年是"世界和平年",改革开放的总设计师——邓小平宣布"和平和发展"将是未来的主题,中国人彻底告别了多年以来"备战、备荒"的日子。
>
> 这一年,中国录音录像出版总社策划为"和平年"组织一场大型的百名歌星演唱会,马上得到了东方歌舞团的全力支持。

第四,论述有信息量的保证。

"句句带信息",对电视写作而言,应该是一个基本的要求;但是,真正做到,又是一个很高的要求。电视解说词最忌空泛、言之无物,特别是其中的议论部分,更容易夸夸其谈。电视解说词的议论部分是通过听觉接受的,因此,过于抽象的理论观点,会使得观众如堕五里雾中、不得要领,很难听进去、更难记得住。但是对于一定情境中的具体信息,却可以通过形象的感受接受进来——因此,论述要有信息量的保证,尽量通过具体的信息传达观念。比如,在《让历史告诉未来》一片中,在谈论彭德怀时,有这样一段文字解说:

> 正如丘吉尔休息时喜欢打毛线,杜鲁门爱打桥牌一样,麦克阿瑟将军的爱好是浏览世界杰出领导人的传略。不过,当他以指挥仁川登陆的成功而名声显赫的时候,不幸竟忽略了研究彭德怀这样的中国军事对手

的情况。他应当知道彭德怀是酷爱下棋的,并且布棋如布兵,大胆果断,每盘必杀出输赢才罢手。

这一段文字,几乎每句都有信息,每种信息之间又构成了内在的逻辑联系,使得议论环环相扣、气势逼人。

这是比较典型的电视政论方法,用形象、具体的信息引出议论,或者代替抽象的议论,这样,才较易被观众接受和产生同感。

第五,文字解说要有深入的思考和立意。

专题型电视片要有一定的哲思色彩,进行比较深入的探讨。太简单化、一般化的立意,没有创作、播出的价值,等于兴师动众、劳民伤财,最后放了个无声无息的"哑炮",这样就没有必要动用电视媒体这一手段。而理性的思考、论述,主要体现在文字解说的分量上——能否达到一定的思想深度,是对创作者水平的检验。所以,在创作时,思路要开阔、立意要高远,要给自己定出比较高的标尺,"取法乎上,得乎其中"。

如果做进一步的要求,此类节目还应该对选题反映出的人生思考、社会问题乃至历史关怀进行准确的阐述;同时,最好能具有一定的文化价值,对人类、生命这些属于"终极关怀"的方面有所涉及。电视业者必须进行深入的思考,有所发现、有所创造——毕竟,想要对观众、社会有所影响、启迪,没有点儿"真货色""新货色"是不可能的。

那么,提出这样的要求,是不是脱离了题材本身的内涵,大而无当、拔苗助长,以至于拉大了同观众的距离呢?其实不然,能够静下心来看这类节目的观众,决不是为了纯粹的消遣、娱乐,而是为了有所获得、有所启发、有所思考。如果停留在一般水平上,势必会使他们感到失望。何况,人生哲理、终极关怀,原本就蕴藏在社会生活的每一个角落——这里,就不是"有没有"的问题,而是"我们能否挖掘出来"的问题。这就好比当讨论到一个热门的社会话题——企业家"原罪"的时候,《中国故事之柳传志》,通过一种基于事实论述的对比手法,给出了一种观点:

> 今天,当追求个人财富已经是一种正当需要的时候。我们好像才猛然意识到,自己也曾赤身裸体过。于是,开始苛责那些"偷苹果"的人。实际上,在历史面前,"原罪"是我们每个人的共同命运,只不过它由某些人来承担。

1989年春天,柳传志回到自己位于中关村的家。几个月前他刚刚搬到这里,和过去的自行车棚相比,那是一间能真正称得上"家"的房子。80多平方米,两间卧室,一个卫生间。那时,柳传志的父母亲已经将近70岁,他还有两个孩子,儿子16岁,女儿8岁。

第六,文字解说要有感染人的语言魅力。

有人提出,这一类电视片,尽管有一定的社会价值,但缺少审美价值。其实,这类节目同样具备较高的审美价值,只不过其审美价值不一定通过画面镜头表现出来——这类片子需要大量使用资料镜头、固定图片和当事人回述,用空间镜头表现时间的画面较多。因此,其魅力主要体现在语言的表述技巧上。而精彩的文字解说,往往也会带给观众较强的审美愉悦感。我们来看下面一些介绍人物的精彩文字解说:

李德——然而,就在这个时候,一条小船,给中央苏区送来了一个特殊的人物,一个不会爬山,也不肯乘轿的外国人。他将给苏区和红军带来什么呢?

毛泽东——这位领导过农民运动、写诗填词、富有想象力的教书先生,终于使面临覆灭命运的红军开始有了转机。

瞿秋白——瞿秋白落入敌手。被处决的时候,他从容地燃起一支烟,在一片青草地上坐下来说:"好,就是这里了,开枪吧!"

张国焘——张国焘被外国记者称为"长征中吃得最胖的人"。

哈默——他有钱,比有钱的人还有钱。有人说哈默是亿万富翁,哈默很不高兴,说言过其实。但哈默从24岁起就再也没有数过自己到底有多少钱了。

其实,在专题型电视片中,类似的精彩解说不胜枚举。有时,一句精彩的解说、一种新鲜的表述、一次独具匠心的语言组合,常常会令观众赞叹不已、久久难忘。由此,提高语言运用的技巧、发挥文字解说的魅力,是此类节目需要重点努力的一个方向。

当然,在政论片、文献性纪录片的创作中,虽然文字解说已经形成了自成一体的表述格局,但在采访、拍摄、编辑、合成的各个制作环节中,完全恪守解说文本,一字不改的情况也是不现实的。还是需要根据制作过程中各种手段的使用情况进行文字的再修改、协调与润色,尽可能地把纯粹的文字表述与其他手段配合起来。如果能够通过画面和采访带出解说,那就尽量从中带出;如果画面或音乐表现力特别充分的地方,也可以把解说词压缩。总之,凡是能够让出来的地方尽量让给其他手段去表现,该交给字幕的就交给字幕表现;采访同期声已经讲到的内容,文字解说也不必重复。

作家写文章要求一字不易,是合理的;个人的风格、习惯应该充分尊重,因为文责自负。但是,电视产品不行,因为这不是纯粹的个人作品、个人创作;其媒介身份及语言特点,对写作有着先天的制约。而且,修改和协调解说文字,是为了提高作品的表现力、而不是相反。

三、电视片写作的五条形式规则与特征

诚然,电视片写作的语言形式,并没有绝对的一定之规,更应当根据内容需要选择适当的表述形式、确定文字解说的基调与风格。同一题材的节目,在不同的编辑意图和画面背景下,会有不同样式的写作模式;甚至在不同的解说撰稿人手中,解说的风格、样式、表述也各有千秋。

不过,虽然电视片的写作没有固定的模式,但也有一些形式上的基本规则与特征,需要我们学习借鉴和掌握。只有具备这些形式规律与特征,才称得上一部好的电视片,并具有戏剧性、深度和观众与主题之间的情感互动[1]。

(一)画面长度与解说字数的关系

电视解说词,是在时间的延续中展示空间的艺术,也是在空间的转换中展现时间的艺术。对于电视写作者而言,对时间字数的准确把握,是同画面配合的重要技术要求。电视解说词不能天马行空、任意挥洒,它必须注意同画面的对位、交汇、碰撞、即离的时机,注意画面长度的容纳字数和解说者(reader)的语速语调。

在过去电视技术手段不够发达、录音效果不够理想的时候,中文普通话节目的解说要求,是大约每分钟的画面配上 180 个字解说词。而随着技术手段的提升,以及作为电视接受者的民众生活节奏不断加快,电视解说的速度也越来越快。目前,电视解说的速度,是大约每分钟画面配上 250 个字解说

---

① [美]赫利尔德:《电视、广播和新媒体写作》,谢静译,华夏出版社 2002 年版,第 142 页。

词,甚至还要略快一些。但是,如果解说达到每分钟300个字以上,则语速就显得过快,中老年人或者处于伴随状态收看的观众就会感到有些吃力。

并且,以上这些还不是最关键的问题,更重要的是:文字与画面严格对位之处,绝对不能错位。特别对电视画面中那些特殊的背景、特指的人物、必须强调的细节,相应解说的某个句子,甚至某个词汇,都必须同相关画面的位置对得很准,与针对性的画面形象同时出现,才能获取"有声有色"的预期效果。否则,不仅这种交叉、碰撞、借力的效果难以实现,甚至关键地方的错位,还会带来非常恶劣的后果——比如,你要介绍画面中的主人公,"这是刘××",画面应该是此人的形象,但如果落在出现一群人的大全景画面上,效果就不明显;如果落在"张××"的画面上,那就会造成视觉传达的误解。甚至有这样一个节目,其中介绍一位养鸡场的场长,"这是养鸡场的场长王××"。可是,解说有了几秒钟的错位,导致在这句词儿出现时,画面上正巧是一只引吭高歌的大公鸡!这里出的问题,就不仅仅是传播效果好不好、准确不准确了。

有些电视片在合成解说的时候,不去严格计算字数,粗略地把解说和画面凑成一堆儿,往往闹出不少笑话。有时,字数计算不好,解说可能压了同期声;也可能解说停了好长时间,同期声还出不来。那么,怎样避免这些现象呢?

1. 解说词段落划分要细、要短小,不宜长篇大论

有些片子的解说稿写起来五六分钟、七八分钟还不分段,这样一来,合成的时候不便于解说同画面的准确搭配。段落短小,计算时间字数比较方便,播音员也便于调整语速,找准画面和同期声的准确位置。

2. 解说词句式以短句为主,要见标点符号

解说词写作以七八个字、顶多十几个字一句为宜,不能写几十个字、甚至一百多字还没有出现标点。句式过长,不仅同画面的配合困难,很难调整;连播音员处理句子的逻辑重音、情感拿捏与语速调整都很麻烦。太长的句子,甚至连换气的地方都不宜找到。

比如,像"当我们跨越十六个世纪和三百多公里的时空将摄像机的镜头对准一个多种文化叠印下的社会——南诏政权时"这样的句子就显得太长了,可以将类似的句子分切、处理成较短的句子:"跨越了十六个世纪,跨越了三百多公里,我们将摄像机的镜头,对准南诏政权,这是一个多种文化叠印下的社会"。

3. 解说词要有针对性与弹性

某段解说词无论长短,都只是为特定画面服务。不要笼而统之,放在这里也行、放在那里也可。解说的针对性要求,是同画面编辑的段落性和单一性要求一致的——这样,节目才能做到"眉清目秀"。

解说词写完之后,一定注意结合画面掌握一下时间和字数,不适当的地方及时进行调整。但是,写作者和配音员对语言的感觉处理不尽相同,不同配音员的个人风格、语速也有一定差异,因此,在实际配音中会产生某些误差;有时,解说词还没有念完,画面已经没有了;有时,解说词早就完了,画面还在空走——那么,为了便于临时进行修改,电视解说词尽量写得具有弹性,语句可有可伸缩性,需要时,可以随时填充;不需要时,可以及时压缩。这种弹性,主要体现在不是句子主要成分的附加语和修饰语上,增加它们,可以多一些色彩、氛围;去掉它们,也不影响关键信息的传达。

这样一段解说,就很有弹性:"重庆是一座山城,从上到下,从下到上,层层叠叠,密密麻麻,山是一座城,城是一座山。"如果觉得画面太长,解说分量不足支撑,可以按照这个句式加入修饰成分,比如"从前到后,从后到前","从左到右,从右到左","从东到西,从北到南"等等。如果画面不够,去掉其中的修饰成分也无伤大局,实在不够了,一句话就解决问题——"重庆是一座山城",也把最主要的信息交代了。

(二)数字的形象化处理

电视报道中经常会出现大量的数字,尤其是经济报道、成就报道、统计检查等报道中。而且,这些数字信息非常抽象,很难用画面做准确说明,因此,基本上是通过解说词进行介绍。然而,解说词中的数字听起来相当枯燥,往往影响其艺术感染力;同时,观众通过听觉一次性地体会数字,没有思考、计算的时间,很难直接做出清晰的反应、留下准确的印象。特别是数量比较大,数量单位比较陌生时,观众只是朦朦胧胧听到了数字的音节,根本不知道究竟代表了什么意思。

这时,对数字进行形象化的处理就很必要了,可以在介绍数字的同时,增加一个参照物、对比量,进一步描述这个数字。而这里的参照物、对比量,最好用观众比较熟悉、形象具体的东西。比如,"我们新建了一座装机容量100万千瓦的发电厂,年发电量是××亿千瓦时"——这样的数字不是几十度、几百度电的概念,观众只感觉多,到底具体是多少,其实并不清楚。应该进一步补充,这些发电量能够解决哪些地区的工业用电,或多少万人口的生活用电问题。再比如,某个地区的"希望工程"新建了××万平方米的校舍,应该进一步补充,可以解决多少贫困孩子的入学问题,或者写道,"这些新建的校舍让一个人去住的话,即使一天换一间,也可以让他住上二十年"。

此外,由于电视语言的特点,在使用参照物的时候,尽量寻找具有视觉感的因素,用大家比较熟悉的具体形象作参照物(不一定要绝对准确,但要大体相当)。比如,每到夏天西瓜上市,环卫工人为了清除瓜皮,每天的工作量就大大增加,"每到夏天,北京市每天要多清除垃圾××万立方米,相当于每天搬掉一座景山"——视觉的参照,一目了然。

同样,如果在电视解说词中使用到历史年代,就不能仅仅出现一个年代序号,因为观众没有时间计算、查找到底是什么年代。要使他们一次性接受、了解这个年代,就应该在介绍年代序号的同时,进一步用这个年代著名的历史人物或事件作为参照。比如,提到公元755年,可以补充这是唐代大诗人李白和杜甫生活的年代,是"安史之乱"爆发的年代,是大唐帝国由盛而衰的分界线。而如果是对外出口的节目,最好用世界著名的历史人物或事件作为参照。

(三)谨慎使用简称

简称,是我们在说话或写文章时,为了节省时间、节约字数,对固定称谓的一种压缩用法。由于约定俗成的广泛基础和社会认可,往往无需解释就可以彼此明白。比如"十七大""三贴近""三个代表",以及"北大""清华""广院"等,都是广泛使用的简称。

但是,在电视解说词中使用简称,由于是听觉传达,且对象广泛,一定要非常慎重,要特别注意以下问题:

1. 不能随心所欲,自己发明简称

比如把"五讲四美三热爱"称为"五四三运动"、把"关心下一代工作委员会"称作"关工委"、把"广州军区战士杂技团的人"称为"战杂人"等,都是我国电视解说词中出现过的荒唐例子。简称在电视中使用,必须看它的社会接受程度、媒介宣传中的流行程度,不能想当然的自行其是。

2. 简称具有明显的时代特征和代际界限

在过去广泛使用的简称,今天的年轻人可能如听天书、不知所云何物。比如,文化大革命期间大量使用的一些简称,像什么"斗私批修""一打三反""早请示,晚汇报""三忠于,四无限"等,今天若再使用,必须作充分背景说明,否则年轻的观众听起来如堕雾中。同样,年轻人中使用的简称,也要看它们

的流行程度,如"凉粉"(张靓颖的粉丝)、"青椒"(青年教师)、"波波族"(布尔乔亚＋波希米亚)等,中老年人接受起来也很困难。

3. 简称具有明显的地域、行业特点

在某一地区、某一行业广泛使用,大家认可接受的简称,不宜用在跨地区、跨行业传播的电视片中。各地都有通行的单位简称,本地人互相交流没有什么障碍,其他地区的观众可能根本不懂。特别是行业、领域内的简称。比如,我国航空航天系统,有自己一套简称方式,像什么"南飞""西飞""四飞""哈飞"等。有的片子标题就是《"四飞"在起飞》,本行业的人一听,就知道是"四川飞机制造公司"的简称——可是,"隔行如隔山",外行业的观众可能就毫无所知。

4. 在企业或地区简称后面加"人"时,一定要慎重

许多企业或地区的简称本来问题不大,可是一加"人"就容易出问题。我们习惯的"大庆人""广院人""首钢人"都还可以。但是,有些企业简称加"人",就会在听觉上不舒服,像"一汽人""北内人",就容易同"气人""内人"联系起来。

5. 简称不能生搬硬套

简称没有什么规律,语言压缩和组合的方式不尽相同。不能看别人使用这种压缩方式,你也就跟着盲目照搬。语言有很多特殊的禁忌,谐音、关联、引申、会意的地方很多,约定俗成的简称是经过社会检验的产物,不能照猫画虎。比如,原来的北京广播学院简称"北广"或"广院",但中央戏剧学院只能简称为"中戏",不能简称为"戏院";上海柴油机厂,我们可以简称为"上柴",而上海纺织厂就不能简称"上纺"(同"上访"谐音),上海吊车厂不能简称"上吊",上海床单厂更不能简称为"上床"。

6. 使用简称要注意对象、场合

在一般情况下经常使用的简称,如果遇到特殊情况,比如重要人物、事件,正式场合和重要时刻,则需要使用全称。比如,重大外事活动、正规外交公报或照会都要使用全称。一般人去世,我们习惯说把他的遗体送到"八宝山"火化;但是,重要领导人逝世时,"八宝山"必须用全称,写成"八宝山革命公墓",以示尊重。

(四)避免同音、不同义的字词产生误解

电视解说词是通过听觉传达的语言形式,由于各种语言当中都有许多发

音相同或近似的字词，这些音同、义不同或音同、形不同的字词，写在纸面上没有什么问题，一旦通过听觉传达，就可能在部分观众中引起误解。

有些同音字词只要语言环境合适，出现听觉上的某些误差关系不大，比如把"童稚"听成"同志"、"签名"听成"千名"，不至于产生太大的问题。有些同音字词一旦听走了样，问题就严重了。比如，把"我们的产品质量全部合格"，听成"全不合格"，意思就颠倒了。而在一部电视片子中，有这么一句解说词"吃田鸡可以治癌"，在观众中引起了强烈骚动，因为有人认为是可以"治疗癌症"，有人则认为是可以"导致癌症"。

如果一种读音有多种选择，就需要避免歧义进行修改。比如，"谁不想有幸福的晚年"容易听成"谁不享有幸福的晚年"，如果改成"谁不想拥有幸福的晚年"就不会产生误解了。像下面这些使用量比较大才同音词汇，必须创造特定的语言环境，让观众对语意有准确的理解，"危机/微机""预见/遇见""形式/形势""期中/期终"等等，在使用时要想方设法避免出现误解、歧义。

尽量使用双音节的词汇，少用单音节的单字。单音节词汇少了一个限定，意思比较宽泛、不够准确。现代汉语对古代汉语的一个重要改革，就是把许多单音节的字变成双音节。而在电视传播中，单音节的词不容易突出重音，反而容易被"吞"掉，使观众漏听或误听。尤其是解说中关键的连接词、转折词及时间副词的使用时，一定要使用双音节词汇，使语意的传达准确到位。例如，"曾/曾经""虽/虽然""因/因为""但/但是""望/希望""前/以前""较/比较""应/应该""自/自从"……多出一个字，并不会影响速度，但意思会传达得更清晰无误。

（五）把握叙述角度与人称

不同的题材、内容、表现对象，需要选择不同的叙述角度与人称。

在现场报道、纪实报道、追踪报道中，多采用"第一人称"的报道角度。记者以"我"或"我们"的视点进行报道，较为真实、自然、亲切，突出了现场感与交流感。但是，这种报道角度受到记者视点的限制，不能随意跨越、转移。

另外，有些"第一人称"的解说，以报道对象的口吻，模拟主人公的语气叙述。这种叙述角度，可以充分反映出主人公的个性特征，尤其有利于直接揭示人物的内心世界，弥补其他报道方式的不足。但模拟主人公的语气，一定要贴近人物、符合主人公的身份、地位、文化程度、性格特征，要对被模拟人物有深入准确的把握——不能是撰稿人自己的语气，更要避免"学生腔""文人气"。

　　"第二人称"的解说比较少见,因为它表述的对象是特定的,多用在对某一特定对象的感情倾诉,或颂扬或贬斥上,主观色彩极其浓郁,感情比较强烈,是一种情绪或情感的宣泄。

　　"第三人称"的客观报道,是一种所谓的"上帝视点",无所不知、无所不晓,时空可以自由地转换、跨越。这种报道角度比较客观、范围不受限制。但其现场感、交流感相对比较弱,不够亲切自然。

　　还有,直接使用主人公自己的声音进行叙述,像《神鹿啊,神鹿》这部纪录片,就是通过主人公柳芭自己的叙述,讲述她的坎坷经历、心路历程。但是,由于报道对象的语言能力不同,大部分对象不一定适应这种表述方式。

　　同时,根据节目的需要,电视解说中经常出现各种人称的转换。由"第三人称"转换为"第一人称",由记者的叙述转换为主人公自述。在人称转换的时候,一定要注意在叙述语气上有明显的变化,或解说者在音色、语气上要有明显的变化,以免观众在看节目时产生困惑,弄不清"到底这会儿谁在讲话"。

　　叙述角度与人称的转换,可以形成特殊的表达效果,是一种多角度的观察、多角色的交流,在电视片《朝阳与夕阳的对话》中交替使用了客观介绍、主观评述、主人公内心独白等叙述语气,非常富有感染力——

　　(解说)这就是雷蕾。1952年出生的属龙的雷蕾。一个在1952年出生的所有的属龙的同龄人当中,写出了电视剧《四世同堂》和《便衣警察》主题歌和音乐的雷蕾。年纪稍大的人也许还记得,八岁时在电影《达吉和她的父亲》中扮演小达吉的雷蕾。一个经过高等学府教育之后,在父亲为之奋斗一生的长春电影制片厂里,踏着音乐的琴键,已经完全懂得坚实地走过人生的雷蕾。

　　(父亲画外音)有人把人生比作四季人生,我却把人生比作人生四季。夕阳无限好,只是近黄昏。越是接近这黄昏之年,就越能感受到人生的丰满和充实。我聊以快慰的是,我的太阳人生选择的是歌唱。

　　(解说)这就是雷振邦老人。这就是那位1916年出生,家族属于满族镶黄旗的雷振邦老人。一个从吹口琴开始迷上音乐,一生为中国电影音乐事业奉献的人。一个硬是把宝贝女儿也引入音乐世界,使其走火入魔的老人。

　　(女儿画外音)我是听着爸爸的音乐长大的。如果说,滋养我生命的是母亲的乳汁,那么,爸爸的音乐,就是我最直接的精神乳汁了。但这音乐的乳汁可不像妈妈的乳汁那样甘甜。记得五岁学琴的时候，我死活不肯就范的任性，使得父亲也无可奈何。我喜欢滑冰，喜欢舞蹈，那运动的美和美的运动，相比起来，直到现在，我对前者还有着浓厚的兴趣。但最终，我还是"浪子回头"，重返音乐之乡，与父亲一样，选择了这个终日为乐思而苦的行当……

而且，电视解说应该多掌握使用一些叙述方法，不要总拘泥于一种声音配到底。在配音的性别、音色、角色分配上，可以根据需要，多一些变化，这样可以实现那些比较特殊的效果。比如男女声的分配、历史与现实之间、抒情与叙事之间、新闻与背景之间、正面与反面之间、中国与外国之间，都可以形成一定的反差对比。有时，可以一个段落换一种声音，有时甚至可以一句话，或者一个词组换一种声音，这种迅速的交叉转换，可以形成独特的效果，比如，（男声）黄海开机，（女声）东海开机，（男声）南海也开机……一句一换，形成此起彼伏的效果。再比如，（男声）北京告急！（女声）天津告急！（男声）上海告急！"（女声）广州告急！……这样，你追我赶、波涌浪急，形成了燃眉之势的紧迫感、危机感，是平铺直叙的解说方式难以表述的。

四、有关标题、字幕与同期声的配合与处理

在电视片写作形式的基本规律与特征之外，在完成文字工作的总体布局、通盘运筹之后，还需要解决一些相关环节的配合、处理问题，这里主要涉及标题、字幕与同期声三方面因素。

（一）斟酌、确定恰切的标题

标题，同电视片本身的水平、质量并没有直接的关系。但是，一个节目的标题，就像一种商品的广告、"门脸"一样，决定着观众是否想看以及想看的程度。除了固定的收视习惯外，电视片的标题就成为观众收看的重要参考依据，对他们的选择产生一定影响。

如果一部电视片的标题取得好，不仅能够吸引观众的目光，也会引起广告商的强烈兴趣。许多电视栏目、电视片在播出之前，需要通过卖概念、创意争取广告支持，这时，一个优质的标题往往会令人眼前一亮。在这方面，凤凰

卫视的运作提供了很好的经验。他们的许多节目、电视片,甚至连样片都没有,仅仅依靠一个创意、一个标题,如《锵锵三人行》(见图 8-4)、《时事开讲》《小莉看世界》等,就能够吸纳足够的广告,然后再投入运作;而如果节目的标题取的类似"永不褪色的红旗""再创辉煌""英雄颂歌"等,不仅毫无时代气息,而且一副"八股"腔调,不仅令观众感到反感,而且从标题也就看出节目、片子的水平也高不到哪里去。

图 8-4 《锵锵三人行》

其实,读书出版界对书籍的标题极为重视,值得电视工作者借鉴。一个好的标题往往会令这本书成为畅销书。某些时候,卖书就是卖标题,甚至于"标题就是书的全部",这其中的代表,比如《谁动了我的奶酪》《从优秀到卓越》《世界是平的》(图 8-5)等。

那么,对于电视片而言,什么样的标题算得上是比较好的标题呢?

1. 新颖独特,有直接吸引力

这样的标题能够一下子抓住观众,激发他们的收视兴趣。就电视业者而言,不能采用过于耳熟能详的宣传口号作为标题。起标题,尤其需要不断创新,要有"语不惊人死不休"的执著追求。

图 8-5 《世界是平的》

2. 准确、具体、到位

标题的选择，要尽量避免产生误解、歧见，不能大而不当，空洞无物。最好在一定程度上反映主题或题材，使观众通过标题，大体知道节目的内容——当然，这也并不绝对。因为标题是一门很复杂的学问，有叙述型的，也有抒情型的；有写实的，也有写意的；虚实之间的分寸要把握适度。

3. 字数不宜多，信息量要大

在一般情况下，电视节目、电视片的标题最好不要超过七个字。为什么要把七个字作为上限？这与中国的文化传统有关，我们从小背古典诗词，从四言、五言到七言，七言以上就比较难记了。而且，中国的民谚、格言、警句多在七言以下，七言一般是一个简单结构，超过七言，结构就比较复杂了。

那么，在七字之内，笔者个人认为，在中文世界中，以五字为佳。因为五言诗词，是为我们自小习语文时，就最为熟悉。在这方面，凤凰卫视在取名上很有韵味，比如《震海听风录》《文道非常道》《解码陈文茜》等，此外，像《财经郎闲评》(见图 8-6)、《挑战麦克风》《中国江河水》等,都是信息交代充分且朗朗上口的好标题。

图 8-6 《财经郎闲评》

4. 标题要好听易记,便于流传

如果电视节目、电视片的标题别别扭扭、疙里疙瘩,说上几遍也很难记住,那就很失败了,甚至会影响内容的传达。因此,特别要注意标题的节奏韵律、平仄抑扬,要讲究合适的语感。像"文化下乡会更香"这样的标题,试图达到"乡""香"的谐音效果,但在语感上,就显得比较拗口了。

5. 电视片标题举例

当然,以上这些只是原则性的要求,在实际操作起来,需要反复比较、仔细推敲。以下,我们具体来分析一些比较好的电视片标题。

曾有一部关于深圳特区建设的电视片,给片子拟定的标题是《山与海的拥抱》,这个标题就很特别。首先,六个字不多,而且音韵和谐、好听易记;其次,在一定程度上点明了深圳特有的地理位置,山城且沿海,是山与海的"拥抱"之处;此外,山,还涵盖了祖国大陆、社会主义制度、计划经济、民族文化、传统文化、黄色文明这样一些内涵。海,则包含了港澳海外、资本主义制度、市场经济、商品经济、外来文化、西方文化、海洋文明等含义。那么,山与海的"拥抱"结合,将会产生怎样的结果?那就是深圳特区。

起标题注意多使用动词,少使用形容词或程度副词。"很、特、大、高、新、快、狠"等程度副词,以及"灿烂""辉煌""光荣""坚强""大干快上""狠抓生产""新的突破""新的台阶"等就显得华而不实,不着边际。电视片《让历史告诉未来》中"告诉"这个动词就很形象,并具有深刻的哲理;《话说运河》第一集《一撇一捺》很具动感,划出一个大写的"人"字;此外,《话说运河》中有一集介绍北京同运河的关系,标题是《漂来的北京城》,一个"漂"字,既切题,又生动。

要善于利用在群众中流传较广、影响较大的一些歌词、佳句、格言、民谚,或者电影、电视剧和歌曲的名称,对它们进行适当的改造或点化,利用它们潜在的影响,与节目的主题巧妙地联系起来。这样可以做到机智灵活、韵味十足。比如,《经济半小时》报道关于旅游保险的一条片子,其标题是《天晴别忘戴草帽》,就巧妙利用了中国观众熟悉的一句歌词。

在有一年的法国网球公开赛中,著名运动员格拉芙再次获得女子单打冠军,在颁奖仪式上,她动情地讲了一段话,希望因逃税被捕入狱的父亲早日出狱、同家人团聚,全场观众为她鼓掌。当时有期关于此节目的标题就是《法网柔情》——正好那时电视正在播放一部香港的同名电视剧;其父亲入狱,是入了"法网";希望他早日出狱,寄托了女儿的一片"柔情";妙就妙在正好是法国网球公开赛,真是"一箭三雕",令人拍案叫绝。

在电视实战中,标题的命立,最忌人云亦云、"随大溜儿",不能什么标题走红,就一哄而上,都起同类标题——1990年代中期,《焦点访谈》的成功,一下子冒出一堆以"焦点""热点"为标题的栏目;同样是1990年代中期,《实话实说》被看好,"有话好说""有话要说""有话好好说"为标题的节目纷纷问世。而在当下,由于情感纪实电视片("电视版《知音》")很流行,"情感""心灵""花园""心里话""真情"这些词儿也成了常见的标题用词。

好的标题,在某种程度上为全片解说的风格确定了基调,为解说的展开提供了契机。像反映刘海粟生平的电视片《沧海一粟》,标题本身就具有内容的规定性和审美对象的针对性,是对内容的一种把握和提炼。

综上,为电视节目、电视片命名,一定要精心构思、反复掂量。精彩的标题,赏心悦目,是电视生产水平的直接体现,切不可等闲视之。

(二)合理、准确使用字幕

字幕,是电视语言中一种特殊的表现手段,它是用文字语言组织表述、用画面传达的一种信息传播方式。既表现文字的抽象意义,又具有一定的形象外观;既引发想象,又提供欣赏,就如同我国的书法艺术和广告招牌美术字一样，兼顾实用、审美之用途。

字幕的拟定，同解说词有着不可分割的联系，大部分的字幕是由撰稿者拟定的。什么时候使用字幕？怎样使用字幕？通常习惯的用法，大致有以下几种：在采访对象下方或旁边注明人物的姓名、身份、职务等准确消息；把谈话的同期声内容通过字幕再现；临时插入的新闻快报、体育快讯、节目预告以及文字广告等——对这些大家比较熟悉的字幕用法，我们不作繁琐说明。在此，主要讨论一些字幕使用中需要注意的问题，和一些特殊的却不大被人注意的字幕用法：

1. 片头题记

在有些电视片当中，最早出现的字幕不一定是标题，往往是片头题记，即在节目开始时，打出一版字幕，辅之以音乐、美工特技或键盘敲击声，开宗明义说明节目的主旨。因为片头题记一般是最早出现的信息，所以一定要认真构思，要具有一定的冲击力、吸引力，使观众"一见而惊，不忍弃之"。

片头题记，等于电视片的"开场锣鼓"。电视观众同电影观众不同，电影观众是"入戏快，转移慢"，影院灯光一暗，屏幕上影像开始活动，全场迅速进入欣赏状态，由无意注意转向有意注意的时间很短。即便感觉电影不好看，意欲退场，但如果全场观众聚精会神无人离座，个人还是很难走开——这就是影院产生的"场效应"；但是，看电视时，一家一户的欣赏没有环境制约，精力很难集中，往往是"入戏慢，转移快"，手中的遥控器转换频道极其便捷，短时间抓不住观众，马上被换台——所以，写好片头题记相当重要。

片头题记最忌讳千篇一律，全都写成"谨以此片献给××××""隆重庆祝（纪念）××周年"之类的套话，这样直接而功利，会显得水平不高，常常使不少与其无关的观众敬而远之，直接换台。

片头题记一般适合用格言警句式的词语，精辟概括全片的内容或提升出的生活哲理。其蕴含的诗意、理性和韵味，具有较强的认识价值、审美价值和艺术感染力。如电视片《明天的浮雕》的片头题记是"老一代创造的浮雕叫历史，新一代创造的浮雕叫明天"；电视片《西藏的诱惑》的片头题记是"西藏的诱惑，不仅因为它的地理，更因为，西藏，是一种境界"；有些电视片的片头题记，文字朴实无华，但淳厚隽永，令人久久难忘，像大型文献纪录片《邓小平》的片头题记是"我是中国人民的儿子，我深情地爱着我的祖国和人民"——这段话也被永远铭刻在深圳邓小平同志塑像的石墙上。

片头题记还可以采用"故事引言"的方式：在电视片与节目的开头，用字幕简要交代事件背景或故事的开场,自然引入画面的报道。主要通过这种形式,造成悬念或节约时间,把画面不宜交代的背景作扼要说明。

另外,相关的法律条文、科学定律、历史掌故、人生格言也可以作为点题式的片头题记。

2. 引文

在电视解说词中,有时会大量使用引文,像诗词佳句、名人名言、民俗民谚、典故掌故以及语录定理等,这些内容尽量用字幕标明。因为这些引文,往往不是常规的表述形式,有些是文言,有些是缩写,有些是双关,仅仅依靠观众用听觉接受比较困难。某些电视片在解说词中大量引用唐诗宋词,不打字幕,观众听了只感到音调的韵律,具体说的什么内容却完全是"一头雾水"。特别是有些民谚或歇后语,经常是利用谐音效果一语双关,如果不打字幕,不仅影响意思的表达,而且会造成听觉上的误解。

3. 数据排列

在经济报道、实证调查或成就报道中,经常大量引用数据。为了进行说明对比,需要进行各种数据的排列组合。如果解说词中遇到这种情况,一定要通过字幕或图表的方式说明。这是因为数据比较抽象,连续排列的数据通过听觉很难形成具体的印象,观众更没有时间进行计算、思考,信息传达难以取得应有的效果。而使用字幕,各种数据同时出现,视觉的搜寻速度比听觉要快得多,观众可以一目了然地进行对照、比较。

4. 形成独特的视觉效果

通过字幕,还可以造成历史的凝重感,就像铭刻在历史的纪念碑上。许多文献纪录片、周年特别纪念节目,往往借助字幕效果,比如一串长长的牺牲烈士名单、一年中播出节目的标题依次拉出,形成独特的历史厚重感。此处的内容并不重要,突出的是形式效果。

还可以借助字幕,形成强烈的对比效果。字幕与解说同时出现、声画对位,但内容分立。比如,解说词通过声音介绍某地政府一年公款吃喝花销多少、公款购买豪华轿车花销多少等信息,字幕同时打出:此地每年拖欠教师工资若干,未脱贫人口多少,贫困失学的孩子还有多少——产生强烈的对比效果。

5. 利用字幕转移部分信息

如果画面的长度有限,而需要传达的信息比较多,解说受到时间的制约,不可能全部完成,可以利用字幕转移部分信息。比如,中央电视台《新闻联播》中经常有系列性的新闻专题,像"永远的丰碑""看今朝""祖国在我心中"等,时间一般都限定在两三分钟左右。每个小片都希望在这有限且宝贵的时间内,传达尽可能多的内容。那么,需要传达的信息在有限的画面内交代不完,则可以把部分信息转移到字幕上去。这样,就把信息的传达合理地分配开来。当然,选择转移的信息内容,应当适合字幕表现,同解说词有声语言的配合要协调。

字幕的使用方式还有很多,特别在录音效果不好或采访对象是"老外"或地方口音比较重的情况下,一定要打出字幕。对某些方言俚语、民间称谓,一定要弄清楚普通话的准确词汇,避免张冠李戴,闹出笑话。

不过,需要引起重视的是,在当前的电视字幕使用中,还是有些较为明显的问题:首先,不该用字幕的时候乱用字幕,该用字幕的时候又不用。比如,我们经常在字幕中看到这样的字样"女村民""女厂长""女教授"等,莫名其妙地非要加一个"女"字,纯粹是画蛇添足,难道哪一个观众会不辨性别,把画面上的人物看成男性的吗?其次,在有些需要字幕准确介绍的地方却笼而统之,比如,在采访对象下方仅仅打出"俄罗斯人""瑞典客人""印度朋友"之类的字样。他们到底是留学生、商人、游客,还是使领馆人员?必须要交代清楚,不能含糊其辞。再次,就是因为责任心不强、专业意识淡漠,而导致在字幕中出现大量的错别字;或者出字幕的时机不准,不是快了,就是慢了。

(三)注重同期声采访与解说的配合

同期声采访在电视报道中使用得很多。有时,打开电视机,屏幕上铺天盖地全是话筒,全是人物采访。但是,究竟为什么使用?应该怎样使用?许多人并不明确,只是觉得:使用了采访,就体现了纪实、突出了现场,就避免了"声画两张皮"的问题。其实,如果同期声采访不能同解说有机结合,采访突如其来、忽然又去,不仅不能解决"声画两张皮"的问题,还会形成生硬的"夹心饼干"现象,彼此不搭界、各行其是。

采访同期声最忌讳没头没脑出现又突然消失,跟解说词之间缺少过渡、呼应。采访同期声的出现应当是自然引入、水到渠成,成为电视解说中一个有机的组成部分;而解说词应当为同期声的出现创造一个合适的语言环境,需要进行恰当的铺垫、过渡和承接。我们看电视片《让历史告诉未来》中援引陈毅生前一段同期声的用法:

（解说）1972 年 1 月 6 日午夜，陈毅元帅那顽强的心脏停止了跳动。在这之前，他终于看到了林彪的可耻下场，这恰恰应验了他那落地有声的话语。

（同期声）"中国人讲过一句话，恶有恶报，善有善报，不是不报，时候未到，时候一到，一切都要彻底的报销。"

（解说）这是文化大革命前陈毅同志在一次记者招待会上的讲话，1971 年"9·13事件"林彪摔死，三个月后，陈毅同志逝世。

这里的同期声与解说配合，开头的解说铺垫非常自然；接着的陈毅极富感染力的四川方言同期声，又掷地有声；最后回到解说，表意自然水到渠成了。

一般来说，在电视编导进行画面编辑时，同期声采访往往已经根据需要剪辑完成了。电视解说，一定要根据同期声的内容、出现的时机、其他手段的表现情况，精心设计安排内容和字数，进行自然的引入、承接；如果解说字数太多，会压了同期声，不行；字数太少，同期声迟迟出不来，也不行。必须精确计算时间、字数，配合要做到天衣无缝。

有时，两段同期声的距离很近，给解说留下的时间有限，既要承上，又要启下，则更需要仔细推敲。在电视片《庐山 山趣》中有两段同期声相距很近，前面是记者同山间卖拐杖的小贩对话，小贩热情送给记者一根拐杖，说"你就记着我是庐山卖拐杖的就行了"，接着定格。下面不久就出现游人拉着赵忠祥热情合影留念的同期声。两段声音间隔很短，给解说留下的时间仅能说十几个字，还要照顾上下两段内容。我们来看这段解说的设计："虽然未曾谋面，但有他乡遇故知之感"。同小贩、同游人，都未曾谋面，但却都有他乡遇故知般的亲切。

声音资料采集、保留的价值，丝毫不亚于图像资料。历史上许多著名人物的讲话，现在都成为不可复得的珍贵史料。尤其是和图像相伴的同期声，更成为影视产品常常引用的历史见证。在政论片《伟大的历程》第一集《历史转折》的结尾部分，为了强调 1978 年 11 月中央工作会议的历史意义以及邓小平同志推动的历史转折，编导使用了当时会议上邓小平同志讲话同期声以及影像资料，与解说配合使用，缜密周到，相得益彰：

（解说）这是会议结束 20 多年后，才被人们偶然发现的邓小平的一个讲话提纲。三张 16 开的白纸，400 字左右，邓小平亲笔写下了提纲。看来，这次讲话在邓小平心中有着非同寻常的分量。

（同期声）"今天我主要讲一个问题，就是解放思想、开动脑筋、实事求是、团结一致向前看。只有思想解放了，我们才能正确地以马列主义、毛泽东思想为指导，解决过去遗留的问题，解决新出现的一系列问题。"

（解说＋影像资料）邓小平还说："一个党，一个国家，一个民族，如果一切从本本出发，思想僵化，迷信盛行，那它就不能前进，它的生机就停止了，就要亡党亡国。"

（邓小平讲话同期声）"如果现在再不实行改革，我们的现代化事业和社会主义事业就会被葬送。"

总之，电视同期声的使用非常重要，其选择剪辑的内容、出现的时机和语言环境，都应该精心安排。尤其是同解说词的配合，尽量做到丝丝入扣、水乳交融，避免方枘圆凿、各行其是。

第九讲
方案写作:电视生产"预备役"

一、"纸上谈兵":电视生产流程中的方案写作

在传统的电视消息、评论写作与电视片解说词写作之外,在电视生产流程诸环节的内内外外,其实还有大量的写作工作需要去完成。特别是随着中国电视产业、技术、专业主义诉求的发展日益成熟,"做电视"不再只是制制景、拍拍镜头与写写解说词了。"做电视"更需要项目化运作与统筹管理,而在这一过程中,对于各种方案的需求也自然是从无到有、从少到多、从简单到复杂。

那么,什么是方案,什么是电视方案呢?按照汉语词典的解释,"方案"就是"进行工作的具体计划或对某一问题制定的规划";那么,按照此解释,把"电视方案"界定为"电视生产流程或某一环节的具体计划,或对电视生产流程中的某些问题制定的规划"——因此,从这个意义上说,电视方案写作就是"纸上谈兵",把电视生产的框架、格局、环节、问题等方面在"纸"上事先给"谈"妥了,或者至少"谈"得差不多有眉目了。

"纸上谈兵"到底要"谈"什么?按笔者的认识与实践,可能包括以下几种类型的电视方案——

（一）电视策划案

电视策划案，作为最首要且最宏观思考的电视方案，与其说体现出电视写作者的笔力，不如说更体现出电视人综合的策划力，这种策划力是一个综合概念，包括了分析力、想象力、运筹力、证明力、分析力、整合力等方面。

根据本书上编对于电视策划的定义——运用电视资源，激发创意、选定方案，以完成某一任务的过程——此处提到的"选定方案"，就包含了电视策划案写作的工作环节。根据相关的理论描述以及笔者的实战经历，在进行策划案写作时，可能要解决"5W2H1E"，共八个基本要素（见图9-1）。尤其值得一提的是，要注意 How much 和 Effect 对整个电视策划案的重要意义。如果忽视电视策划的成本投入、不注意策划案实施效果的预测，那么，这种策划就不是一种成功的策划。也就是说，只有 5W1H 的策划书不能称之为策划书，只能算是计划书。

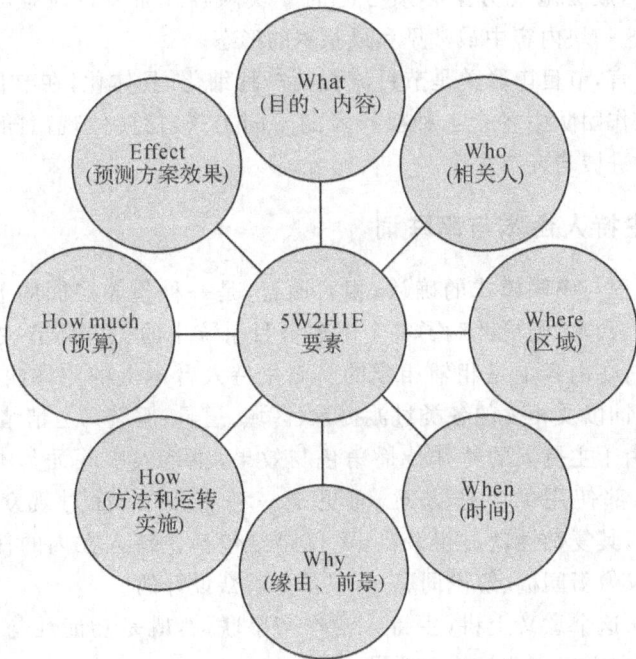

图 9-1　电视策划案的 5W2H1E 要素

不过,由于当下中国电视产业尚未完全成熟,电视策划案的撰写要求、规格以及在其背后体现的电视生产游戏规则也尚未完善,所以像 How much 和 Effect 这两个要素,在策划环节中基本上仍是 TBC(To be confirmed)的。好在电视业者的成本意识与观众意识在逐渐加强,电视生产、特别是前期策划环节也开始越来越注重成本与成效;那么,单单就电视策划案的写作而言,其成本思维、可执行性与"用户侧"意识也起码要有所体现。

(二)节目流程与串联单

电视生产,不论是具体哪种节目类型或模式的生产,都有两点共同特质:其一,都是典型的团队工作(team work);其二,都是典型的流程工序(flow shop)——也正因为是团队,而非个人;是流程,而非单一环节,所以节目流程设置以及合作、流程意识就显得相当重要。

的确,中国电视早已走出"小作坊"生产的初级阶段,理念越来越优化,设备越来越专业化、同类型或模式的节目流程也越来越规整。因此,节目流程设计与控制,成为电视方案必须考虑的一块内容。而节目流程与节目串联单,就成为这一块内容中最常见和最基本的形态。

一般而言,节目串联单是节目流程的一种细化、具体化,在节目串联单上要体现出工作团队中各个工种执行者的不同工作,还要体现出随时间顺序,节目的流程进展与环节进度。

(三)主持人台本与串联词

节目流程与串联模式的确认,相对而言,是一种整体层面的节目方案完善;而主持人台本,则更针对了整个电视节目系统中的关键环节,主持人——这两类方案,在内容上是相辅相成的。而主持人台本上的主体内容,就是主持人的串联词以及相关的各类过渡提示(区域、道具、服装乃至情绪提醒)。

但是,由于主持人的特殊传播角色与效果,主持人串联词其本身就不仅仅是一种内部使用的工作方案,而更是一种直接的、面对观众的传播内容——所以,其复杂性就显得较高,不仅是给包括主持人在内的任务团队设计的,也不仅像新闻稿、解说词那样,只是为观众设计的。

因此,从这个意义上讲,主持人台本与串联词,既是功能性与重操作的,又要特别考虑文字个性与传播效果。

（四）问题单

问题单，这个名词是笔者生造出来的。但是，在只要参与过电视生产的人，不论是做编导、记者还是策划都知道：几乎所有非虚构的节目都必须设计问题，而且是需要有逻辑、有针对性地设计问题——虽然这些问题本身，并不一定出现在节目中，但是在这些问题背后，却是电视业者通过探究与采制，让观众通过节目能够获得的信息。

如果说，以上几种电视方案是指向形式层面的，那么，问题单的撰写更是指向内容层面。面对不同的选题，面对不同的人物、事件，提得出问题、提得好问题——这是电视业者职业素质的重要构成因素。

因此，问题单的写作，更能够体现电视业者的媒介意识、逻辑思路与思辨深度。甚至对于资深电视业者而言，通过对某档节目中提问能力的判断，就能够评判这档节目及其制作者的专业水准。

综上，电视策划案、节目流程与串联单、主持人台本与串联词、问题单四种电视方案，构成了电视生产"预备役"的主体内容，也是"纸上谈兵"的关键。不过，"纸上谈兵"毕竟还是具有一种演习的性质。在实战中，策划案的关键价值还是在于被执行，节目流程与串联单在节目进行时也会因实际状态的变更而改动、主持人台本与串联词需要看主持人的习惯以及发挥、问题单中的问题在最后节目成品中更是会有大量的调整——即便是这样，还是如同那句老话所说的，"凡事预则立，不预则废"。要想在竞争激烈的电视市场上决胜千里，而不被喜新厌旧的观众们抛去"千里之外"，这些"预备役"写作环节的工作必须得到重视。

另外，由于本书上编对于电视策划案写作的理论论述与案例分析已展开得较为充分，在本讲中就不再展开。本讲仅对节目流程与串联单、主持人台本与串联词、问题单三种电视方案做一结合实际案例的解读与梳理。

二、节目流程与串联单：团队意识下的流程控制书

正如前文所提，节目流程与串联单的使用，其根本原因是电视生产的"团队工作"与"流程工序"的特质。那么，解读节目流程与串联单，首先就要把"团队工作"与"流程工序"是什么、为什么搞清楚。

(一)团队工作与流程工序:电视生产特质

1. 团队工作:电视行业与业者的共同诉求

电视生产的团队工作特质,是指在电视生产环节中,由数名业者(几人至十几人)组成一个节目组,共同完成一项相对完整的采制任务,节目组的每位成员根据专业特长而分配任务、选择方法并承担职责。

那么,为什么要进行团队工作呢?在笔者看来,这其中的原因,既体现整个电视行业的发展要求,也同时反映了电视业者的诉求——

首先,团队工作最重要的外部原因之一是整个传媒市场近三十年来的变革。传媒市场的发展、电视产业化进程的加速,就要求了电视节目研发、生产和服务的速度必须快,时间成为竞争取胜的主要素。而团队工作由于是面向节目、观众、播出效果和产制过程,因此协调沟通容易、信息传递和决策速度快,所以能够很好地适应传媒大市场的变化。

其次,团队工作也是电视业者心理上的需求。电视行业是一个工作强度大、压力重、重复度高、各工种配合性高的行业。团队工作模式通过对于合作意识、责任意识与决策意识的强调,可以在一定程度上减轻电视业者心理、生理上的疲劳感,并同时增强各工种之间的配合度以及个人的成就感。

最后,以 ICT 技术为代表的信息科学的发展,也给团队工作提供了有利条件。的确,随着电视技术的升级,电视制作团队中人与人、人与机乃至机与机的交互变得更加便捷。

2. 流程工序:节目播出前的控制与保障

任何一档电视节目,都有其从"原料"到"成品"的各项工序安排的程序,这就是流程工序。而任何一档电视节目的播出(特别是直播),都不是一件简单的事情——它除了需要电视业者以团队工作的方式展开作业以外,还需要通过流程工序的控制,来保障播出时的准确无误。那么,流程工序的设定,到底有哪些具体功用呢?

首先,在电视生产的流程中,往往会有多个环节,这些环节在时间上、空间上都是环环相扣(毕竟,常态的电视播出是连续性,不允许在屏幕上"开天窗"或随意跳到别的内容)。因此,对于流程的控制,对于其中每个环节及其过渡部分的把握,能够确保摄制的流程,避免播出事故的发生。

其次,对于每一位参加电视节目录制的业者而言,清晰的流程设置能够让他们对各自分工有更明确的认知。这样既保证了工作效率,又减轻了工作强度。

最后，同样随着 ICT 技术的升级，当下对于电视生产流程的控制，也是越来越精确。比如，有专门的流程控制软件，随着节目录制的进程，调控节目的时间，及时提示节目的进度。

（二）节目流程与串联单：团队工作与流程工序的文字体现

前文花了不少笔墨，对电视生产中团队工作和流程工序两个特质做了一番说明，无非是让电视业者、特别是"电视写手"明白，为什么要写这个节目流程、节目串联单。在笔者看来，只有明白了为什么要写，也就是知其所以然，才能够真正把此类型的电视方案写好。

在以下部分，笔者将结合两个实战案例，来简要说明节目流程、节目串联单在写作时会有哪些特别的注意要点。

1. 节目流程案例：CCTV－2"梦想 2008"奥运新年公益晚会

在 2008 年初，中央电视台经济频道打造了一台名为"梦想 2008·十大奥运名将献爱心"的奥运新年公益晚会（见图 9-2），录制地点在浙江温州。这场电视晚会，虽然在大事、要事频现的 2008 年里，并不显得出挑，但是它的亮点还是较突出的——奥运名将帮助普通百姓实现梦想，并在晚会现场得以展现，在体现人文奥运精神的同时，表达了对 2008 北京奥运会的美好祝福。

图 9-2　CCTV－2"梦想 2008"奥运新年公益晚会

　　当然,虽然最后呈现的只是一台电视晚会,但是理解电视运作规则的业者都明白,既然有"实现梦想"的仪式、环节,那么之前的联络、外采、小片制作等各方面工作,让"梦想 2008"更成为一次中等规格的电视活动。也因此,晚会节目的流程,与前采、联络工作的进度息息相关。

　　笔者在此引用的该晚会的流程就非终稿,因为随着嘉宾的替换以及场地的调整等环节的更改,最终的晚会流程还是有一定的修改。但是,不管怎样,此处的流程方案,对于教学、参考而言,还是较有借鉴价值的——

"梦想 2008·十大奥运名将献爱心"奥运新年公益晚会流程(二稿)
2008 年 1 月 19 日上午

0. 开场秀

0.1[开场表演]20088 小孩摇滚组合演唱结合舞群 表演区

0.2[两位主持人开场白/引入第一环节] 表演区

1. 第一环节

1.1[表演开场]汪峰演唱《风雨同行》表演区

1.2[主持人串场/与汪峰互动] 表演区

1.3[VCR]短片《肢残舞者故事》

1.4[主持人串场/杨影出场/互动 1:主持人、杨影]主持区
包含杨影 VCR 小片

1.5[VCR]短片《杨影帮助肢残舞者实现梦想》

1.6[主持人串场/肢残舞者出场/互动 2:主持人、杨影与肢残舞者]
表演区

1.7[表演]肢残舞者现场舞蹈 表演区

1.8[互动 3:主持人、杨影返场与肢残舞者交流并提问]表演区

1.9[表演]陆毅演唱 表演区

2. 第二环节

2.1[主持人介绍/引入第二环节]主持区

2.2[VCR]短片《大小田亮的故事》

2.3[主持人串场/互动 1:主持人与田亮、孩子] 主持区

2.4[主持人串场,强调白雪(温州人)]主持区

2.5[表演]白雪演唱(两首) 表演区

3.第三环节

3.1［表演］杂技武术 表演区

3.2［主持人介绍／引入第三环节］主持区

3.3［VCR］短片《一个白内障孩子的故事》

3.4［主持人串场／互动1:主持人、焦志敏、白内障孩子、医生］表演区

互动要根据小C的特殊情况来设计问题,但目前未知

3.5［现场展现］为白内障孩子拆绷带 表演区

3.6［演唱］江一燕 表演区

4.第四环节

4.1［主持人介绍／引入第四环节］主持区

4.2［VCR］短片《山区教师的故事》

4.3［主持人串场／王丽萍、山区教师与他的学生出场／互动与捐赠仪

式:主持人、王丽萍、

山区教师、学生］表演区

捐赠仪式,待细化设计

4.4［表演］李健演唱《绽放》表演区

5.第五环节

5.1［主持人介绍／引入第五环节］主持区

5.2［VCR］短片《云南姐妹的故事》

5.3［主持人串场／钱红出场／互动1:主持人、钱红与云南女孩］表

演区

5.4［表演］两位女孩与斯琴格日乐一道演唱 表演区

6.尾声

6.1［主持人串场］表演区

6.2［仪式］待定 表演区

6.3［表演］待定 表演区

以上的方案框架,基本上是一种最简化的电视流程。笔者作为节目参与者、特别是作为方案撰写者,就此也做若干说明:

首先,晚会流程在终稿之前,会有多次修订。因此,每一稿的流程文案,都应该清晰标注出是初稿、二稿,或是终稿,比如本书所引的就是"梦想2008"的晚会流程二稿。同样是为了标识的清晰,每一稿的流程文案也最好把写作

时间(年月日、上午还是下午)也注明,否则修改多了,都不知道该以哪一版的文案为准。

其次,再复杂、繁琐的电视活动,在流程上都应该是简明、清晰的。因此,从上述流程文案中,晚会流程的七个环节非常明确:开场与尾声,以及中间核心的五番演绎。

再次,每一番环节中每一项进程的标注,都要写明进程序号,并简要注明节目内容、人物、区域以及备注项目。如果是播放 VCR,要写明短片内容;如果是表演,也要写明表演内容;如果是互动环节,对于互动者的身份、关系要有所介绍。此外,对于一些尚未能确定的环节,比如第四环节、第三项进程中的捐赠仪式,因为在撰写流程初稿的时候还没有最后落实,因此也要标注上"捐赠仪式,待细化设计"——这些细节内容的具体标注,能够令整份流程方案一目了然。而且,即使有部分修改,只需要把要修改的内容直接换掉即可;或者有部分增删,也只需要把增删的内容直接处理即可——毕竟,产制流程的大框架已经通过文案建立了起来。

2. 节目串联单案例:时尚中国 2005・CCTV 化妆设计大赛

在中国电视事业发展的初期,节目串联单并不是电视生产所必需。哪怕是《新闻联播》这样重要的电视新闻节目,在 1978 年刚刚开播时,其首张串联单①也是非常简单,现在看来,甚至显得比较业余(见图 9-3)。

但是,随着中国电视生产观念、技术在近三十年来的长足发展,节目串联单也变得越来越详尽、越来越细致。对于一档中型乃至大型的电视节目而言,它的串联单即是整个节目在"纸上"的一次预演。而且,在节目的彩排、演练、外拍等前置环节里,节目串联单成为各个工种人手一份的"工作指南"。这份"工作指南",也因为使用范围的广泛,会比一般的节目流程更加具体。

在本讲中,选择 2005 年底播出的时尚中国 2005・CCTV 化妆设计大赛为案例(见图 9-4),以这次电视大赛的节目串联单为解读对象。"时尚中国"是 CCTV—2 的一个特别节目品牌,下设发型设计、化妆设计、首饰设计、服装设计、整体造型设计 5 场比赛,笔者参加了其中化妆设计大赛的导演工作,并就此将结合实践,对该场节目的串联单做一简单说明。

先来看这份节目串联单——

---

① 《〈新闻联播〉开播的第一张串联单》,央视网,2008 年 1 月 11 日,http://cctvenchiridion.cctv.com/special/C20487/20080111/104961.shtml。

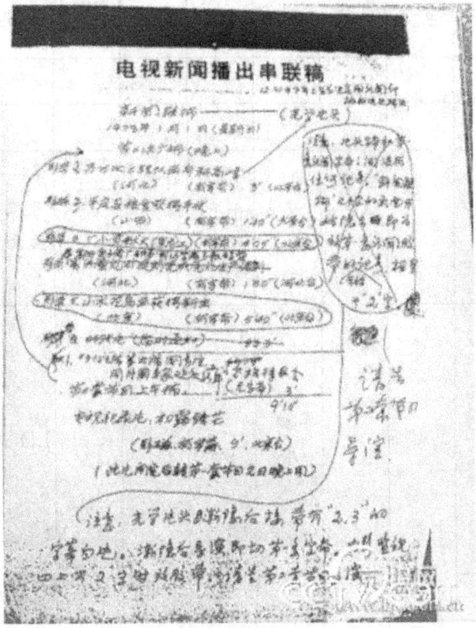

图 9-3 《新闻联播》开播的第一张串联单

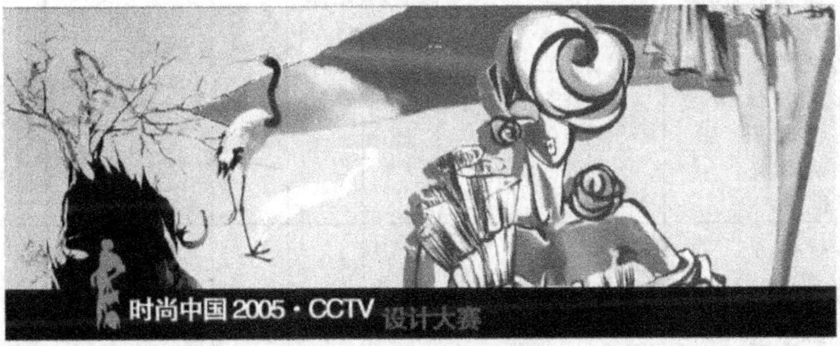

图 9-4 时尚中国 2005·CCTV 设计大赛

环节排序	节目内容/首尾句	景区	主持	演员/评委	音频	音乐	灯光	舞美/道具	大屏幕	时长	累计时长	备注
1	片头广告											
2	片头									15秒		
3	变脸彩妆秀	走秀区		变脸演员/15位模特		变脸音乐/走秀音乐	灯光渐起/电脑灯	变脸服装/彩妆秀服装	专备画面			
4	主持人开场/首：观众朋友们晚上好！尾：首先让我们来认识一下他们。	比赛区	马斌		手持1个		全光	主持人手卡	LOGO			
5	外景VCR								LOGO			
6	规则、评委、律师介绍/首：十位化妆高手来到这里，尾：谢谢各位评审老师和两位见证律师。	比赛区/专业评审区	马斌	7位评委/2位律师	手持1个			比赛区/专业评审区	主持人手卡	LOGO		
7	主持人串场首：好了，接下来就让我们进入今晚的第一个比赛环节尾：听听他们的设计理念。	比赛区	马斌		手持1个			比赛区	主持人手卡	LOGO		

续表

环节排序	节目内容/首尾句	景区	主持	演员/评委	音频	音乐	灯光	舞美/道具	大屏幕	时长	累计时长	备注
8	外景VCR		马斌									马斌、彩妆特场新妆特场手模下选及娘模备选和特场手模登场
9	魅力新娘妆走秀展示	比赛区/走秀区		10位模特		魅力走秀音乐	冷色光		LOGO			
10	主持人串词/首:新娘妆是新婚庆典上的核心与焦点所在。尾:下面就把时间交给我们的专业评审进行合议和评判。	走秀区	马斌		手持1个		全光	主持人手卡	LOGO			
11	专业评审合议/提问	专业评审区/比赛区	马斌	7位评审	手持2个			专业评审区/比赛区	LOGO			
12	主持人串场/首:这是一场时尚的沙龙,尾:接下来让我们有请专业评审团宣布晋级选手名单。	走秀区	马斌		手持1个		走秀区	主持人手卡	LOGO			

环节排序	节目内容/首尾句	景区	主持	演员/评委	音频	音乐	灯光	舞美/道具	大屏幕	时长	累计时长	备注
13	专业评审团宣布结果	专业评审区		7位专业评审	手持1个		专业评审区		LOGO			
14	主持人串场/首:好,谢谢各位专业评审,尾:6位晋级选手也将面临更加有难度的挑战。	走秀区	马斌		手持1个		走秀区	主持人手卡	LOGO			
15	片花广告											6位晋级选手站位比赛用晚衣品装架到位
16	主持人串场/首:"引领风采设计,打造时尚中国",尾:选手可以下场挑选自己心仪的模特了,比赛马上开始。	比赛区	马斌	6位选手	手持1个		比赛区	主持人手卡	LOGO			
17	6位选手下场挑选模特	观众区		6位选手			观众区		LOGO			游机拍摄

续表

环节排序	节目内容/首尾句	景区	主持	演员/评委	音频	音乐	灯光	舞美/道具	大屏幕	时长	累计时长	备注
18	主持人访问观众模特	比赛区	马斌		手持1个		比赛区	主持人手卡	LOGO			
19	创意晚宴妆比赛	比赛区					比赛区		LOGO			
20	主持人串场/首：利用选手比赛的这段时间，尾：担任你的私人化妆顾问。	比赛区	马斌		手持1个		比赛区	主持人手卡	LOGO			
21	评审答疑	走秀区/专业评审区	马斌	专业评审	手持2个		走秀区/专业评审区	主持人手卡	LOGO			
22	主持人串场/首：我发现刚才提问的大部分是女士，尾：下面还是让我们去关注一下6位选手在台上的表现。	走秀区	马斌		手持1个		走秀区	主持人手卡	LOGO			
23	主持人访问选手	比赛区	马斌	6位选手	手持1个		比赛区		LOGO			
24	片花											6位晚宴模特备场

环节排序	节目内容/首尾句	景区	主持	演员/评委	音频	音乐	灯光	舞美/道具	大屏幕	时长	累计时长	备注
25	主持人串场/ 首：好了，现在台上6位选手已经结束了他们"创意晚宴妆"的比赛，尾：下面就有请她们出场。	走秀区	马斌		手持1个		走秀区	主持人手卡	LOGO			
26	晚宴妆模特展示	比赛区/走秀区		6位晚宴妆模特		晚宴妆音乐	比赛区/走秀区	晚装选手自备	专备画面			
27	主持人串场/ 首：一个词"华丽"！尾：首先有请X号选手。	走秀区	马斌				走秀区	主持人手卡	LOGO			立杆话筒准备
28	选手阐述	走秀区		6位选手	立杆1个		走秀区/专业评审区		模特近景			
29	主持人串场/ 首：6位选手的设计理念各有特色。尾：我们一同期待！	走秀区	马斌		手持1个		走秀区	主持人手卡	LOGO			
30	专业评审团合议提问	走秀区/专业评审区	马斌	7位专业评审	手持2个		比赛区/专业评审区		LOGO			

续表

环节排序	节目内容/首尾句	景区	主持	演员/评委	音频	音乐	灯光	舞美/道具	大屏幕	时长	累计时长	备注
31	主持人串场/首:专业评审的评议已经结束,尾:有请专业评审团宣布晋级选手名单。	走秀区	马斌		手持1个		走秀区	主持人手卡	LOGO			
32	专业评审团宣布结果	专业评审区	专业评审	7位专业评审	手持1个		专业评审区		LOGO			马斌去比赛区定位
33	主持人串场/首:祝贺最后晋级总决选的3位选手!尾:同时做一些准备工作来迎接本场比赛总决选的到来。	比赛区	马斌		手持1个		比赛区	主持人手卡	LOGO			
34	片花 广告											

环节排序	节目内容/首尾句	景区	主持	演员/评委	音频	音乐	灯光	舞美/道具	大屏幕	时长	累计时长	备注
35	主持人串场/首:欢迎回到"鄂尔多斯·时尚中国—2005 CCTV化妆设计大赛"的比赛现场。尾:我们互动的内容和化妆,和时尚也有着紧密的联系。	走秀区	马斌		手持1个		走秀区	主持人手卡	LOGO			屏题目准备大幕
36	观众问答	比赛区/观众区	马斌		手持2个		比赛区/观众区	主持人手卡	LOGO			
37	主持人串场/首:好,谢谢现场观众的踊跃参与。尾:让我们一同进入"鄂尔多斯·时尚中国—2005 CCTV化妆设计大赛"的总决选!	比赛区	马斌		手持1个		比赛区	主持人手卡	LOGO			
38	片花											3位选手返站题上定位手场位板场定位

续表

环节排序	节目内容/首尾句	景区	主持	演员/评委	音频	音乐	灯光	舞美/道具	大屏幕	时长	累计时长	备注
39	主持人采访3位选手	比赛区	马斌	3位选手	手持1个		比赛区	主持人手卡	LOGO			
40	主持人串场/首:从他们的话语中总能感受到一份轻松和双份的自信,尾:首先,有请三位模特出场。	比赛区	马斌		手持1个		比赛区	主持人手卡	LOGO			
41	特型模特出场	比赛区/走秀区		3位特型模特			比赛区/走秀区		LOGO			
42	主持人串场/首:首先请选手到旁边的题板后面,尾:那里有我们为你们准备的题目。	比赛区	马斌		手持1个		比赛区	主持人手卡	LOGO			
43	选手选题	比赛区		3位选手题板			比赛区	题板	LOGO			
44	超级明星脸比赛	比赛区		3位选手			比赛区		LOGO			

环节排序	节目内容/首尾句	景区	主持	演员/评委	音频	音乐	灯光	舞美/道具	大屏幕	时长	累计时长	备注
45	主持人串场/ 首：在节目开始的时候我就说过， 尾：卖个关子先不告诉大家，你听。	走秀区	马斌		手持1个		走秀区	主持人手卡	LOGO			
46	歌手演唱	走秀区		歌手	手持1个		走秀区		LOGO			
47	马斌与歌手聊天	走秀区	马斌	歌手	手持2个		走秀区		LOGO			
48	主持人上场观察	比赛区	马斌		手持1个		比赛区		LOGO			
49	片花											明星备场脸
50	主持人串场/ 首：好了，3位选手的化妆造型已经全部结束了。 尾：让我们来看看3位超级明星脸会带给我们怎样的惊喜？	走秀区	马斌		手持1个		走秀区	主持人手卡	LOGO			
51	特型模特走秀	比赛区走秀区		3位特型模特		走秀音乐	比赛区走秀区	专备画面				

续表

环节排序	节目内容/首尾句	景区	主持	演员/评委	音频	音乐	灯光	舞美/道具	大屏幕	时长	累计时长	备注
52	主持人串场/首:这下大家知道她们各自像谁吧。尾:下面就让我来为你揭开答案吧。	比赛区	马斌		手持1个		比赛区	主持人手卡	LOGO			
53	马斌揭开题板	比赛区	马斌		手持1个		比赛区		LOGO			
54	专业评审团合议、提问	比赛区专业评审区	马斌	7位专业评审	手持2个		比赛区/专业评审区		LOGO			
55	主持人串场/首:比赛就是比赛,3位选手能够闯入总决选已经非常的不容易了。尾:而哪一位将在这个环节后遗憾地离开这个舞台?有请专业评审。	比赛区	马斌		手持1个		比赛区	主持人手卡	LOGO			双胞胎姐妹备场
56	专业评审宣布结果	专业评审区		7位专业评审	手持1个		专业评审区		LOGO			

续表

环节排序	节目内容/首尾句	景区	主持	演员/评委	音频	音乐	灯光	舞美/道具	大屏幕	时长	累计时长	备注
57	主持人串场/首：好，祝贺XX和XX。尾：有请模特出场！	比赛区	马斌		手持1个		比赛区	主持人手卡	LOGO			铜奖选手退场
58	双胞胎姐妹出场	比赛区/走秀区	马斌	双胞胎姐妹			比赛区/走秀区		LOGO			
59	主持人采访/首：有意思，一对双胞胎姐妹。尾：让我们进入今天最后一个比赛环节——"姐妹变变看"。	比赛区	马斌	双胞胎姐妹	手持1个		比赛区	主持人手卡	LOGO			
60	姐妹变变看环节	比赛区		2位选手			比赛区		LOGO			
61	观众互动	走秀区观众区	马斌		手持2个		走秀区/观众区	主持人手卡	LOGO			
62	主持人上场观察/首：我们的互动到这里先告一段落。尾：别走开，稍后为你揭晓。	比赛区	马斌		手持1个		比赛区		LOGO			
63	片花											

续表

环节排序	节目内容/首尾句	景区	主持	演员/评委	音频	音乐	灯光	舞美/道具	大屏幕	时长	累计时长	备注
64	主持人串场/首：欢迎回到"鄂尔多斯·时尚中国2005 CCTV化妆设计大赛"现场，尾：下面就有请她们登场。	走秀区	马斌		手持1个		走秀区	主持人手卡	LOGO			
65	双胞胎姐妹展示	比赛区/走秀区		双胞胎姐妹			比赛区/走秀区		LOGO			
66	主持人串场/首：刚才我们看了施建和施军展示，尾：每人限时30秒，首先有请××号选手。	比赛区	马斌		手持1个		比赛区	主持人手卡	LOGO			
67	选手阐释	比赛区		2位选手	手持1个		比赛区		LOGO			

环节排序	节目内容/首尾句	景区	主持	演员/评委	音频	音乐	灯光	舞美/道具	大屏幕	时长	累计时长	备注
68	主持人串场/ 首:2位选手的阐述让我们对于她们各自化妆造型的理念有了更深入的了解。 尾:让我们拭目以待。	比赛区	马斌		手持1个		比赛区	主持人手卡	LOGO			
69	专业评审合议、提问	比赛区/专业评审区	马斌	专业评审	手持2个		比赛区/专业评审区		LOGO			
70	主持人串场/ 首:好,谢谢我们的两位选手和专业评审。 尾:广告之后为你揭晓。	比赛区	马斌		手持1个		比赛区	主持人手卡	LOGO			
71	片花 广告											10位参赛选手返站位

续表

环节排序	节目内容/首尾句	景区	主持	演员/评委	音频	音乐	灯光	舞美/道具	大屏幕	时长	累计时长	备注
72	主持人串场/首:一轮又一轮,化妆设计的比赛在继续;尾:有请——	比赛区	马斌		手持1个		比赛区	主持人手卡	LOGO			
73	专业评审宣布奖项	专业评审区		7位专业评审	手持1个			专业评审区				
74	颁奖	比赛区	马斌	颁奖嘉宾	手持1个		比赛区	主持人手卡	LOGO			
75	主持人结尾/首:祝贺所有的获奖选手!尾:观众朋友们,我们下一场比赛再见!	比赛区	马斌		手持1个		比赛区	主持人手卡	LOGO			

这份包括75个环节的节目串联单,其本身并没有任何的审美价值,但功能性价值却非常突出。而为了让这种功能更加凸现,笔者在写作过程中遇到最多的情况就是不断修改和反复,为的是要把各个工种在不同环节状态下的工作做出预描,并尽量使其到位。那么,接着,我们就一起来解读这份"时尚中国"电视大赛的串联单:

从这份串联单上首先反映出的是一档中型电视活动的工作量。其多达75个的环节设置,体现了电视生产的强度与高要求,也更加要求了节目串联单一定要写得明白、准确,否则哪怕一个小的环节出了状况,对于整档电视节目都会有大影响。

在串联单的内容设置上，我们看到包括了以下这十二项要素：节目内容/首尾句、景区、主持、演员/评委、音频、音乐、灯光、舞美/道具、大屏幕、时长、累计时长、备注——当然，更大规模的电视活动，可能会涉及更多的要素；更小规模的电视节目，可能涉及的要素会相应少一些。仅以这十二项要素为例，在此做一简要说明。

节目内容/首尾句。节目内容，即电视节目在进行到某一环节时的主体内容，其是划分不同环节的最重要因素。比如第六个环节中，节目内容是"规则、评委、律师介绍"，那么，各工种都明白了此时场上的主角是主持人，而进行的项目是在介绍大赛相关事宜。当然，在一场长达若干个小时的节目录制过程中，不可能去要求每一个工种每时每刻、全神贯注地投入节目（或许在绝对理想的工作状态下可能出现）。因此，首尾句的标明就能够让各个工种适当地"偷懒"一下，通过首尾句的提示，随之让工作状态进出某一环节：当主持人说首句的时候，将工作状态调整到相应的环节（比如灯光的变化、景区以及相应机位镜头的改变等）；然后到尾句部分时，就要预备将工作状态调整到下一个环节。

景区。把环节所在区域标明，也是电视节目串联单的重要内容之一。特别是现在大中型的电视活动，都是在动辄几百甚至上千平方米的演播室里进行。在录制过程中，演播区域是一定会被划分为不同的景区，比如"时尚中国"电视大赛中的比赛区、走秀区、观众区、专业评审区等。不同景区，相应的是，是不同的灯光、音乐、舞美、道具、机位要求。

主持、演员/评委。现在许多电视活动都会请不止一位主持人来担纲主持（"时尚中国"仅用马斌一人），也会请大量的嘉宾、评委、演员、司仪以及其他各种与节目可能有联络的人士来上节目。因此，把每一环节中的主持与演员/评委等有关人的信息标注清晰，也是节目串联单非常重要的内容。

音频、音乐。这两个要素，对应于电视生产的听觉指标。在音频方面，主要是现场话筒的调试与变换使用；而在音乐方面，则体现了节目录制的不同环节对于音乐的不同需求，音乐的选择与节目的进程要匹配、要相得益彰。

灯光、舞美/道具、大屏幕。这几类要素，对应于电视生产的视觉指标。灯光部分，需要交代在某一环节使用什么灯、打出什么效果的光；舞美/道具部分，对于小到如主持人手卡之类的道具都要标注出来；而大屏幕的使用，其内容可能是节目 LOGO，可能是与节目相关的专题短片，也可能是纯粹的气氛画面，这些也都需要串联单注明。

时长、累计时长。在以上这份串联单中,时长与累计时长部分,大量空缺着——这并非制作者的疏忽,而是由于这台电视大赛是录制播出的,对于时长、累计时长的要求相对较低。在录制过程中若出现时长过长或过短的现象,都是可以通过后期编辑来调整的。但是,笔者也曾参与过直播状态的电视互动,其对于时长的要求,就非常严谨、甚至苛刻。每一个环节的时长以及累计时长状态,都需要在节目播出之前尽量准确地"掐时间"算出来。

备注。在这一部分,可以将前述内容的未尽事宜列出,比如备场、退场、话筒准备等。

综上,就是一份基本上合格的电视节目串联单需要关注并记录下来的内容。当然,本讲在此选用的案例,也并非可以随处套用。毕竟,在进行节目串联单写作时,还是要做到充分的"具体问题具体分析",不能为了串联单而串联单,要真正达到指导电视生产的实效,才是最重要的。

三、主持人台本与串联词:功能性与审美价值

主持人台本与串联词,顾名思义,是以主持人为中心来设计的电视方案。主持人台本,包含了串联词的内容;主持人串联词,构成了主持人台本的主体。此外,主持人台本还包含了在节目串联单中也同时使用的部分提示性说明,比如节目内容、景区等等。

主持人台本,是功能性特质很鲜明的一份电视方案,这份方案虽然主要是给主持人使用,但是其撰写作却绝不仅只考虑主持人的个人因素,更需要完成编辑、导演乃至制片人等其他责任工种的节目意图。甚至于"审台本"也是电视生产流程中很重要的一环。

而主持人台本中的主体部分——串联词,就既是功能性,又要具有审美价值。比如,仅以2009中央电视台春节联欢晚会主持人串联词的开场部分为例,来做一个说明,看看其中的功能性与审美性是如何交织的:

> (董卿)观众朋友,您现在正在收看的是,中央电视台综合频道、中文国际频道、英语国际频道、西班牙语国际频道、法语国际频道和中央人民广播电台正在同步直播的2009年春节联欢晚会。
>
> (朱军)另外,今晚央视网还联合了中国台湾网、搜狐网、腾讯网、新浪网和全国的百余家网站,向全球华人同步直播我们今天的春节联欢

晚会。

——以上两段串联词，很明显，具有极强的功能性特质，没有任何话语修饰与发挥，但是却很全面地阐明了"春晚"的跨媒体传播渠道。再看下面两句：

（董卿）除夕团圆夜，守岁亲情浓。其实每年到了这个时候，对于咱们中国人来说，最高兴的事情，莫过于一家老小其乐融融，围坐在一起吃个团圆饭，唠唠家常，说说这一年身边的变化。

（朱军）要说起身边的变化，改革开放三十年，年年都有新变化。而这些变化，咱老百姓都看得见，摸得着。因为咱们老百姓是实实在在地感受得到这些变化带给我们的福祉和实惠。那么说到细微之处，到底有些什么变化呢？让我们有请姜昆、戴志诚为大家和说相声《我有点晕》。

——这两段串联词，也很明显，就不仅仅是交代什么客观内容了（除了引出下面节目的名称《我有点晕》之外），而更是在春节特有的节庆氛围以及改革开放三十年特有的时代环境中进行话语发挥，比如"除夕团圆夜，守岁亲情浓""改革开放三十年，年年都有新变化"；再比如，为了拉近与电视观众的距离，把主语的主体都亲切化为"咱们"，咱们中国人、咱们老百姓。

那么，在进行主持人台本与串联词写作时，具体该如何操作？有哪些注意事项？笔者还是以 2005 年底播出的"时尚中国"2005CCTV 化妆设计电视大赛为案，以这次电视大赛的主持人台本与串联词为解读对象。

先来看这份主持人台本——

"时尚中国"2005CCTV 化妆设计大赛节目主持人台本

1.［广告］
2.［片头］
3.［变脸 彩妆秀］走秀区
4.［主持人开场白 介绍比赛总规则］比赛区

马斌（以下简称"马"）：观众朋友们晚上好！"引领风采设计，打造时尚中国"，这里是"鄂尔多斯·时尚中国—2005CCTV 化妆设计大赛"的比赛现场。一段奇绝的变脸和曼妙的彩妆秀为我们的比赛来了一个非常精彩的热身。但是,接下来的比赛精彩程度也决不会让您失望。

待会儿登场的 10 位优秀化妆设计选手,是通过了严格的层层选拔,从全国上百位化妆高手中脱颖而出的,首先让我们来认识一下他们。

5.[外景 VCR 选手自我介绍篇]

6.[主持人串场 介绍专业评审]比赛区 专业评审区

马:10 位化妆高手来到这里,他们将面对更加激烈和严格的挑战。今晚我们的专业评审团将通过"魅力新娘妆""创意晚宴妆"两个比赛环节,评判出他们当中的 3 位进入我们的总决选。在总决选中,我们设置了两个精彩、好玩的环节,并最终产生本次化妆设计大赛的金奖。同时,本场比赛的前 3 名,将进入我们最后一场整体造型的比赛现场。

在这里我还要提醒大家,在节目进行当中,观众朋友们还可以通过以下的方式给我们发送短信,来竞猜今天化妆设计大赛金银铜奖的得主到底是谁。(短信第一次)

好了,言归正传。今晚比赛的主角除了 10 位顶尖化妆选手外,我们还荣幸地邀请到了来自化妆界、时尚界的几位重量级人士担纲专业评审团,他们是……同时,还有两位见证律师全程见证比赛的全过程,他们是……谢谢各位评审老师和两位见证律师。

7.[主持人串场]比赛区

马:好了,接下来就让我们进入今晚的第一个比赛环节"魅力新娘妆"。首先让我们通过一个外景小片来看看选手们各自独具匠心的"魅力新娘妆"制作过程,听听他们的设计理念。

8.[外景 VCR 选手制作新娘妆过程篇]

9.[新娘妆模特展示]比赛区 走秀区

10.[主持人串场]走秀区

马:新娘妆是新婚庆典上的核心与焦点所在,成功的新娘妆将新人的靓丽形象与独特魅力展示在众人的面前,更展现在新郎面前。是的,马某人至今还一直记得我太太当年身着婚纱的样子是那样娇美,当时的心动至今回味不已……好,言归正传,10 位选手的魅力新娘妆作品已经展示完毕了,他们各自的设计理念也在刚才的小片中有了清晰表达,下面就把时间交给我们的专业评审进行合议和评判。

11.[专业评审团合议 提问]专业评审区

12.[主持人串场]走秀区

马:这是一场时尚的沙龙,除了时尚的画面,更有时尚的信息。同时,这也是一场残酷的比赛,接下来让我们有请专业评审团宣布晋级选手名单。

13. [专业评审团宣布6位的选手]专业评审区

专业评审团:在以上环节的展示中,每位选手的表现都很有特色,实力在伯仲之间。但是,经过评委会商议,认为……4位选手稍逊一筹,其他6位选手将直接进入下一环节的比赛。

14. [主持人串场]走秀区

马:好,谢谢各位专业评审,也祝贺顺利晋级的6位选手。接下来的比赛将更加的精彩,6位晋级选手也将面临更加有难度的挑战。

15. [片花 广告]

16. [主持人串场]比赛区

马:"引领风采设计,打造时尚中国",欢迎回到"鄂尔多斯·时尚中国—2005CCTV化妆设计大赛"的比赛现场。我们的比赛刚刚进行了一个环节就透出了一股紧张的气息。从10位参赛选手中胜出的6位选手将进入今晚的第二个比赛环节——"创意晚宴妆"。晚宴是展示个人风采的绝好机会,理想的晚宴妆则需要精致的妆点与较持久的妆型。因此,这种妆容是化妆技艺中要求较高的妆型。看来"创意晚宴妆"对选手的考察将更加的有难度。但是,我们在将这一环节是难上加难。大家看到在舞台的那边挂着6件漂亮的晚装。待会模特就会穿上它们带给我们一场精彩的"创意晚宴妆"表演。我们的难题是6位选手必须在现场的观众中挑选自己的晚宴妆模特。这需要选手有好的判断能力,因为我们的晚装需要身高1米7以上的女观众来穿着。但是,我看了看,台下还是有不少女观众符合这一要求。在这里我还要提醒大家,这一环节结束之后,就将最后产生进入本场比赛总决赛的3位选手。希望6位选手再接再厉,把握住最后的机会。现在,选手可以下场挑选自己心仪的模特了,比赛马上开始。

17. [选手挑选观众模特]观众区

18. [主持人访问观众模特]比赛区

马:……

观众模特:……

(简单采访)

马：我们的观众非常的可爱。毕竟爱美之心、人皆有之，我马某人也有。晚宴妆的典雅嘉年华即将展现，下面就有请我们的6位选手开始他们的"创意晚宴妆"。

19.［创意晚宴妆比赛］比赛区

20.［主持人串场］走秀区

马：利用选手比赛的这段时间，我想为在座的各位观众创造一个机会。现在大家的生活已经越来越离不开化妆了，平时大家也会遇到一些化妆方面的疑惑和问题。那么，今天我们的专业评审团里有许多的化妆方面的专家，这样面对面交流的机会非常难得，在这里我们就特别为现场观众留出了一段时间，让专业评审团的评委来为你解答化妆中的疑问，担任你的私人化妆顾问。所有提问的观众都将获得由鄂尔多斯集团为你提供的精美奖品。（奖品发放第一次）

21.［评委答疑］专业评审区 观众区（播出中要保留）

观众：……

评委：……

谢谢各位评审老师精彩的解答。在这里我们要提醒电视机前的各位观众通过下面的方式，通过短信来竞猜今天化妆设计大赛金银铜奖选手，我们也为你准备了精美的礼品。（短信互动第2次）

22.［主持人串场］走秀区

马：我发现刚才提问的大部分是女士，但有句老话说得好"女为悦己者容"，作为我们男士，因为她们的美丽而感到幸福。好，我们的观众答疑到这里先告一段落。下面还是让我们去关注一下6位选手在台上的表现。

23.［晚宴妆比赛 主持人访问选手］比赛区

马：

选手：……

马：看来各位选手的妆面造型都各有特色，到底最后的效果如何？稍后为你揭晓。

24.［片花］

25.［主持人串场］走秀区

马：好了，现在台上6位选手已经结束了他们"创意晚宴妆"的比赛，6位观众模特也已经换上了高贵、典雅的晚妆，下面就有请她们出场。

26.［6 位观众模特登场］比赛区 走秀区

27.［主持人串场］走秀区

马:一个词"华丽"! 再来一个词"非常华丽"。6 位观众模特通过化妆师的巧手装扮,立刻让我们的录影棚满堂生辉,光鲜动人了。我还是先平复一下自己激动的心情,接下来,先请这 6 位选手分别来阐释他们的设计理念。每人限时 30 秒,首先有请×号选手。

28.［选手阐释］走秀区

29.［主持人串场］比赛区

马:6 位选手的设计理念各有特色。接下来还是交给我们的专业评审。对于这些晚宴妆作品,专家们有什么看法、持什么态度? 哪 3 位选手能够突出重围,进入最后的总决选,我们一同期待!

30.［专业评审团合议 提问］专业评审区

31.［主持人串场］走秀区

马:专业评审的评议已经结束,在这一高难度环节中,哪 3 位选手将胜出呢? 有请专业评审团宣布晋级选手名单。

32.［专业评审团宣布 3 位晋级的选手］专业评审区

专业评审团:在以上环节的展示中,每位选手的表现都很有特色,实力在伯仲之间。但是,经过评委会商议,认为……3 位选手稍逊一筹,其他 3 位选手将直接进入本场比赛的总决选。

33.［主持人串场］比赛区

马:祝贺最后晋级总决选的 3 位选手! 同时这 3 位选手也就是本次化妆设计大赛的前三甲了。在这里也要非常感谢其他 7 位优秀化妆设计师同样精彩的献艺表现! 正是由于你们的参与,我们的大赛变得时尚、美丽和精彩。在这里我要告诉前三甲的选手,接下来总决选将更加具有挑战性,你们做好准备了吗? 现在给你们一些时间去平复一下自己的心情,同时做一些准备工作来迎接本场比赛总决选的到来。

34.［片花 广告］

35.［主持人串场］比赛区

马:欢迎回到"鄂尔多斯.时尚中国－2005CCTV 化妆设计大赛"的比赛现场。今天的比赛刚刚过半,10 位入围选手到现在的 3 位胜出选手。可以说比赛进行得非常激烈,下面为了缓和一下现场紧张的气氛,同时为了让我们现场的观众也能够在总决选之前热热身,我要和大家来一个小小的互动。当然既然是"时尚中国化妆设计大赛",我们互动的内容和化妆、和时尚也有着紧密地联系。希望大家做好准备,踊跃地举手回答问题,我们为你准备了由鄂尔多斯集团提供的精美奖品。让我们马上开始…(奖品发放第二次)

36. [观众有奖问答] 比赛区 观众区(播出中保留)

马:……

观众:……

37. [主持人串场] 比赛区

马:好了,谢谢现场观众的踊跃参与。不知道大家有没有从我们的互动中获得一些对你有益的东西。在这里,我们也祝福所有观众,你的生活可以更加的美好,更加的丰富多彩。好了,言归正传。从报名选手中的 10 位化妆高手到现在的"三强争霸",接下来的总决选对于 3 位选手来说,意味着更高难度的挑战。但是,对于各位观众来说,却意味着更加炫彩夺目的视觉享受。让我们一同进入"鄂尔多斯.时尚中国—2005CCTV 化妆设计大赛"的总决选!

38. [片花]

39. [主持人串场 采访 3 位选手] 比赛区

马:现在站在我身边的 3 位选手,是我们这次比赛的三甲,从他们当中将决出本次比赛的金奖。让我们再来认识一下,他们是×号选手××……那么,我想先问一下 3 位选手,认为自己能够拿到金奖的请举手

选手:……

40. [主持人串场] 比赛区

马:从他们的话语中总能感受到一份轻松和双份的自信,或许这就是时尚人士的独有魅力。最后 3 名选手、最后的总决选、最紧张、最精彩当然也最好看。接下来,我们马上就进入总决选的第一个环节。首先,有请三位模特出场。

41. [特型模特出场] 比赛区 走秀区

42. [主持人串场] 比赛区

马:三位模特已经站在我身边了,大家可以猜猜看她们像谁? 其实她们和你我一样都是普通人。但是,大家需要注意的是等我们这个环节的比赛结束之后,她们也许会变得很特别哦,让我们共同期待。首先有请选手到旁边的题板后面,那里有我们为你们准备的参赛题目。

43. [选手揭开"明星脸"]比赛区

（一个题板后面有三幅明星照片,选手按号牌顺序去选择自己的明星脸题目。）

马:好,各位选手,根据你们的选择,将有相应的特型模特与你配合。祝你们好运,比赛开始!

44. ["超级明星脸"比赛]比赛区

45. [主持人串场]走秀区

马:在节目开始的时候我就说过,今晚不仅是一个时尚的比赛,同样还是一个时尚的沙龙。下面马斌将为大家请上今晚的另一位重量级时尚嘉宾××。她是谁呢,卖个关子先不告诉大家,你听。

46. [歌手演唱]走秀区

47. [主持人、歌手互动]走秀区

主持人和歌手可以就一些化妆方面的时尚话题进行一些互动聊天

马:谢谢时尚嘉宾××为我们带来了好听的歌曲,并分享了她精彩生活的片段。就在××为我们演唱的时候,我发现我们的3位选手丝毫没有分心,都在全神贯注的投入自己的妆面造型当中。下面就让我们去关注一下他们各自的表现。。

48. [主持人上场观察]比赛区

马……

选手

马:通过近距离的观察,我已经大概看出3位模特的变化了,不知道观众朋友们发现没有。但是别着急,谜底马上就要为你揭开。同样,在这里我们要提醒电视机前的各位观众通过下面的方式,通过短信来竞猜今天化妆设计大赛金银铜奖选手,我们也为你准备了精美的礼品。（短信第三次）

49. [片花]

50. [主持人串场]走秀区

马:好了,3位选手的化妆造型已经全部结束了。让我们来看看3位超级明星脸会带给我们怎样的惊喜?

51. [特型模特展示]比赛走秀区

（设计与所装扮明星知名作品、风格特质相吻合的出场方式）

52. [主持人串场]比赛走秀区

马：哈哈，这下大家知道她们各自像谁了吧。我就感觉现在我就站在梅艳芳、王菲和刘亦菲的身边，不容易啊。但是现在还有一个谜底没有揭开，刚才选手在我们的题板后看到的是怎样的题目呢？下面就让我来你揭开答案吧。

53.［马斌揭开题板］比赛区

马：题板一打开，我们这个环节的比赛规则其实就已经一目了然了。3位选手所装扮出来的超级明星脸到底像不像呢？大家可能心里都有答案了，但是下面还是有请我们的专业评审团进行合议和评判。

54.［专业评审团合议 提问］专业评审区

55.［主持人串场］比赛区

马：比赛就是比赛，3位选手能够闯入总决选已经非常的不容易了。因为我们的10位参赛选手每个人都有很长的从业时间，丰富的从业经历，可以说技艺都非常高超。但是在这里还是要有请专业评审宣布最后的评审意见，3位选手中究竟哪两位可以进入最后的金奖争夺？而哪一位将在这个环节后遗憾的离开这个舞台？有请专业评审。

56.［专业评审团评判并宣布前2名选手］专业评审区

专业评审团：在以上环节的展示中，每位选手的表现都很有特色，实力在伯仲之间。但是，经过评委会商议，认为×号选手稍逊一筹，其他两位选手将进入最后的冠军决选。

57.［主持人串场 介绍"姐妹变变看"规则］比赛区

马：好，祝贺××和××。你们进入了今天比赛最后的金奖争夺战。当然也要恭喜××号选手，你获得了本次化妆设计大赛的铜奖。最后的两名选手，最后一个环节的比赛，现在比赛现场的气氛已经非常的紧张了。如何让比赛的决胜局更加公平，更加有趣，我们也是煞费了脑筋。那么究竟迎接两位的是怎样的一个挑战呢？有请模特出场！

58.［双胞胎姐妹出场］比赛区 走秀区

59.［主持人采访双胞胎姐妹］比赛区

马：哈哈，有意思，一对双胞胎姐妹。她们分别是姐姐施建、妹妹施军。（简单和双胞胎姐妹互动一下）不知道现在在场上的两位选手过去有没有给双胞胎化过妆？可以说，两位选手即将面对的可谓是同一张考卷，但是她们又各有自己的特点和难点，如何来为我们的双胞胎姐妹化妆造型，下面就看两位选手的巧手装扮了。让我们进入今天最后一个比赛环节——"姐妹变变看"。

60.["姐妹变变看"比赛]比赛区

61.[观众互动](播出中保留)

马:好了,利用选手比赛的这段时间,我们还为现场的观众留出了一次互动得奖的机会。在我手里仍然有一些关于时尚、化妆方面的问题。所有参与我们互动的观众都将获得由鄂尔多斯集团提供的精美奖品,让我们马上开始。(奖品发放第三次)

马:

观众:

62.[主持人上场观察]比赛区

马:好了,我们的互动到这里先告一段落。现在还是让我们一起来看看2位选手的表现吧。

选手……

马:双胞胎姐妹到底最后会给我们带了怎样的耳目一新呢? 别走开,稍后为你揭晓。

63.[片花]

64.[主持人串场]走秀区

马:欢迎回到"鄂尔多斯·时尚中国—2005CCTV化妆设计大赛"的比赛现场,我们的比赛通过了3个环节的较量,现在已经进入了高潮。我想现场的观众和电视机前的观众都和我一样迫不及待地想要看到现在双胞胎姐妹的美丽造型了,下面就有请她们登场。

65.[双胞胎姐妹展示]比赛走秀区

66.[主持人串场]比赛区

马:刚才我们看了施建和施军的展示,或许此时,这对姐妹的父母是最开心的了。因为他们的两个宝贝女儿,今天都非常非常漂亮。接下来我们将听到两位选手是怎么阐述自己化妆设计的理念的。每人限时30秒,首先有请××号选手。

67.[选手阐释]比赛区

68.[主持人串场]比赛区

马:两位选手的阐述让我们对于他们各自化妆造型的理念有了更深入的了解。那么,现在把最后也是最关键的时间留给专业评审团。他们的这个评判将决定今晚化妆设计大赛金奖的诞生,让我们拭目以待。

69.［专业评审合议 提问］专业评审区

70.［主持人串场］比赛区

马：好，谢谢我们的两位选手和专业评审。那么谁将获得本次"鄂尔多斯·时尚中国—2005CCTV 化妆设计大赛"的金奖呢？广告之后为你揭晓。

71.［片花 广告］

72.［主持人串场］比赛区

马：一轮又一轮，化妆设计的比赛在继续；一浪接一浪，时尚沙龙的高潮在延续。但是，天下没有不散的筵席，今晚的比赛就此马上就要落下帷幕，获得本场比赛金银铜奖的 3 位选手，她们将会进入时尚中国系列大赛最后一天整体造型的比赛现场，希望她们能够在那里也能有着出色的发挥。同时在这里也向所有的参赛选手致敬！好了，下面我们将颁发今晚化妆设计大赛的所有奖项，当然有分量最重的化妆设计大赛金奖。首先让我们有请××评审，为我们宣布本次大赛最佳创意奖的获奖选手是！有请——

73.［专业评审团宣布各个奖项得主］专业评审区

74.［颁奖］比赛区

马：恭喜××号选手，下面有请××为本次"鄂尔多斯．时尚中国—2005CCTV 化妆设计大赛"最佳创意奖选手颁奖。

（后面依次为"化妆设计大赛最佳技艺奖""化妆设计大赛铜奖""化妆设计大赛银奖""化妆设计大赛金奖"）

75.［主持人结尾］比赛区

马：祝贺所有的获奖选手！今晚的化妆比赛是一场沙龙，紧张而不失情调；今晚的化妆沙龙又是一场比赛，时尚却富有激情。让我们在"时尚中国"的天空下自由地呼吸，尽情地享受生活，观众朋友们，我们下一场比赛再见！

前文讲解节目串联单时所使用的案例，也是"时尚中国"这场电视大赛。在那份串联单上，我们看到了多达 75 个的环节流程。那么，相对应的，同一档节目的主持人台本也应该有 75 个环节——虽然，并不是每个环节都有主持人的"戏份"。但正如上文所强调过的，主持人台本并不仅只为主持人服务、给主持人使用。所以，每一个环节，在台本上都要有所标示。

作为参与节目的编辑、导演或者专门的撰稿人，都有可能来完成、或者合作来完成这份主持人台本。在当前的电视生产常态下，恰恰是主持人本身较少参与台本的创作。但是，在写作串联词的时候，不论原本的工种、身份是什么，撰写者都要尽量以当期主持人的口吻、语气、风格去写作——否则，如果你的表达习惯是大段排比、层层推进，偏偏主持人是不善于记台词、善于发挥的那一类，那么，彩排或者录制过程将非常费时、费事；但如果你总是妙语连珠、潮流感十足，而主持人却是四平八稳、正儿八经的风格，那么，录制出来的效果就可能"很囧很雷人"。"时尚中国"的主持串联词，在写作时就尽量贴近主持人马斌的言语风格。

此外，在创作主持人台本的时候，要明白：一个好台本，绝不是一蹴而就的，不可能"一遍过"：一般来说，第一遍要把所有功能性的内容都写到位，播报节目呼号、串联流程、宣讲规则、介绍人物、与观众互动、强调赞助商等等，"一个也不能少"。第二遍，还是要在检查完第一遍基础信息的基础上，再开始为主持人设计一些"花活儿"，进行一些表达上的提升与创意，比如第十环节中，"成功的新娘妆将新人的靓丽形象与独特魅力展示在众人的面前，更展现在新郎面前。是的，马某人至今还一直记得我太太当年身着婚纱的样子是那样娇美，当时的心动至今回味不已"，此处就体现了一种个性化的表达。

台本的写作主体是电视撰稿人。但是，最后的落实与呈现，主体却更替为主持人了——在更替的过程中，有些注意事项是需要撰稿人明确的：在节目录制进程中，对于主持人的"最低要求"是要让他/她把所有功能性的内容传达到位，这是最起码的；而对于撰稿所设计的那些创意桥段，倒不需要那么计较，主持人根据节目的进程与现场的情况，完全可能把你此处的设计删去或添加在彼处。更好的主持人还会自己现场创造、设计一些"包袱"——只要节目流程顺畅，这些都是可以接受的，甚至是被欢迎的。

75 个环节，作为一档中型录播的电视活动流程而言，并不是最多的。而像那么大型的、直播的电视活动，其流程所包含的环节数量就更多了。所以，在写作台本时，每一个环节中出现的串联词（当然，有些环节不涉及串联词），一定要有很强的连贯性与统一性，如果用一个不太恰当的比喻来说，就有点像 IT 行业中计算机程序员"写程序"的工作。当然，电视行业的程序是要有"包袱"的程序——"有包袱的程序"，在某种程度上，就是撰写主持人台本与串联单的一种目标，交织着理性与感性、客观与主观、功能与审美、科学与艺术……而真正要想把台本写好，笔者深以为，是没有什么捷径的，上述案例可以借鉴,但同样不值得照搬。最关键的,还是正如西谚所说,"Practice makes perfect"(熟能生巧),以及笔者依样画葫芦补充的"Experience makes excellence"(躬行卓越)。

四、问题单:问题意识与设计要素

问题单,就是把与电视节目相关的所有问题都列出来的一份单子。其在形态上非常简单,但是在内容上却特别重要,因为这份单子,体现了电视业者的问题意识。

(一)问题意识与电视媒介生产

毛泽东曾经说过,"问题就是事物的矛盾,哪里有没解决的矛盾,哪里就有问题"。世界本是问题的世界,没有问题就不成其为世界。因此,问题意识,就成为社会成员处事成功与否的关键;而媒介,特别是电视媒介,作为大千世界的形象而丰富的"窗户",具备问题意识,反映"世界的问题"与"问题的世界"也成为其发展、提升的关键。

在笔者看来,所谓"问题意识",就是要明白为什么问问题、怎么样问问题;就是要找出真问题、剔除伪问题。对于电视媒介而言,树立"问题意识",就可能要在以下两个方面有所作为:

首先要善于发现问题,找出真问题。越有知识和思路,就越能发现问题,并能发现别人发现不了的问题。农民工问题,是近期新闻媒体的热点话题,但是大量媒体就此问题,并不善于切入破题,老生常谈、人云亦云地都在关注那些被说滥了的子话题。但是,凤凰卫视《事实·正前方》的电视业者就善于找出真问题,他们从常识出发,把农民工首先还原成一个有七情六欲的人,做出了《性福在哪里:直击农民工群体性困惑》的专题节目。

其次,要善于抓住问题实质,剔除伪问题。要抓住问题的实质,就需要做到四结合,"传统思维与创新思维的结合、主观思维与客观思维的结合、形象思维与抽象思维的结合、直觉思维与分析思维的结合"。特别是对于媒介而言,面对纷杂的世间道、人间事、坊间言论,仅仅单一化、简单化的思维是"找不到北"的,更毋论给广大受众"指南"。比如,关于中国股市的跌宕起伏,到底有多少家媒体能够抓住其本质而不被表象遮掩呢?再比如,关于"'黄沙车'频出恶性交通事故"的报道,自1990年代中期起至今,就一直是各地各级各类媒体的热议话题。不过,热议归热议,是否都说到点子上了呢?是否只是简单责怪"黄沙车"司机不遵守交通规则就行了呢?是否只是把运输车主都说成是黑心、昧良心、贪财就行了呢?按笔者看来,以上这两点经常被提到的关于"黄沙车"的问题,都是伪问题,不是关键所在。这些表象背后的制度性因素,才是真问题。

(二)问题单的设计要素:资料、逻辑与细节

具备了问题意识,明白了为什么问问题、怎么样问问题,对于一名电视业者(特别是非虚构节目的电视业者)来说,就可以开始为节目设计问题单了。

虽然,问题单的形式是很简单的;但是形式的简单,不等于内容的随意。并不是一连串的问号,就可以构成合格的问题单。问题单需要很细致的设计,而且这种设计对于已有资料的开发、对于逻辑线索的梳理以及对于细节因素的挖掘都是"无所不尽其极"的。笔者将结合一个真实的电视节目问题单案例,就问题单的样态以及问题单设计中的资料、逻辑、细节三方面要素,做一说明。

在东方卫视播出的谈话节目《杨澜访谈录》(见图9-5),在奥运前后播出了一系列与奥运相关的杰出人物专题访谈。李永波,就是当时这一系列奥运人物中的一位。

杨澜访谈录

图 9-5:杨澜访谈录

假设你是这期节目的编导,在奥运的大环境下,该如何来设计问题?特别是这样一位体育明星类的采访对象,在媒体上频频亮相,你作为编导,如何通过你所设计的问题,来展现一个给观众眼前一亮的"新"的李永波?如何利用资料?如何梳理逻辑?又如何用细节服人?

接下来,就带着以上这些问题,进入到该期关于李永波的访谈节目的问题单设计环节中去——

《杨澜访谈录》节目组在准备这期节目时,广泛搜集资料、素材,并通过几次策划会听取了相关人士的节目建言,最终将该期节目的核心确定为两大块内容,第一块是奥运将至,李永波面对着怎样的局势与压力?细化到每一天的

训练,他又是用什么方式来带领队伍实现中国羽毛球的奥运梦想。他的奥运目标是什么?第二块是通过回顾前五次奥运会,展现李永波从一个运动员转型成为"少帅",又用实力说话,变为一位明星教练的三段人生阶梯。其中的每一次转折,他是怎样自我成长、慢慢成熟的。从中也能看出这是一个怎样的教练。这也正是该期节目副标题"激荡奥运二十年"所表达的。

那么,明确了核心内容之后,具体该如何展开呢?这是就需要由问题来支撑了——当然,这些问题,也不能都在一个主题下展开(否则太单一了)。所以,问题单的设计,首先就是要根据已有的资料,给节目整体划分若干个主题。以《杨澜访谈录·李永波》为例,节目就划分为四个主题版块,分别是"2008:奥运正前方""运动员生涯:奥运'初体验'""'少帅'时期:成就奥运'光荣与梦想'"与"'明星'教练:奥运光环的内内外外"。

在划分完主题版块之外,接下去的工作,就是在每个版块当中梳理出一条逻辑主线,然后按照这条主线,来设计系列性的问题。为了阐述方便,接下来先把该份问题单的全文呈现出来——

《杨澜访谈录·李永波》之问题单

1. 2008:奥运正前方

● 2008,在奥运正前方,有熟悉的北京城,也有不熟悉的 21 分赛制。在你看来,这对于羽毛球运动,对中国羽毛球队意味着什么?

● 你曾在旧赛制中带队取得过好成绩。但面对新赛制,面对同样取得好成绩,甚至更好的成绩的要求,你的应对是什么?

● 除了赛制的改变,中国羽毛球队还面对着更强大的对手,是否可以在每个单项中各给我们列出一个最强对手?以及你的应对是什么?

● 想象"更大的敌人",同时想象"更小的场地"。我知道你也在研究如何"把场子变小",这是为什么?

● 羽毛球是典型的小球运动,但为什么你要请大球运动——NBA 篮球体能教练来训练你的队员?

● 如果可能的话,我愿意拿之前所取得的所有金牌来换北京奥运会的冠军——你说过的这句话,我认为更体现了你身上的压力。这种压力,你如何调节?

● 听说你平时喜欢小饮些洋酒,比如"蓝方"。这是不是能帮你缓解一些压力？

● 我们也曾在电视上多次看到你一展歌喉。这是不是也能帮你缓解一些压力？

● 一个好心态，特别一个教练的好心态，往往会影响整个运动队。那么，当你的队员觉得压力大的时候，特别是面对家门口的奥运时，你是怎么都他们解压的？

● 中国保持着世界上唯一的同时拥有羽毛球三大杯的荣誉，而2008年奥运会就要在咱们家门口开了，这次你自己的目标是什么？为什么会有这样的目标？

● 好的开头是成功的一半。虽然这样的比喻不是很恰当，但是无论如何，今年奥运会上决出的第一块羽毛球金牌——女子双打都是很关键的一块金牌。虽然这是中国队的传统强项，但是最近一次在成都举行的羽毛球大师赛上，却由马来西亚选手夺得了冠军。你怎么看？

● 你曾表示过"三块金牌当中，肯定有一块是大家意想不到的"，这是为什么？

● 北工大羽毛球馆，是今年奥运会羽毛球比赛场地——那么，主场作战，可能的优势在哪里？而劣势呢？

● "最终参赛队员名单"，是大家所关注的，您在圈定名单的时候，有哪些判断的依据？并能否为我们预估一下可能的入选成员？

● 问一道轻松的选择题：在今年奥运会结束后的庆功宴上，如果你只能在唱歌，比如就唱那首《干杯兄弟》和畅饮美酒之间选择一项进行，你会选择哪一项？

2. 运动员生涯：奥运"初体验"

● 在1988年汉城奥运会上，羽毛球还是一个表演赛项目。但那时，正好是你的运动巅峰期——别人参加奥运会都在争着拿金牌，而你当时却只是在"表演"，心里是一种什么感受？

● 《拿什么奉献给你，我的爱人》是你在参加完1992年巴塞罗那奥运会后在中央电视台上唱的歌，那届奥运会是你参加的第一届也是最后一届奥运会——这首歌跟你仅拿到铜牌并退役是否有关系？

● 男子双打，是你的主项。但是，到目前为止，巴塞罗那奥运会上的那块铜牌，至今依然是最好成绩，你怎么看这个问题？

3."少帅"时期:成就奥运"光荣与梦想"

● 在退役之后,你马上出任了国家队的教练。但是,据说刚开始时,你不敢在运动员前集合整队,而让别人代了一星期的班。这是为什么?这个"别人"是谁?

● 中国羽毛球队历来是南方人占主导,而你作为一个北方人,又要在这个成绩低迷的时期执教,当时心里会不会没什么底?支撑你的是生计所需、还是精神力量?抑或两者都有?

● 1996 年,中国羽毛球队第一次出征奥运会,那时候的金牌纪录还是零,带这样的一支队伍,或许压力比现在小吧?那时的赛前准备有什么不同?

● 当你拿到第一块奥运金牌的时候,做的第一件事情是什么?

● 在 2000 年悉尼奥运会上,吉新鹏是一匹"黑马"。但据说他曾被排除在奥运名单之外,直到上报名单前的半个小时才把他加进去。当时怎么想的?会不会仅仅是一个偶然?

● 在悉尼奥运会上,中国羽毛球队获得了 4 金 1 银 3 铜的好成绩,但赛后你却在中央电视台的直播间里流泪了,你说你觉得委屈,这是为什么?你现在是否还有这种委屈的感觉?

● 带队拿到 4 块奥运金牌之后,你更喜欢做运动员、还是做教练的感觉?

● 再假设一下,如果没有拿到一块奥运金牌乃至奖牌,你更喜欢做运动员、还是做教练的感觉?

4."明星"教练:奥运光环的内内外外

● 2000 年奥运会载誉归国后,你的工作、生活在哪些方面有了改变?有没有负面的影响?

● 到了 2004 年雅典奥运会,男单头号种子林丹在首轮就被淘汰,女单头号种子龚睿娜也在半决赛被淘汰——现在回过头去看,当时失利的最大原因?你是否对失利负有责任?

● "再给你两年时间,要是不行你再退"——你 2001 年的这句话,留下了张宁,也留下了 2004 年奥运会上的那块宝贵的金牌。当时你为什么看好张宁?

● 现在有本畅销书《女心理师》,心理、心态问题成为现代人的一大问题,同时也是体育比赛中的关键要素。套用这个书名,你是不是在训练中也常常充当"男心理师"的角色？

● 除了心理之外，身体更是运动员的"本钱"。但也并不是所有的运动员都天生强健，我听说队里蔡赟的身体比较弱，那么，你是怎么来调养、训练他的？有什么好方法，其实也可以介绍给我们的观众。

● 经常有人会把你和乒乓球队教练蔡振华做比较，觉得你们都是严厉治队的典范，同时又都是中国优势项目的"明星"教练。你怎么看这种说法的？

● "如果大家认为队员拿了两块金牌，辜负了大家的希望，没关系，要骂就都冲我来！"——去年中国羽毛球公开赛后，你让媒体冲着你来。你是一个保护自己队员的教练吗？

● 媒体上曾经常常出现你"炮轰教练"的报道，这是否也是你保护自己队员的做法？

● 但是，你现在开始有了转变，甚至特别设置了一种训练模式。能给我们描述一下吗？同时，这种转变为什么会发生？

● 作为教练，你已经培养出了 58 位世界冠军。对你来说，培养出更多的世界冠军，还像开始时那么重要吗？

● 你觉得你的教练生涯，现在是处于什么阶段？教练这一职业，会是你的毕生选择吗？

我们接着来看这份问题单的每一个主题版块，细细观察其中的这些问题，会发现里面都有一定的逻辑关系，在支撑着节目设问的推进。比如，第一版块中的两个问题，"除了赛制的改变，中国羽毛球队还面对着更强大的对手，是否可以在每个单项中各给我们列出一个最强对手？以及你的应对是什么？"与"想象'更大的敌人'，同时想象'更小的场地'。我知道你也在研究如何'把场子变小'，这是为什么？"——很明显，这两个问题其实讲的是不同的内容，但是用"更大的敌人"与"更小的场地"，以大与小的语词上的对比，把前后两个问题贯穿起来，造成了一种语义上的过渡、顺接感；再比如，第三版块中的两个问题，"带队拿到 4 块奥运金牌之后，你更喜欢做运动员、还是做教练的感觉？"与"再假设一下，如果没有拿到一块奥运金牌乃至奖牌，你更喜欢做运动员、还是做教练的感觉？"——这两个问题的提问内容是完全一样的，即"你更喜欢做运动员、还是做教练的感觉"，但是前提条件不同。由此，在面对这两个问题时，人自然会将它们联系起来看，这样两者之间的逻辑关系也就自然建立了起来。

再细细观察四个版块中的这些问题，其中也有大量的细节呈现。这些细节，能够让话题更轻松、更亲切，也能够让受访对象更易于进入状态，甚至还能让受访对象觉得节目制作人员是非常专业且尽责的。比如，第一版块中的问题，"听说你平时喜欢小饮些洋酒，比如'蓝方'。这是不是能帮你缓解一些压力?"——饮酒作为一种生活习惯，与体育并无直接联系，但是，这样的问题设计，能够让受访对象放松，甚至可以引出更多的未知话题；再比如，第四版块中的问题，"现在有本畅销书《女心理师》，心理、心态问题成为现代人的一大问题，同时也是体育比赛中的关键要素。套用这个书名，你是不是在训练中也常常充当'男心理师'的角色?"——这里的细节就是《女心理师》。因为在该期节目制作、播出前后，毕淑敏的小说《女心理师》正好畅销中，所以从这本书切入，也显得较为自然、生活化。

最后，还是要强调，问题单的写作具体开放性的特质。也就是说，问题单完成之后，根据问题单在进行节目采制时，一定会对其中的问题有所更替、有所增删的。这是因为，不论是访谈节目、新闻消息还是电视片，随着采访的深入展开以及具体情况的不断变化，问题单上一定会有些问题不再适用，也一定会有些问题会被新出现的问题所修正——因此，问题单应该成为是记者、编导、主持人做节目的"参考书"，而并非"标准答案"。

第十讲
在节目之外：与电视包装、推广相关的写作

在本书电视写作部分的前面几讲中，我们分析了电视消息、电视时事评论、专题型电视片、电视策划案、节目流程与串联单、主持人台本与串联词以及问题单等不同形态、不同功能的写作模式。

但是，诸如"快乐中国"（湖南卫视）、"讲述老百姓自己的故事"（《生活空间》）、"他读历史，发现自己最想当唐朝人；他读古书，觉得《左传》比《春秋》开明"（《李敖有话说》）、"超越梦想，一起飞"（CCTV－5）等民众耳熟能详的几个字、一个句子、一段话乃至一句歌词……这些文字是什么呢？是不是也属于电视写作的工作之内？是不是也该有电视撰稿人来构思、创作？笔者的答案是肯定的，而且诸如此类"在节目之外"的包装、推广以及其他功能的写作工作，在电视传媒不断发展、创新、进取的今天，理应得到更大的重视。

在本讲中，将结合业界案例，对于这些"节目之外"的写作环节做一些介绍。

一、包装文案：打造以听觉为主的传达系统

当奥巴马发现网络的魅力，而习惯用电子邮箱、博客乃至 Facebook 来推

销、宣传、包装自己时。我们要明白的是,从 17 世纪法国路易十四时期以来就有的政治包装发展到今天,又上了一个新的台阶——这个台阶是虚拟的,因为它源自互联网;但这个台阶又是无限的,因为它几乎直抵每一位网民。

那么,新闻媒体特别是电视媒介的包装,是否也应该借网络之力升级了呢?的确,我们在今天,哪怕只在中国范围内,就看到了如火如荼、多姿多彩的央视网、凤凰网与金鹰网。不过,在"插上网络的翅膀"之前,我们还是先回到传统意义上的电视包装文案,因为其本身就是一套非常有特色的魅力听觉系统。这套体统,对于文字的要求是非常之高的,它需要强有力的表现、突出的主题、画面感的语词、戏剧性的氛围——而且,这一切,又都只能用通俗易懂的文字来表达!其中的难度,就可想而知了。

具体而言,这套体系包括了频道呼号、使命句(mission statement)、频道/栏目/节目导视以及其他难以归类、但在电视中出现的具有修饰性功能的文字。不过,首先,我们先来谈一谈以听觉传达为主的电视包装原则。

(一)听觉为主的传达原则

包装文字的美感,主要侧重从语音、词汇的选择角度,追求语言的声调、色彩、感触等。例如选用词汇的明暗、软硬的区别,响亮与沉郁的区别;语句中急促与舒缓、豪放与委婉、明快与抑郁的区别,都给观众以不同的听觉感受。色彩的浓淡,感情的深浅,褒贬的强弱都对内容的表达产生或大或小的影响。语句中的整齐、抑扬、回环、重音的不同,可以通过修辞中运用对偶、排比、重叠、反复、顶真、双关、谐音、骈散结合等形式构成不同的听觉感受,帮助内容的表达,调整与其他手段的配合关系。

电视包装文案,不论是一个呼号、一句使命句,还是一组导视词与宣传语,既然主要作用于观众的听觉(当然,也直接作用于广告主的听觉),就要有一个基本的要求——好听。

除了配音员的艺术处理之外,文字语言自身有一个节奏与韵律的问题。有些文案,播音员处理起来非常舒服,抑扬顿挫,朗朗上口,如行云流水一般,观众听起来自然也顺耳舒畅,声声入耳——比如,由北京交通台资深 DJ 春晓配音的旅游卫视宣传语,"身未动、心已远,让我们一起走吧",这句话可以说是这个频道最有传播价值的亮点之一了。而有些解说词读起来别别扭扭,疙里疙瘩,重音不好找、换气不流畅,处理起来感情、气势都难以把握,观众听起来觉得刺耳晦涩,严重影响接受的情绪。那么,原因何在呢?任何民族的语言,都有一种内在的节奏韵律和色彩,它们同词义内容紧密相连,难以完全剥离。各民族诗歌之所以难以译介,无论是直译也好、意译也罢,都难以完全准确地传达那种独特的意韵。比如,汉语中有四声、平仄与韵辙,从而形成抑扬顿挫、明暗相间、起伏有致、合辙押韵的语言节奏和听觉美感。我们注意一下,就会发现,我们平常使用的大量成语典故、格言警句、俚语民谚,之所以能够广泛流传,长久不衰,其中一个重要的因素就是上口易传。比如,我们平常说的"张三李四",二平二仄,听起来比较顺畅;如果改成"张三王七",四个字都是平声字,听起来就比较别扭,不宜流传,更难以固定。

因此,电视包装的第一个听觉原则是:平仄声词汇的配比,要比较匀称。不能在一个句子中全都是平声词,或全都是仄声词;或者是平声词太多,仄声词太少,要么相反,这种组合都不利于内容的表达。有抑才有扬,有放才能收:只抑不扬,也抑不住;只放不收,也放不开。如果处理不好,配音员连换气都找不着位置。所以,在平声词过多的句子中,应该换几个仄声词,反之亦然。比如,这样的句子"三天播完七十三亩田"——除了一个"亩"是一个仄声字,其余全是平声字,一味连续地放,显得底气不足、色彩平淡。应该改动替换上几个仄声字,改为"三天就种完了三十七亩地","就""种""亩""地"几个仄声字加进去,抑扬顿挫,句子的听觉感受就舒服多了。同时,如果一个句子中仄声字太多,一味地收,声音放不出来,效果同样受影响,像"打立夏起,就断断续续地下雨"——全是仄声字,一个平声没有,播音员处理起来非常难受,观众听着也感到别扭,如果加进几个平声字,改成"从立夏以来,就不断地下雨",收放比较平衡,感觉就好多了。那么,在具体的节目导视创作中,像凤凰卫视《时事辩论会》的"紧扣时事,事实越说越清;交锋观点,真理越辩越明"就是平仄配合得当的佳例。

电视包装的第二个听觉原则是:语句中词组音节的安排,影响传达的效果。一般情况下,音节少的词组应该放在前面,音节多的词组应该置后,避免头重脚轻。如果读起来语感不舒服,可以增加后面的音节进行调整。像这样的句子,"四人帮的干扰破坏,使党受其害,国受其害,人民群众受其害"——几个分句都是以同样的"受其害"三个音节,最后的句子就显得音节不够,给人以没完没了的感觉。如果在最后加入一个音节,改成"人民群众深受其害","深"字加入,就使这个句子完满结束、语感舒服多了。中央电视台经济频道《对话》节目在2008年度节目《走过2008》中的使命句"邀百位作家,结绳纪事,拉一根经线,真诚面对岁月;选重大事件,取平凡人生,织一根纬线,砺炼平凡中国心"就是音节安排得当的典型。

电视包装的第三个听觉原则是：语言修辞方式的拿捏，强化观众的体悟。在一定条件下，对于电视包装的听觉传达系统而言，"形式就是内容"，文字语言的结构方式、修辞方式，往往直接影响到内容的表达。比如，利用排比、对偶句形成的对比反差，借用其他领域的社会常用词，利用字词的同音或谐音效果形成的双关寓义，或者以"不变应万变"回归最简朴的表达等等，形成含蓄机智的潜台词效果。这里的典型案例，比如，对偶型的中央电视台经济频道《今日话题》使命句"新闻能不能变得简单？热点如何看清真相？……用事实诠释新闻，让多元达成和谐"；比如，北京卫视的新闻节目《新闻晚高峰》的"穿越晚高峰，六点看新闻"，把日常生活中的交通用语"穿越晚高峰"给借用了过来；再比如，中央电视台经济频道知名的"经济频道，就在你身边"，就仅是一句大白话，但传播效果却出奇得好。

最后，简单列举一些电视包装文字的视觉传达原则[①]：

首先是符合观众的视觉习惯。水平方向上，人们的视线一般是从左向右流动；垂直方向时，视线一般是从上向下流动；大于 45 度斜度时，视线是从上而下的；小于 45 度时，视线是从下向上流动的。

其次，注意字体的外形特征。扁体字有左右流动的动感，长体字有上下流动的感觉，斜字有向前或向斜流动的动感。因此在组合时，就要根据不同字体视觉动向上的差异，进行不同的组合处理。

再次，要确定主体基调。一个频道、栏目、节目的不同字体组合，一定要具有一种符合整个作品风格、方向性以及色彩的设计倾向，形成总体的情调和感情特征。

最后，还要注意"负空间"的运用。"负空间"是指除字体本身所占用的画面空间之外的空白。字的行距应大于字的间距，否则观众的视线难以按一定的方向和顺序进行阅读。不同类别文字的空间要作适当的集中，并利用空白加以区分。为了突出不同部分字体的形态特征，应留适当的空白，分类进行集中。

（二）频道呼号、使命句：名正，方可言顺

《论语·子路》里说：名不正则言不顺，言不顺则事不利。所以，一个"上

---

① 参考《平面文字设计原则及组合》，"视觉中国"网站，http://static. chinavisual. com/storage/contents/2006/10/13/8T20061013125938_1. shtml。

好佳"(上口、好记、有佳气)的名字,对于个人、组织都很重要。对于电视媒体来说,道理也是一样。

1. 呼号:与时俱进"讨口彩"

自地方电视"四小龙"之一"湖南经视"在中国电视市场上打开局面之后,其他地面频道对于它的学习,有很多是节目建设层面,但最直接的,还是对于其呼号的直接模仿。在这其中,就有原本称为浙江电视台第三套节目的经济生活频道,就在前几年就把呼号改为了"浙江经视",并为频道新名称设计了专门频道标识字样与使命句"今生经视,相伴相知"(见图 10-1)——"讨口彩",的确"很好很强大"。

图 10-1　浙江经视的呼号标识与使命句

除此之外,为了"名正",大量的中国地方电视台都在寻求呼号、或者起码是"别称"的突破。这是为什么? 其实,道理很简单,在当前的中国电视界,几乎所有地面频道的命名方式都是一样的,即"××电视台××频道",而且这后面的××频道,以两个字、四个字来命名为主,常见的诸如综艺、公共、体育、新闻综合、影视文化、城市生活等等——不说毫无特色,起码是难以给人留下深刻印象。而在这些地面频道中,仅从呼号上来看,比较有特色的有杭州的西湖明珠频道、河北的农民频道、山西的黄河电视台、山东的齐鲁电视台、上海的第一财经等等,这些呼号,可以说已经让这些频道先了竞争者半步。

而在比地面频道更高一级的卫视层面,凤凰卫视——无疑是在名称的设计上特别成功的一个案例。"凤凰"两个字所凝聚起来的华人认同,是延绵了数千年的传统积淀,也是哪怕几千万人民币所难以买到的。另外,凤凰卫视设计的频道呼号模式,"您现在收看的是凤凰卫视资讯台/中文台"在刚一出台时,震撼了不知多少华语电视观众的耳朵(与配音者的到位选择也有一定关系)。当然,近几年,诸如"您现在/正在收看的是……"这样的呼号传达句式已经很普遍。但是,凤凰卫视作为当年的先行者,还是要记上一笔的。最近几年,由于电视媒体对于观众越来越重视,有些电视媒体,比如,安徽卫视就悄然将其呼号句式转变为"您选择的是……"——这里强调了电视观众增强的主体性与主动性,也体现了安徽卫视的"与时俱进"。

"东方"这个概念,与"凤凰"一样,对于中国乃至华语电视观众而言,都具有特别的文化价值。上海文广集团的卫视频道呼号,自 2003 年起,从上海卫视升级为东方卫视,就是另一个在电视包装上的成功案例。"东方",这两个字,使观众对于这一卫视的理解就不仅仅局限于沪上短长,更有大中华的意识形态,以及从"东方"视角看出去的中国与世界。同时,还值得一提的是,东方卫视把它的英文频道名设置为 Dragon TV(龙卫视),Dragon 一词在英语中的文化指向与传播效力显现出东方卫视不同的胸怀、视野与格调。

当然,更多的卫视或地面频道,在单纯的呼号本身并不容易做文章。于是,就出现了很多呼号与口号、使命句的跨界变体,这其中的典型有 2007 年改版之后的"经济频道,就在您身边"(CCTV－2),2008 年改版之后的"浙江卫视,中国蓝",2009 年改版之后的"北京卫视,爱中国,看北京",以及经典娱乐电视品牌"湖南卫视,快乐中国"(见图 10-2)。

图 10-2　湖南卫视 快乐中国

2. 使命句：口号的影响力价值

在呼号之外，好的使命句/口号，也能给电视观众与广告主留下深刻的印象。以下，先链接二十个不同形态媒体（网络、电视、广播、报纸、杂志）的使命句（见表 10-1）。

表 10-1　媒体使命句/口号

媒体形态	媒体名称	使命句/口号
网络	网易	网聚人的力量
	新浪	一切由你开始
	百度	百度一下，你就知道
	土豆网	每个人都是生活的导演
电视	中央电视台	传承文明，开拓创新
	凤凰卫视	拉近全球华人距离
	阳光卫视	铁肩担道义，阳光论春秋
	浙江影视娱乐频道	第一家庭频道
广播	中央人民广播电台中国之声	最新闻
	中央人民广播电台音乐之声	我要我的音乐
	北京交通广播	1039 汽车俱乐部
	中国国际广播电台 EASY FM	WE ARE THE DIFFERENT
报纸	南方周末	在这里，读懂中国
	经济观察报	理性、建设性
	新民晚报	飞入寻常百姓家
	21 世纪经济报道	新闻创造价值
杂志	财经	独立、独家、独到
	第一财经周刊	每周出版的商业新闻杂志
	南风窗	做中国最具影响力的新闻杂志
	城市画报	新生活的引领者

上述的这些使命句/口号，一眼看去，有卓尔，也有平庸的，但起码都是合格的；并且，它们不全是"语不惊人死不休"的绝句，其中有些也很平实。通过细读这些具有代表性的媒体使命句，我们可以从中看出：首先，基本都符合上文提到的以听觉为主的三个包装原则；其次，用字"吝啬"。最长的，也能一口气读完，最短的，就三五个字；再次，用词传神。可以一言乃止一词以蔽之；复次，风格多元。有直白、也有含蓄的，有现代感强的、也有传统意蕴的，有宏大叙事的、也有草根话语的；最后，使命句与使命主体，即媒体自身的定位、风格

吻合度高,一般都突出了媒体自身的最显著特征。

(三)节目/栏目/频道导视:电视屏幕上的"收视捕手"

其实,在当前的中国电视界,除了电视频道之外,很多优质的电视栏目也都有自己的使命句,比如 CCTV-2 特别节目《中国经济年度人物评选》的"谁能照亮中国经济",凤凰卫视《鲁豫有约》的"说出你的故事"以及 CCTV-3《梦想剧场》的"梦想大舞台,有才你就来"等等。不过,此类栏目使命句的创作方法,与频道层面的思路基本一致,因此就不展开了。

接下来,本讲就将解读比呼号、使命句字数更多、篇幅更大,但对收视的带动更为直接、更为关键的导视文案的写作。在笔者看来,把节目、栏目以及频道的导视内容,称为电视屏幕上的"收视捕手",绝不为过。

1. 导视:不再是单纯的预告与简介

当然,在很长一段时间里,特别是在媒体竞争还不激烈的时候,在那时的中国电视屏幕上出现的导视内容,基本上就等于节目预告、栏目简介与频道说明,其常见语态就是:观众朋友们好,今天晚上为您安排的节目有——18 点30 分,《××新闻》;19 点,转播中央电视台《新闻联播》;19 点 35 分,电视剧《××》……

那么,像此类传统的导视,很简单直接,不需要什么文字技巧与媒体意识。于是,随着电视媒体的不断发展,一些问题就暴露了出来。

首先,服务意识不够。虽然传统的导视,也让观众在第一时间了解到电视台的节目安排,但是观众只了解了节目名称与播出时间,最关键的内容没有得到呈现,更别说特别的推介与突出了——这就好比,我已经"导"了,你究竟"视不视",不关我的事。

其次,主体理念欠缺。在传统观念中,导视只是单纯的预告与简介,主体意识、责任意识、运营意识与推广意识基本没有。而与传统导视的单一性、附属性不同的,当前各大频道专门的导视节目乃至专门的导视频道的设立,就体现了导视的主体地位的提升。

最后,包装策略缺乏。这就体现在文字、画面、声音等各项电视元素的简单乃至简陋上。仅以本书关注的文字内容来说,传统的导视无非传达了节目播出时间以及名称;而当前写得比较好的导视文字,往往是一段很有韵味、张弛有度的精巧短文,甚至本身就具有很强的欣赏性与传播价值。

好在形势催人变,在竞争越来越激烈的中国电视界,电视导视在内容上不再只是"有一说一"，开始强调文字构思与创意；而在形势上，包装也越来越丰富、多元，对观众的吸引力也越来越大。接下来，将结合实践案例，对节目导视、栏目导视以及频道导视都做一解读。

2. 节目导视：以四个节目为例

"春天的锣鼓阵阵敲响，喜庆的秧歌红红火火，中央电视台我最喜爱的春节联欢晚会节目揭晓暨正月十五元宵晚会！天地共热元宵夜，正月交辉万户春，央视第一套，黄金时间"——这是 2009 年中央电视台元宵晚会的导视内容。

为什么要以这则导视开篇？那是因为，在当前的电视屏幕上，这一类的节目导视是具有一定典型性的。假如你仅只看它的文字部分，会发现，其中并没有介绍具体的播出时间——这是传统节目导视难以想象的一种处理。但是，在这一处理背后，却直接映射出传媒变革时代的电视观念更新：

首先，具体的播出时间，完全可以通过电视画面上的字幕来表达；而留给文字来表达的宝贵时间，要尽量使用有文采、有张力、有吸引力的话语，去描绘节目有吸引力的地方。

其次，如今的电视观众，如果真的想看一档电视节目，他们可以获取节目时间的渠道非常之多，比如从网络、手机短信、电视报、杂志等等都可能获知，并不一定要通过节目导视来获知。他们在电视上观看节目导视的心态，其实就直接是对节目内容、风格的一种"试用版"性质的"初体验"了。以上的这则导视，由于所"导"出的节目，其内容为广大观众非常熟悉，所以就在风格、氛围的烘托上下足了功夫，特别是结合节庆气氛，使用了两个对偶的、类似楹联的句式，"春天的锣鼓阵阵敲响，喜庆的秧歌红红火火""天地共热元宵夜，正月交辉万户春"来突出元宵的热闹与开年的欣喜。

我们来看另一个节目导视的内容："《艺术人生》，牛年新年奉献。他们是一群老人，六十、七十、八十；他们不是一群老人，乐观、积极、努力。在节目现场，他们又将怎样面对自己的'述职报告'？《艺术人生》新年奉献，期待您的关注"。

在以上《艺术人生》之《艺术家"百分"生活》的节目导视文字稿中，我们看到了对于节目人物的强调——"一群老人"（老艺术家）；我们也看到了撰写者在句式中有意设置的一种对比模式与冲突感，"是一群老人"与"不是一群老人"，"六十、七十、八十"与"乐观、积极、努力"，在这种对比与冲突中，节目内容的吸引力油然显现。而将"述职报告"这个一般用在职场精英身上的词语，有意"错位"用在了老文艺工作者身上,也造成了一种让人想一探究竟的感觉。

接下来,我们来看几个更写实的节目导视文字稿。在此类导视内容里,播出时间往往会在文末提到,但并非重点;其主要的内容,在于通过文字的精炼描述,把某期节目的若干点睛之处通过设问语态呈现出来。比如,"这是一块奇异的石头,每当台风来临,它就会吐出红色的血水;这是一块让指南针偏转的反金石,只有石头顶部才具有磁性。这块石头为何如此神奇?记者现场调查,专家实地勘测,为您揭开石头吐红的奥秘。今晚八点三十分,敬请关注《走近科学》"——这是《走近科学》之《神奇的吐红石》的导视文案,使用了典型的设问语态。

再比如,"谁是中国的首富?最早的答案来自一个叫做胡润的英国人。他为什么会做这样的一个榜单?而他又是怎么从这个榜单中找到他的财富?《程程访问》12月7日21:33播出"——这是浙江经视一档访谈节目《程程访问》的导视内容,同样在点出节目主角的特别之处之后,开始设问。总之,在节目导视中设问,也都是为了引发观众的收视兴趣。但是,需要特别注意的是,绝对不能为了设问而设问。否则,观众再被你写的导视内容"忽悠"去看节目之后,发现节目根本不是那么回事儿?或者节目把没事化有、小事化大,那么,这也可能导致观众今后都不会再去看你的节目。

综上,如果用标点符号来做比喻的话,节目导视主要的风格,不是在一般文稿中常见的".",而需要更多的"!""?",乃至"……"。

3. 栏目导视:以五个栏目为例

创作一个电视栏目的导视,不比创作这个电视栏目中的某一期节目容易,甚至往往还会更难一些。我们先来看一个比较简练的,"咏叹人生智慧,乐道非凡历程,汇集天下英豪。人生百味,尽在《咏乐汇》"——这是李咏于2008年在CCTV—2新开的一个栏目的导视文字内容。在其中玩了诸如藏头诗的文字游戏,"咏叹人生智慧,乐道非凡历程,汇集天下英豪",每一句的头一个字抽取出来,就构成了《咏乐汇》的节目名称。而且,这不多的五句话,也较明确地反映出这个栏目的主体定位与内容特色。

而在某一类栏目导视的文字稿中,会尽量把栏目的名称较为自然地嵌入到语句当中,比如,"读万卷书,书中不仅有颜如玉;行万里路,路上能找到黄金屋。知行合一,佳明带你去《寻宝》"——这里不仅有"佳明带你去寻宝/《寻宝》"的一语双关,更是把"书中自有颜如玉,书中自有黄金屋"以及"读万卷书,行万里路"两句至理名言打散了,又糅混在了一块,文字之韵,溢于言表。

当然,还有一些栏目的导视文案,很具体、很翔实,比如湖南卫视的两个栏目,《听我非常道》与《以一敌百》。"理财很重要,大家都知道。但是在智富时代,你更需要知道,正确的时代,做出正确的判断。就让我们的财经嘉宾,为您行情解析,趋势扫盲,重整您的投资脑袋。开始理财,就从现在。轻松谈笑,导航寻宝,财富人生,快乐有道,《听我非常道》"——在导视片中,主持人李南娓娓道来,从她上述一整段的表达,观众也基本可以把握整档栏目的风格。

"大家现在看到的是一场非同一般的比赛。双方队员需要有敏捷的思维、丰富的知识、广博的见识、足够的心理承受能力、英雄般的气概。比赛即将开始,较量一触即发。开始! 一百个人都倾尽全力,他们的对手只有一个人,双方势均力敌,谁将是最后的赢家?《以一敌百》"——通过这一段的充分烘托,《以一敌百》栏目激烈比拼的氛围得到了很好的传达。为什么一百个人"他们的对手只有一个人"?,而"谁将是最后的赢家"? 这些设置悬念的话语,也很好地把握住了观众的收视情绪。

但是,笔者认为,把栏目导视的"文字游戏"玩得最好的,还是——凤凰卫视。凤凰的若干文案创意,竟有些鬼斧神工之境界,比如"他精通台湾政治的程序语言,他愿意与您共享他的脑力和锐利。安装防毒软件、加装防火墙、下载反间谍程序,都无法阻止他破解台湾政治系统的安全漏洞,拆穿虚伪的政治把戏。赵少康带你一起玩骇客这个游戏。《新闻骇客赵少康》,凤凰卫视资讯台"——把严肃的政治评论,用骇客这个前卫的词儿包装起来,同时还煞有介事地"安装防毒软件、加装防火墙、下载反间谍程序",不由地感觉到了撰写者功底的老辣,正是因为其老辣,才如此放得开。

这又好比,"1 天有 24 小时,24 小时有 1440 分钟,1440 分钟等于 86400 秒,86400 秒等于 30 秒? 这不是算错时间,而是凤凰的《瞬间一日》。在凤凰正点播报之后,凤凰卫视资讯台"——文字游戏还不够,甚至玩起了数字游戏! 而且,能够玩得那么到位,特别是开头沉住气铺垫,"1 天有 24 小时,24 小时有 1440 分钟,1440 分钟等于 86400 秒",然后猛地一转向,"86400 秒等于 30 秒?"如此的烘云托月,《瞬间一日》的栏目特质彰显。

最后,还需要提出的是:由于在当下的电视栏目中,主持人已成为不可或缺的传播要素。因此,在做栏目导视文案时,也要充分考虑到主持人的主持风格与话语特点。

4. 频道导视：以五个频道为例

"在遥远的欧洲大陆，有八大威名远扬的门派，他们门下高手如云、遍及世界。每一年，他们之间的比拼都会轰动江湖、万众瞩目。今年春节，从大年三十到正月初七，您将有机会目睹他们立下的丰功伟业。风云足球，春节巨献，豪门秀翻天"。

这是 2009 年央视数字风云足球频道为其春节的特殊编排所制作的一则频道导视。这则导师的文字很明显地带有网络话语的风格，很有谐趣、很年轻化，这也与体育节目观众群的喜好所吻合。因此，从这个角度来看，对于一个频道的导视文案而言，其关键，还是要与这个频道的整体风格以及观众与潜在观众的收视诉求相匹配。

再来看比较正统的北京卫视为 2009 年的改版而制作的导视宣传片的内容，"2009 年，北京卫视亮点频出、辉映荧屏。新闻节目，每天四小时，一个时时变化的缤纷世界。晚间强档专栏，明察文化事项，共筑文化风骨。红星剧场，巨资构筑明星联袂、高密度出演的首播、独播剧场，确保第一时间，独享连台好戏。各个版块，时时精彩。2009，看北京"——可以说，北京卫视的导视与风云足球的导视，一实一虚，一稳一跳，一草根叙事、一高屋建瓴，二者风格迥然。

当然，除了风格不同，频道的导视文案，其篇幅也是可长可短，而且长短皆有佳作。先来看短的，CCTV－7 的农业节目部分，以中国传统节气为灵感，制作了一系列每则仅十秒钟的导视片，其中的文字也是异常精美，比如"秋雨，降露，白如银"（白露），"芙蓉，花落，叶满天"（霜降），"骤雨，孕育，赏红莲"（大暑）——这一组导视，充分展示了"耕耘天地间"的农事、农业，把农业节目的品格、品位，一下子提升了起来。

除了短小精悍的，还有长篇鸿作，比如凤凰卫视中文台的频道包装导视，"凤凰卫视中文台贴近您的生活，成为您不可或缺的朋友。它是一个资讯朋友，每天接送您往返于资讯的路线；它是一个言论朋友，帮您大胆追问，小心分析；它是一个娱乐朋友，为您舒解压力；它是一个关心社会的朋友，关注世界任何需要关注的问题；它是一个带您与世界同步的朋友，一有大事立刻反应，如临现场。凤凰卫视中文台是全球华人熟悉度和满意度最高的频道，向世界发出华人的声音，影响有影响力的人，凤凰卫视中文台"——这里把凤凰卫视中文台拟人化为一个朋友，对于资讯、言论、娱乐、社会、国际样样在行，全篇导视内容看下来，也就会对凤凰卫视的企业文化与精神诉求有个大致的了解。

再比如，凤凰卫视资讯台的导视包装文案，"在资讯泛滥的现在，观众厌倦了表面化的肤浅资讯，看够了经过粉饰化妆的失真新闻。他们希望以自己熟悉的语言，得到纯正干净、平衡客观的报道，更欢迎以华人观点出发的全球性华语新闻网，所以凤凰卫视资讯台就成为期待值最高的资讯频道。一支国际级的华人资讯团队，以最迅速的反应、最敏感的资讯神经、最专业的新闻知识、最自律的新闻操守，还原事件的真相，没有议论，只有评论；没有抒情，只有叙述。因为我们知道，资讯非黑即白没有灰色地带。提供选择是我们的责任，决定选择，则是观众的事"——在这里，凤凰认可的新闻专业主义追求被和盘托出，凤凰的期待被认可也尽在文中，"决定选择，则是观众的事"。

（四）其他修饰性表达："小处不可随便"

以前叫做"重播"，现在字幕打的是"复播"，或者"较早前录影"；以前叫做"决赛"，现在搞成"决选"；以前叫做"打擂台"，现在全国一片"PK"；以前叫做"播音员"，现在喜称"主播"，更前卫的叫做"VJ"……

上述种种修饰性的表达，在当前的电视屏幕上屡屡露脸。而且，多多少少对于电视传播的过程有着微妙的影响，这也就是所谓的"小处不可随便"。关于这句话，还有一个典故在里面：国民党元老于右任是大诗人、大书法家，当时许多人都以得到他的片纸只字为荣。有一次他挥毫写了"不可随处小便"六个大字。有人拿去经过剪裁、调整，装裱成"小处不可随便"的一帧条幅。原来难登大雅之堂的六个字，竟然变成浑然一体、天衣无缝的警世格言，一时传为民间佳话。

那么，在此类"小处"该怎样处理文字呢？可能有以下几点，需要注意。

首先，要注意使用语言的生活化、口语化。

半文半白，难听难懂的书面语要少用，比如"凄厉之鸣"、"每每悱恻黯然"、"岂能如此亵玩"；半中半英、不伦不类的表达模式要少用，比如"他很Nice"、"我的Feeling很Bad"、"这位Superstar，以前的职业是Model"。

在表述科技、金融、法律等领域的专业术语的时候，作某些通俗化的处理。提供必要的参照物和可比量，尽量用大家熟悉的东西说明陌生的东西，用形象的事物说明抽象的概念。要善于"打比方"，用观众熟悉的朴素的生活语言进行表述。

不要误以为生活化、口语化的语言，就是加入一些"啊、吧、吗、呀"之类的语气助词。其实,关键是语言表述方式的接近性和词语选择的流通性。必须尽量接近大众、接近百姓。

要向民间语文"取经"。随着时代生活节奏的急剧变化,传播技术的提高和传播途径的便利,语言符号更新的速度越来越快,新词汇的产量越来越高,比如"囧""雷人""山寨""脑残""打酱油""俯卧撑""鸟巢一代""很好很强大"等。

其次,要明白"兴趣就是记忆"。

培根说过"兴趣就是记忆"。电视上的表达,要吸引观众,必须接近观众;要使观众留下印象,加深记忆,必须使他们产生兴趣。比如"下海"一词现在是经商的同位语,但当沿海渔民用以介绍自己的工作时,反而显得非常风趣幽默。

机智幽默的用语、用词,需要因地制宜、因时制宜的营造和创新,同一般文章对语言幽默的要求不同,需要巧妙地借势、借力,充分利用电视多种手段的优势,通过画面、音乐、音响、字幕、采访、现场声、录音、特技等手段,利用语言转借灵活的特点,可以营造出丰富多彩、别具一格的幽默效果来。有不少综艺娱乐节目,在现场嘉宾、观众或主持人的某些形象上,通过字幕特技,进行机智的调侃,可以形成独特的幽默效果。

最后,要有"点睛之笔"。

要提高"小处"的感染力,正如"山不在高,有仙则名;水不在深,有龙则灵"。几句生动的话语、几个传神的词汇,往往给观众以新鲜的感受,令他们拍案叫绝、赞叹不已,受到智慧的启迪和生活的感悟,从而留下深刻的印象。

此类"点睛之笔",除了电视业者自创之外,还可以多多向社会、媒体去借用。比如,"靓丽、帅气是生产力"(某企业招聘大学生时打出的另类标语),"你再问,我就喂你吃奶粉"("毒奶粉"后遗症),"中国电影至少比中国足球好看"(韩寒语),"中国足球的水平相当于巴西的乒乓球水平"(李玮峰语)。

二、宣传推广:电视媒体的自我促销

在当今社会上,最常见、也是被议论最多的宣传、推广与促销模式,或许就是出现在电视媒体上的广告了,比如,近两年被热议乃至引发一片哗然的"恒源祥"两组12生肖贺岁广告——首先,是2008年的"恒源祥,鼠鼠鼠;恒源祥,牛牛牛;恒源祥,虎虎虎;恒源祥,兔兔兔;恒源祥,龙龙龙;恒源祥,蛇蛇蛇;恒源祥,马马马;恒源祥,羊羊羊;恒源祥,猴猴猴;恒源祥,鸡鸡鸡;恒源祥,狗狗狗;恒源祥,猪猪猪";其次,是2009年的"我属牛,牛牛牛;我属虎,虎虎虎;我属兔,兔兔兔;我属龙,龙龙龙;我属蛇,蛇蛇蛇;我属马,马马马;我属羊,羊羊羊;我属猴,猴猴猴;我属鸡,鸡鸡鸡;我属狗,狗狗狗;我属猪,猪猪猪;我属鼠,鼠鼠鼠"。

且不去评价此类广告的创意到底是纯粹恶搞还是标新立异,以及是否能被民众真正接受。笔者在此想要强调的是,既然这么多的企业(特别是"脑白金""恒源祥""金嗓子喉宝"等)那么重视电视媒体的宣传推广功能。那么,在这个传媒竞争异常激烈的时代,电视媒体本身,是否也应该像这些企业学习(当然,要有所扬弃),为自己的平台鼓与呼,做好自我促销的工作呢?

如果这个问题的答案是肯定的。那么,我们就要进一步去看看电视宣传推介的文案有哪些形态、该如何写作。而上一章节提到的使命句、导视,特别是导视,在广义上,其实也是电视媒体在自身平台上的一种自我包装、推介。在本章节,笔者将跨平台、跨形态的,去解读电视宣传推广文案的各种创意呈现与创作模式。

(一)"软文"写作:自我促销最直接的手法

首先,要明白"软文"究竟是什么?

按照百度百科的定义,"它是相对于硬性广告而言,由企业的市场策划人员或广告公司的文案人员来负责撰写的'文字广告'。与硬广告相比,'软文'之所以叫做'软文',精妙之处就在于一个'软'字,好似绵里藏针,收而不露,克敌于无形,等到你发现这是一篇软文的时候,你已经冷不丁地掉入了被精心设计过的'软文广告'陷阱。它追求的是一种春风化雨、润物无声的传播效果。如果说硬广告是外家的少林功夫;那么,'软文'则是绵里藏针、以柔克刚的武当拳法,软硬兼施、内外兼修,才是最有力的营销手段"①。

那么,电视作为一种专业的传播媒体,自然应该能够把推广、促销自己的"软文"写好,同样也写得尽量符合媒体规则与社会伦理——但是,为什么在前几年,能够看到的电视媒体的"软文"也好、硬广告也罢,都寥寥无几?一言以蔽之:这是电视媒体长期以来"皇帝的女儿不愁嫁"的心态在作祟。

不过,现在的情况有变化了。在不同形态的媒体之间,互联网、电视、广

---

① 参考百度百科上的相关定义,http://baike.baidu.com/view/98524.html? fromTaglist。

播、报纸、杂志乃至手机都在同一个竞技场上搏杀;在电视媒体内部,不同级别、区域、类型的电视台/频道/栏目,越来越多的嘴在分一杯羹。于是,关于电视台/频道/栏目/节目自身"软文",也就自然而然多了起来,"酒香也怕巷子深"了。

先来看一个案例,这个案例非常极致,因为它不是一小篇的文章,而是一整本杂志的文章;它不是一次性的出刊,而是自 2006 年起的"梅开三度";它不是纯粹的"软文",而是有事实、有采访、有评论,有其他高质量稿件配合的创作——这就是 CCTV—2 经济频道为其品牌特别节目《CCTV 中国经济年度人物评选》与《新周刊》每年联合出品的特刊(见图 10-3)。

图 10-3 《新周刊》CCTV 中国经济年度人物评选特刊

可以说,通过这本特刊杂志,CCTV—2 经济频道与《新周刊》,优质的电视与杂志平台,进行了一次同样优质的从品牌、内容到活动的合作。在这本

2008 年底的特刊上,其内容除了对中国经济年度人物提名人的介绍之外,还对节目主创进行访谈。同时,为了不那么像"软文"合集,在该期特刊上以改革开放 30 年的中国企业为基,做了一组较有深度且可看性十足的稿子。而且除了与《新周刊》的特刊形式合作之外,《CCTV 中国经济年度人物评选》还有跨越各类媒体、近六十家的合作伙伴,这更是完全达到了"软文"传播的最高境界。当然,虽然境界高,但是《CCTV 中国经济年度人物评选》节目组还是提供了作为公关宣传的多份基本文案。我们选择其中的一篇《2008CCTV 中国经济年度人物评选 20 名正式候选人名单公布》以及据此合作媒体刊发的相关稿件,佐以说明:

2008CCTV 中国经济年度人物评选 20 名正式候选人名单公布

被誉为中国经济领域"奥斯卡"的 2008CCTV 中国经济年度人物评选候选人于 2009 年 1 月 7 日正式揭晓,共有 20 位最有代表性的人物入围,进行最后的角逐(排名按姓氏笔画为序):

万捷、马兴瑞、王一新、王传福、厉以宁、冯东川、卢文兵、卢正刚、李宁、李世鹤、刘绍勇、朱新礼、陈光标、何享健、张祥青、林毅夫、韩三平、鸟巢设计团队(赫尔佐格、德梅隆、李兴钢)、斯泽夫、蒋锡培。

水井坊 2008CCTV 中国经济年度人物评选于 2008 年 12 月 15 日正式启动,今年的评选标准是责任、探索、远见、凝聚力。在全社会的关注和参与下,经过由经济学家、商业精英和中外权威财经媒体总编组成的百人评委团推选,最后确定了这个由 20 名候选人组成的 2008 年中国经济年度人物的候选人大名单。

这份名单不仅要解读 2008 年的中国经济,更要以改革开放 30 周年为坐标,面向未来,预见中国经济未来的发展方向。

强调探索和远见

与前几届评选标准突出"创新"不同的是,今年将"探索"和"远见"列入标准之中。不仅要关注年度人物对年度经济的影响力,也应看重其对未来中国经济发展方向的引领作用。

2008 年,中国制造 30 年的发展历程也面临新的发展机遇和挑战。王传福,他的名字和他的双模电动汽车传遍了全世界,也吸引了巴菲特的投资。马兴瑞,执掌中国航天科技集团公司的一年多时间,他和他的

"航天科技"团队经历了"嫦娥绕月""神七飞天"等一系列大考。李世鹤，中国 TD 之父，TD 作为中国自主创新的一面旗帜，随着 3G 的发放，将对拉动投资、扩大内需起到积极作用。

应对全球金融危机是今年经济发展的主题之一，惯于力挽狂澜的东航总经理刘绍勇和逆势增长的美的集团董事长何享健，他们的大气魄成为大家关注的焦点。

新农村和就业

在当前的经济形势下，就业创业和农村改革成为今年最瞩目的关注点之一。著名经济学家厉以宁因力推城乡二元体制改革和农村土地改革，从而实现由"厉股份"到"厉土地"的华丽转身；刚刚履新世界银行首席经济学家的林毅夫，也是一直致力于中国农村与农业问题的研究与政策制定，是一位较真的中国农村改革推动者，在他的推动下，成立国家发展研究院。而卢文兵领导的小肥羊集团，解决了数万人就业和数十万牧民的生计，蒋锡培的远东集团安置的残疾员工多年位列全国第一。还有一场酝酿七年的农垦体制改革 2008 年在海南正式展开，也将海南省农垦总局局长王一新推向了前台。

新领域　新面孔

在当前的候选人中，还特意关注了创意产业领域的领军者。2008 年，百年奥运一朝梦圆，鸟巢也已经成为北京奥运的一个新形象，鸟巢的设计团队赫尔佐格、德梅隆、李兴钢也就令人瞩目；李宁虽不是北京奥运会赞助商，但借助奥运，成功将李宁的品牌营销给了全世界，李宁也以最特别的中国式舞步点燃了恒久中国梦，也圆了他自己的梦想。还有水晶石数字科技有限公司董事长卢正刚，中影集团董事长韩三平，雅昌企业（集团）有限公司董事长万捷成功入围，作为文化创意产业的先行者，他们让全世界看到了"中国创造"的身影。

在 2008 年抗震救灾这场深重的灾难中，天津荣程联合钢铁董事长张祥青、东方电气董事长斯泽夫、江苏黄埔董事长陈光标，他们用行动把勇敢、坚韧和人道关爱植入在全社会最深刻的记忆之中。需要特别指出的是，江苏省徐州市儿童医院外科主治医生冯东川因为第一个揭露三聚氰胺事件，入围也是实至名归。

谁能照亮中国经济？

谁将最终成为 2008CCTV 中国经济年度人物？

2009 年 1 月 24 日晚,中央电视台经济频道黄金时间,将播出 2008CCTV 中国经济年度人物评选颁奖典礼盛况,敬请期待。

在上述文案为基,天津《每日新报》在 2008 年 12 月 16 日刊发文章《2008 经济年度人物今起提名》[①],内容如下:

2008 经济年度人物今起提名

新报讯【记者　吴静芳】一场对中国经济影响深远的年度经济盛会已经拉开大幕,昨天,2008CCTV 中国经济年度人物评选正式启动。责任、探索、远见、凝聚力成为本次评选的四项标准。本报作为该活动在天津地区的指定合作媒体,负责推选天津地区候选人,并全程报道本次活动的评选情况。

据了解,本次活动依然采取先全民海选再由专家评审组投票的评选方式,专家评委和合作媒体推选出提名名单,并从中投票遴选 20 名候选人,最后从 20 名候选人中选出十位年度人物,另外还将选出一个年度人物大奖、一个年度公益奖和一个年度创新奖。最终评选结果将于明年 1 月 24 日在 2008CCTV 中国经济年度人物评选颁奖典礼中揭晓。

与往届的评选相比,此次评选将组成百人评委团,同时还将通过互联网等方式吸引全社会各领域的参与,以更广泛、更人文、更具公信力的方式推举候选人。同时,面向全球的寄语"未来三十年"征集活动,是今年经济年度人物特别评选最具想象力、最能寄托社会理想的全民参与活动。读者可登录央视国际网站 www.cctv.com.cn 参与本次活动。

CCTV 中国经济年度人物评选已经走过了多个年头,作为该活动在天津地区的唯一指定合作媒体,《每日新报》每年负责推荐天津地区候选人。去年,本报推荐的天津港(集团)股份有限公司董事长于汝民成功入围榜单,获得 2007CCTV 中国经济年度人物提名人奖。今年,本报将在广泛征求读者建议的基础上,继续推荐候选人,即日起,读者可拨打电话 28202017(普通市话),或发邮件(mrxbjj@gmail.com)进行推荐。

---

① 吴静芳:《2008 经济年度人物今起提名》,《每日新报》电子报,2008 年 12 月 16 日,http://epa-per.tianjinwe.com/mrxb/mrxb/2008—12/16/content_6061612.htm.

　　每日新报作为《CCTV 中国经济年度人物评选》在天津地区的合作媒体，自然会在该篇新闻稿的最后做一些自我推介——于此，形成一种媒介品牌的互动，这是电视"软文"推广所希望看到的。那么，还有一些媒体，它们刊出的消息稿，内容可能就很简化，只是起到一个事件消息传达的功能，比如香港《文汇报》的稿件《2008CCTV 经济年度人物评选正式启动》[①]，内容如下：

2008CCTV 经济年度人物评选正式启动

　　【本报北京新闻中心记者罗洪啸 15 日电】备受瞩目的 2008CCTV 中国经济年度人物评选今日在京启动。本届年度人物评选的标准是责任、探索、远见和凝聚力，由专家和媒体组成的百人评委团将依照此标准推选出提名名单，并投票遴选出 20 位候选人，之后将由专家评委从候选人中评选出十大年度人物，并将选出一名年度人物大奖、一名年度公益奖和一名年度创新奖，所有奖项将于 2009 年 1 月 24 日在国家体育馆揭晓。

　　CCTV 中国经济年度人物创办于 2000 年，每年一届，到目前已经成功举办了 8 届。每年设有 10 个年度人物奖，奖励积极推动中国经济发展和社会进步的企业家、经济学家或者政府官员，并在 10 个年度人物中间评选产生一个年度人物大奖，中国海尔集团董事长张瑞敏、联想集团董事局主席柳传志、审计署前审计长李金华等人都曾是这个奖项的获得者。

　　以上举的《2008CCTV 经济年度人物评选》，是电视媒体比较直接的"软文"公关的典型案例。那么，"软文"在实战中，应该怎么来写？其实，随着"软文"大战的发展至酣，多少已有些文无定法，但以下几点，还是要有所注意：

　　首先，要选择恰切的视角，即如何把需要宣传的电视频道/节目以及节目等信息完美地嵌入文章内容，好的视角能让整篇文章看起来浑然天成，让传播效应达到极致。以《2008CCTV 中国经济年度人物评选 20 名正式候选人名单公布》一文为例，就从"改革开放 30 周年为坐标"这一视角，将今年的年度人物评选与以往的区隔开来。

---

　　① 　罗洪啸：《2008CCTV 经济年度人物评选正式启动》，香港《文汇报》，2008 年 12 月 16 日，http://news.wenweipo.com/2008/12/16/NN0812160001.htm。

其次，要注重文章结构、把握整体方向、控制文章走势、选择有吸引力的标题。也比如上文中的"强调探索和远见""新农村和就业""新领域 新面孔"三个标题，用比较通俗的字词传达了比较有内容的信息指南。

再次，力求文字练达有张力，能够把足够的信息编织在一块。比如上文中提到2008年的抗震救灾工作，就以"他们用行动把勇敢、坚韧和人道关爱植入在全社会最深刻的记忆之中"一句话，把张祥青、斯泽夫、陈光标等提名人串起来、凝聚到了一个主题之下。

最后，撰写要有对象感，若可能，要与合作媒体多多沟通、力求完善。特别是像《CCTV经济年度人物评选》这样的大型电视活动，合作方也很多，对稿件的处理，就更要注意发布方的风格与习惯。

(二)博客宣传：从主持人到编导的"手记"呈现

手记，顾名思义，就是"亲手写的记录"。而在强调媒介大汇流的今天，电视媒体除了在门户网站上发布"软文"、贴出节目文字稿来吸引更大范围的受众之外，还进一步通过博客——这一更灵动、简易的形式，来宣传推广自己。而在博客上，节目主持人与编导就成为节目推介的主体，而相关的主题则是台前幕后的那些事儿。这种相对较为个人化、有一定"爆料"色彩、从"屏幕内"看问题的"手记体"文案，往往其收获出乎预期。

在笔者所搜集的博客推广的文案资料中，做得比较好的就是杨澜以及她的《杨澜访谈录》《天下女人》等节目。为什么这样说？主要有以下几个原因：

首先，因为杨澜本身就是一位社会—媒体知名人士，所以，哪怕不是因为她做的电视节目，她的博客也会有较高的被关注度。但是，即便自己名气已经很大，杨澜以及相关团队却并不"躺在"名气之外，而是比较认真地以博客等新媒体方式来进一步扩大传播影响力。

其次，在杨澜的博客上，除了她自己的生活、工作手记之外，也特别会贴上她的两个节目《杨澜访谈录》与《天下女人》的编导之于当期节目的创作心得（往往杨澜的手记与编导的手记有一定的内容对应，比如关注的都是同一话题）。这样一来，她的博客的内容就更加丰富起来，而且都是在做杨澜以及她的节目的推广工作——以一种比较个性、自然、轻松的方式。

再次，根据笔者了解，杨澜以及团队对于博客上的编导手记的重视度是相对高，且制度性运作，把其当作是节目推广、宣传的优质阵地：要求编导在节目播出前要与成片一同上交编导手记，这样能够使得节目在网上的推介及时到位、甚至还有一定的提前量。

以下摘选杨澜作为主持人的手记,以及对应的编导手记文案,作为案例供大家参考,权当是体现"手记"的营销力。

首先,是杨澜在采访完美国前总统卡特之后,所贴的一篇博客文章《五百万中国人 vs. 一万美国律师》①,其阅读量是一万五千多次,评论近百条。内容如下:

五百万中国人 vs. 一万美国律师

昨天东方卫视播出了《杨澜访谈录》对卡特的采访。他在回顾中美建交 30 年的时刻,回忆当年他与邓小平的初次见面。当两人偕夫人站在白宫的阳台上向媒体和公众挥手致意时,卡特说:"我不知道今天的决定在未来究竟会带来什么样的结果,但是我知道应该是个新的开始。"

如今已 84 岁高龄的卡特笑着说:"当年的确无法想象今天中国的发展速度,也无法想象中国能成为美国的第一大债权国,而两国的相互依存与合作能达到如今的深度与广度。"回想初次见面时,卡特对邓小平的直率幽默印象深刻。当卡特谈到与苏联领导人就是否允许犹太人离开苏联前往美国的事情发生矛盾时,邓小平说:"在我这没有这个问题,我可以让五百万中国人来美国。"卡特也不失敏捷回应说:"那我就可以让一万名律师去中国。"邓小平说:"看来你还是留着你的律师,我还是留着我的人民。"

作为国际冲突的调停者,卡特曾说服埃及与以色列签署《戴维营协议》。对于在加沙发生的巴以冲突,卡特斩钉截铁用"一场毫无意义的战争"来形容他的感受。他坚信隔离会加深仇恨与偏见,只有对话与沟通才是通向和平之路。他认为布什政府最大的失败就是以道德优越者自居,四处树敌,而不能与大多数国家良好合作,反而给美国带来最大的道德危机。作为奥巴马的支持者,他期待新任美国总统能开辟沟通与和解的新道路。

---

① 《五百万中国人 vs. 一万美国律师》,杨澜博客,2009 年 1 月 20 日,http://blog.sina.com.cn/s/blog_477614640100c1fh.html～type＝v5_one&label＝rela_nextarticle。

其次,是李冰、曲林两位编导对应的一篇创作手记《和吉米·卡特一起回望》[①],其阅读量近一万两千次,评论近九十条。特别要注意的是,这篇博客是在该期关于卡特节目首播两天前即贴出来了。内容如下:

和吉米·卡特一起回望

1978 年 12 月 16 日,凌晨。

台北"总统府"、蒋经国在睡梦中被叫醒……接着是莫斯科克里姆林宫、苏共总书记勃列日涅夫……随后,杰拉尔德·福特、还有理查德·米尔豪斯·尼克松……这几位东西方世界的大人物,先后被同一个人打来的电话叫醒。

谁啊! 什么事啊!

一晃 30 年。

终于,神秘的历史悬疑在北京人民大会堂,由一位白发苍苍的美国老人揭开。他当众选读了他的白宫日记:"……我半夜给蒋经国打了电话,告诉了他美方的决定,又分别给福特、尼克松通话,和尼克松聊了很久……"蒋经国、勃列日涅夫作何反应暂且不表,但打电话的人是吉米·卡特,美国第 39 任总统,他告诉其他人的是,几个小时之后,中美将宣布正式建交。

2009 年 1 月 13 日。

北京饭店、6 层、总统套房。

朝西的走廊里,前景是两个身着蓝色西服的中方警卫,干练、精神。中景是一座黑铁塔:黑色西服、黑色皮肤,美国警卫。远景,吉米·卡特的房间。

朝东的套房里,灯、摄像机、监视器、三班人马拉开架势,阮次山、杨澜、水均益。

他们在等待、在这个历史时刻,和吉米·卡特一同回望。

谁会告诉你那天凌晨,被叫醒的蒋经国说了些什么?

看节目吧,《杨澜访谈录》。

---

① 《和吉米·卡特一起回望》,杨澜博客,2009 年 1 月 16 日,http://blog.sina.com.cn/s/blog_477614640100c0bs.html~type＝v5_one&label＝rela_prevarticle。

然后,再来看杨澜在采访完李永波教练之后所记的《李永波透露国羽奥运出场阵容》①,其阅读量高达近七万次,评论也有两百多条。内容如下:

李永波透露国羽奥运出场阵容

年假过完了。脑子里开始想工作的事,身体却还懒洋洋的。他们说,这叫节后综合征。

开工第一件事是采访中国羽毛球队的总教练李永波。他身穿黑白相间的运动服,头上戴着标志性的棒球帽,总是那么精神。受他的情绪感染,我也很快进入采访状态。他告诉我,整个春节期间羽毛球队只休息了一天,其余时间照常训练。看来其他项目的队伍也是如此。奥运在即,谁敢掉以轻心呀。不过年的味道并不少,李永波就带来一本新年的挂历,里面的图片都是羽毛球队的教练、运动员们在去年多哈亚运会后的照片。俊男靓女,在阿拉伯沙漠里列开摩托车队,意气风发,非常养眼。他们当中,谁会在北京奥运会激烈的赛事中披荆斩棘,夺得最高的荣誉呢?

李永波透露他心中的出场阵容,那就是:男单:林丹、鲍春来、陈金;女单:张宁、谢杏芳、朱琳、卢兰,四选三。在采访中,李永波流露出对张宁年龄偏大的担心,说她是否在最后名单中要看接下来两个月的竞技状态。女双的候选名单也是四组:张亚雯/魏轶力、杨维/张洁雯(目前世界排名第一、二位)、杜婧/于洋和高崚/赵婷婷,最终要淘汰一组。男双就无法满额参赛,只有蔡赟/付海峰、郭震东/谢中博两组。现在中国羽毛球队就差男双这块奥运金牌了。作为当年与田秉毅出战巴塞罗那奥运会,因腿部重伤只获铜牌的李永波来说,这块金牌是他非常期待的。而近期蔡赟/付海峰的成绩与气势,让他的这种期待更加清晰了。混双在前一阶段,以频繁换组配对来测试最佳效果,目前也已基本确定,那就是郑波/高崚、谢中博/张亚雯、何汉斌/于洋。

中国羽毛球十几年来战果辉煌,成为不是国球的国球,人们对它的

---

① 《李永波透露国羽奥运出场阵容》,杨澜博客,2008 年 2 月 14 日,http://blog.sina.com.cn/s/blog_4776146401008gzm.html。

期望值也很高。"其实这些年,我们都是如履薄冰,一分一分争出来的。现在换成二十一分赛制,比赛中爆冷的几率增大,我们正在调整训练,尽快适应它、掌握它。"李永波说。

最后,就是当期编导应悦的一篇手记《李永波:中国羽毛球队的奥运征途》[1],与杨澜的《李永波透露国羽奥运出场阵容》一文相应合。因为该期节目播出时,已经接近奥运开赛,所以,其阅读量近达到七万五千次,评论也近两百条。内容如下:

李永波:中国羽毛球队的奥运征途

开策划会时,周边很多人说"李永波难做",为什么?这位教练的身上有着太多的争议,而媒体过高的曝光率又使我们很可能落入其他媒体的窠臼。"李永波永远是羽毛球的队里最耀眼的明星",我们的策划——一位资深羽毛球媒体人士言之凿凿。

见到李永波时,他依然戴着标志性的棒球帽,这个习惯让人能够在浩渺人海中一眼看到他。在这位已经培养了58名世界冠军的教练眼中,一个人要成为世界冠军必须要有个性。

在李永波的记忆库里,你很难找到"失败"两个字:当输掉自己最后一场球、拿着铜牌失落地回国时,他会发现儿子李根的降生所带来的喜悦"一点也不亚于金牌";当1998年遇到人事风波、成为众矢之的时,他会说没有任何压力能够让他放弃做教练的想法,而风波过后他又创造悉尼奥运会4枚金牌的纪录;而当问到他,一直在顶峰的女双为何现在也开始输球时,他会告诉你人总会有一天要输的,但是输一次你就会明白你该如何去赢,"那样你就会继续强大"。

就像他2001年劝张宁不要退役时说的,人要去驾驭球,而不是让球来驾驭你,他也一直在驾驭着他的羽毛球世界,足够的自信与内心的强大支撑着他把每一次的失败又转化为成功。

不管争议如何,不管你喜欢李永波与否,人是不是都需要一些这样

---

① 《李永波:中国羽毛球队的奥运征途》,杨澜博客,2008 年 8 月 2 日,http://blog.sina.com.cn/s/blog_477614640100ab6h.html。

的自信呢？

如果用谷歌(Google)搜索"主持人手记"，可以获得近四十三万个查询结果！而搜索"编导手记"，也可以获得六万多个查询结果。当然，并非所有标以"主持人手记""编导手记"的查询结果，都与电视频道/栏目/节目的宣传推广直接有关；同时，也还有很多与节目创制相关的网络个性写作并不以"手记"为题——但是，不管怎样，通过博客的平台，通过手记的形式，来进行自我宣传与推介，已经获得了电视业界的较高认可和广泛使用。

（三）频道/栏目主题曲："为电视写歌词"

在中国电视界，或许没有哪一个电视频道的主题曲能像 CCTV－5 体育频道的《超越梦想》那样流行：

> 当圣火第一次点燃是希望在跟随，
> 当终点已不再永久是心灵在体会，
> 不在乎等待几多轮回，
> 不在乎欢笑伴着泪水。
> 超越梦想一起飞，
> 你我需要真心面对，
> 让生命回味这一刻，
> 让岁月铭记这一回！

虽然，这首主题曲的歌词是由专业作词人韩葆创作，但是这种结合电视频道特色而创作出来的广告歌，成为后来电视频道/栏目打造自身影响力的一道妙方。而在这其中，写出符合电视媒体或者相关节目特色的歌词，"为电视写歌词"——就成为电视宣传推广工作中"四两拨千斤"的一类文案。

再以 CCTV－5 体育频道为例，在 2004 年雅典奥运会期间，该频道又特别创作了一首与奥运相关的主题广告歌《骄傲》：

> 当生活——她在燃烧，
> 付出汗水、时光为一个梦想，
> 生命需要随时出发，

> 等待你与我热情青春间迸发，
> 感动红旗下的绿光，
> 英雄自豪微笑似灿烂的火花，
> 骄傲，我为祖国骄傲！
> 期待再一次出现这个时刻！

　　随着《骄傲》这首歌的广泛流传，体育频道的品牌也在被不断推广。不过，这首歌的歌词部分，同样由音乐人士，即演唱者黄绮珊创作。

　　其实，在电视屏幕中出现的主题曲，最为观众所熟悉的，可能还是电视剧的主题曲。往往是热映的电视剧集，会带动其主题曲的热播；而主题曲的热播，又进一步带动了电视剧集的再度热映。在这其中，一些代表性作品的歌词，也成为民间语文的经典，比如"你是风儿，我是沙"（《还珠格格》），"滚滚长江东逝水，浪花淘尽英雄"（《三国演义》），"大河向东流，天上的星星参北斗"（《水浒传》），"你挑着担，我牵着马"（《西游记》），"星星还是那个星星，月亮还是那个月亮"（《便衣警察》），"陪你去看流星雨，它落在地球上"（《流星花园》），"千年等一回，等一回啊；千年等一回；我无悔啊"（《新白娘子传奇》）。那么，这些主题歌，特别是歌词的脍炙人口，对于我们的电视业者而言，其中最大的启示是：无论是请专业音乐人，还是电视人自己，都要有为频道/栏目创作曲子、写作歌词，形塑品牌之音乐传播的模式——如果与你的频道/栏目相关的主题曲被人们哼在嘴边、歌词被记在心里，那么，对于整个频道/栏目而言，将是件可喜的事情，对于收视的提振与品牌的传播都有益处。

　　以下部分，将呈现部分由电视人自己创制的电视主题歌词。首先，是CCTV－2经济频道《第一时间》的主题歌《新鲜阳光》。为《新鲜阳光》作词的就是一个典型的"电视多面手"，喻江（按经济频道总监郭振玺的话来说，"在二套内部，都知道这个才女"）。歌词如下：

> 太阳它起得真早，
> 一路上不停地奔跑，
> 要在第一时间赶到，
> 把全世界都照耀。
> 花儿它起得真早，
> 最美是它的舞蹈，

要在第一时间盛开，
让全世界都微笑。
第一时间，与新鲜见面，
地点是上下左右和你心的中间。
第一时间，与新鲜见面，
地点是东西南北和未来的身边，
就在第一时间。
大地它起得真早，
风声是它的心跳，
要在第一时间等待，
拥你在它的怀抱。
天空它起得真早，
把云彩挂在树梢，
要在第一时间歌唱，
向这一天问好。

　　这首歌的歌词部分，相当明显地突出了《第一时间》的节目名称，一连串的"起得真早"也很清楚地传达出了节目的播出时间。此外，CCTV－2在2006年北京国际车展的特别报道中，也创制了一首由喻江作词的主题曲《非凡》，其歌词如下：

上天给我非凡的礼物，
让我触摸飞一般的速度。
上天给我非凡的礼物，
让我追逐梦幻般的冲动。
空气是海，
我们是鱼和海鸥，
风会跳舞，
我们跃动音符和节奏。
走近你，
还会怦然心动。
依靠你，

就是彼此拥有。
你是我幸福的角落，
静静地数着星夜暖流。
你是我轰鸣的脉搏，
走遍世界永不失落。
上天给我非凡的礼物，
让我触摸飞一般的速度。
上天给我非凡的礼物，
把我的白天和黑夜变成彩色。
上天给我非凡的礼物，
让我触摸飞一般的速度。
上天给我非凡的礼物，
你把我的大地变成我的天空。

　　以上歌词所传递的内容，与所在节目的主题交相辉映，"飞一般的速度""幸福的角落""轰鸣的脉搏"等，都暗指了汽车带给人们生活的各种感触。那么，同样是特别节目，《CCTV 感动中国年度人物评选》也有其专门的主题曲，词作者也是喻江。歌词的内容如下：

用第一抹光线的纯净，
为世界画一双眼睛。
用第一朵花开的声音，
为世界唱一首歌曲。
用所有春天的消息，
为你写下传奇。
用初次看见你时，
我的眼睛流下幸福的泪滴。
感动你我，
感动中国，
这世界有爱才转动。
感动你我，
感动中国，

这世界有爱才永恒。
让第一个水滴的透明，
留在你最深的心里。
让第一缕微风的清新，
成为你最深的记忆。
用所有夜晚的月光，
陪你迎来黎明。
用第一次想你时我的心情，
感动中国。

这首歌的歌词中多次提到了《感动中国》的名称，也把整首歌的氛围设计的与节目的主题、风格非常匹配。

除了由电视一线业者设计歌词之外，现在有些电视节目甚至会让节目总负责人、节目嘉宾以及更高层面的领导来写歌词。由此足以可见，此项撰稿任务非同一般。比如 CCTV－2《赢在中国》节目的主题歌《在路上》，这首歌的歌词部分，由《赢在中国》的总制片人王利芬以及节目嘉宾马云（阿里巴巴总裁）、陈天桥（盛大网络总裁）、张瑞敏（海尔集团总裁）等人共同创作。歌词如下：

那一天，
我不得已上路，
为不安分的心，
为自尊的生存，
为自我的证明。
路上的辛酸已融进我的眼睛，
心灵的困境已化作我的坚定。
在路上，用我心灵的呼声，
在路上，只为伴着我的人，
在路上，是我生命的远行，
在路上，只为温暖我的人，
温暖我的人！

虽然以上歌词完全没有提到与《赢在中国》节目名称相关的任何信息,但是这首歌的意境,特别是其中那种"在路上"的人生状态与创业心路,把整档节目的终极诉求烘托了出来。由北而南,在上海,东方卫视于2007年推出特别节目《加油!好男儿》甚至请出上海文广集团的总裁黎瑞刚来撰写主题曲《年轻的战场》的歌词:

> 今天我终于站上这年轻的战场,
> 请你给我一束爱的光芒!
> 今天我想要走向这胜利的远方,
> 我要让这世界为我激荡。
> 我的梦想,
> 在每个醒来的早晨,
> 敲打我的心房。
> 告诉自己成功的道路,
> 还很漫长。
> 我的梦想,
> 在每次把握机会,
> 表达自我主张,
> 展现给你,
> 年轻但依然宽阔的胸膛。
> 所有经历风雨的温柔与坚强,
> 所有青春无悔烦恼与成长,
> 所有奔向未来的理想与张扬,
> 所有冲破捆绑的热爱与癫狂。
> 今天我终于站在这年轻的战场,
> 请你为我骄傲鼓掌。
> 今天我想要走向这胜利的远方,
> 我要让这世界为我激荡。
> 我的梦想,
> 在每个失败时刻,
> 迎来祝福目光。
> 懂得幸福就是彼此,

依靠的肩膀。
我的梦想，
在每次付出汗水，
创造生命绽放，
告诉世界我们这一代，
自信的力量。

综上，"为电视写歌词"已然成为推广电视频道/栏目的一种较常见的文案形态。笔者在此特别提到这种文案形态，并不是要求电视业者们都要学会去填词作曲，而且想让更多的电视同仁具有更综合的传播、推广乃至营销意识，要充分理解主题曲以及歌词的重要性。黎瑞刚理解了、王利芬理解了、喻江理解了，那么你呢？

主要参考书目

［美］巴巴拉·明托：《金字塔原理：思考，写作和解决问题的逻辑》，王德忠等译，民主与建设出版社 2002 版。

郭振玺，丁俊杰：《影响力营销》，中国传媒大学出版社 2005 年版。

郭镇之：《中外广播电视史》，复旦大学出版社 2005 年版。

胡智锋：《电视节目策划学》，复旦大学出版社 2006 年版。

［美］John H. Noonan，Gene Mustain：《英语新闻写作》，复旦大学出版社 2007 年版。

阚乃庆，谢来：《最新欧美电视节目模式》，中国广播电视出版社 2008 年版。

赖声川：《赖声川的创意学》，中信出版社 2006 年版。

［美］罗伯特·赫利尔德：《电视广播和新媒体写作》，谢静译，华夏出版社 2002 年版。

［美］路克·苏立文：《文案发烧：20 座 ONE SHOW 奖杯得主的广告心得》，徐凤兰译，中国财政经济出版社 2004 年版。

［美］马尔科姆·格拉德威尔：《引爆点》，钱清译，中信出版社 2006 年版。

马少华：《新闻评论教程》，高等教育出版社 2007 年版。

［美］迈克尔·波特：《竞争战略》，陈小悦译，华夏出版社 2005 年版。

麦楠，王多多，张林：《凤凰术》，中国友谊出版社公司 2006 年版。

［美］梅尔文·门彻：《新闻报道与写作》，展江译，华夏出版社 2004 年版。

上海文广新闻传播传媒集团节目研发中心:《黄金制造:十五位电视制作人访谈》,上海人民出版社 2008 年版。

徐舫州:《电视解说词写作》,北京师范大学出版社 2001 年版。

徐舫州,徐帆:《电视节目类型学》,浙江大学出版社 2006 年版。

王兰柱:《中国电视节目评估:理论与实践》,中国传媒大学出版社 2007 年版。

王伟忠:《欢迎大家收看:王伟忠的＊♯※＠……》,天下远见出版股份有限公司 2007 年版。

朱羽君:《中国应用电视学》,北京师范大学出版社 1993 年版。

后 记

　　这是与浙大出版社李苗苗编辑合作出版的第二本书。正是因为三年前（2006年）出版《电视节目类型学》时的愉快合作，让我们这次的互动更加深入。若有可能，或许还有第三本、第四本……

　　诚然，如果能有第三本、第四本，一个重要的前提是：这第二本书不是"水货"。如果没有这个前提，哪怕合作再愉快、互动再深入，也构不成再次出版其他书的理由。

　　不过，作为一种"教材类的专著"（或者说"专著类的教材"），我们的这本《电视策划与写作十讲》在写作过程中，就一直在"找平衡"：找教材与专著之间的平衡、理论与实践之间的平衡、研究与实务之间的平衡、创意与执行之间的平衡……

　　正是因为这种平衡意识，在我们的这本书里你会发现：解读理念时，一般都有若干案例来支撑；而分析案例时，通常也都用若干理念来梳理。

　　同时，我们希望这是本好看的书、实用的书。当学电视的人、做电视的人以及对电视感兴趣的人读到这本书的时候，他们不一定全盘接受我们的观点，但一定会认同书中的某些内容并习得知识。

　　而且，如果当你翻阅这本书，你会发现我们选用的电视案例，大部分都来自国内，至多来自大中华区。这并非因为我们的视野狭隘，而是有意为之。原因所在？在我们看来，大量、直接引用西方电视前沿案例，其实很可能让整本书更好看,因为那些案例本身就比较"洋气""新鲜";但是,如果这样做,这本书的实用性一定会大打折扣,因为这里面还有一个是否能够被"中国化"的问题。总之,我们基于中国的以及已经被"中国化"的电视案例,来讲述电视策划与写作中的"故事",并认为这样的讲述才是真正务实的,而非一场"文字秀"而已。

于是,就要特别感谢给我们提供策划与写作方面相关案例的来自电视业者的同仁们,他们所属的机构包括中央电视台(特别是经济频道)、凤凰卫视、阳光媒体集团、北京电视台、上海第一财经频道、浙江卫视、杭州电视台、台州广电总台等,他们所持的身份包括"道长"、制片人、主编、记者、编导、策划、撰稿、主持人、制片、资料员等——正是他们不知疲倦地在编辑机房、采访现场、采访途中、演播室、配音间、会议室、办公室,"女人当男人、男人当牲口"一般地坚持着、努力着、探索着,才带动了整个中国电视行业的发展与升级。无论怎样,这些"在路上"的电视业者都是值得"坐而论道"的传媒学者尊敬的。而那些隔靴搔痒、云山雾罩的所谓"对策研究"以及过过嘴瘾、标榜姿态的所谓"批评研究",既不能对电视实务有所提升,也并不能对电视理论有所建构。

希望这本《电视策划与写作十讲》能够克服上面提到的问题,同时也希望读者朋友们能够给我们提出意见和建议,这样可能会有助于这本书的修订调整以及动态完善。这本书的公共邮箱是 tvstudy@yahoo.cn,期待能与诸位同好形成有效的互动。

是为后记。

图书在版编目（CIP）数据

电视策划与写作十讲 / 徐帆，徐舫州著. —杭州：浙江
大学出版社，2009.7（2023.1 重印）
ISBN 978-7-308-06873-4

Ⅰ.电… Ⅱ.①徐…②徐… Ⅲ.①电视节目—策划②电
视节目—写作 Ⅳ.G222.3

中国版本图书馆 CIP 数据核字（2009）第 104000 号

电视策划与写作十讲

徐　帆　徐舫州　著

责任编辑	葛　娟
封面设计	俞亚彤
出版发行	浙江大学出版社
	（杭州市天目山路 148 号　邮政编码 310007）
	（网址：http://www.zjupress.com）
排　　版	杭州青翊图文设计有限公司
印　　刷	广东虎彩云印刷有限公司绍兴分公司
开　　本	787mm×1092mm　1/16
印　　张	20
字　　数	330 千
版 印 次	2009 年 7 月第 1 版　2023 年 1 月第 5 次印刷
书　　号	ISBN 978-7-308-06873-4
定　　价	48.00 元